UTB 1604

Grundwissen der Ökonomik
Betriebswirtschaftslehre

Herausgegeben von

F. X. Bea, Tübingen

M. Schweitzer, Tübingen

Alfred Kuß
Torsten Tomczak

Käuferverhalten

Eine marketingorientierte Einführung

4., überarbeitete Auflage

mit 73 Abbildungen

Lucius & Lucius · Stuttgart

Anschrift der Autoren:

Professor Dr. Alfred Kuß   Professor Dr. Torsten Tomczak
Freie Univ. Berlin   Universität St. Gallen
Institut für Marketing   Institut für Marketing und Handel
Garystr. 21   Dufourstr. 40a
14195 Berlin   9000 St. Gallen / SCHWEIZ

Bibliografische Information der Deutschen Nationalbibliothek

Die Deutsche Nationalbibliothek verzeichnet diese Publikation in der Deutschen
Nationalbibliografie; detaillierte bibliografische Daten sind im Internet über
http://dnb.d-nb.de abrufbar.

ISBN 978-3-8282-0406-5 (Lucius & Lucius)
© Lucius & Lucius Verlagsgesellschaft mbH Stuttgart 2007
   Gerokstr. 51, D-70184 Stuttgart
   www.luciusverlag.com

Druck und Einband: F. Pustet, Regensburg

Printed in Germany

UTB-Bestellnummer: 978-3-8252-1604-7

Vorwort der Herausgeber

Für die Studierenden im Anfänger- wie im Fortgeschrittenenstadium ist es erfahrungsgemäß eine große Hilfe, wenn Ihnen ein Teilgebiet eines Faches in einer knappen, systematisch aufbereiteten und leicht fasslichen Form dargeboten wird. Gleichzeitig müssen sie die Gewissheit haben, dass die wichtigsten Inhalte in einer Weise abgedeckt sind, die den jeweiligen Prüfungserfordernissen Rechnung trägt.

Diesem Ziel dienen die Uni-Taschenbücher (UTB), die wir in der Reihe „Grundwissen der Ökonomik: Betriebswirtschaftslehre" beim Verlag Lucius & Lucius herausgeben. Die Themen der einzelnen Bände sind so gewählt, dass davon der gesamte Wissensbereich der modernen Betriebswirtschaftslehre erfasst wird. Welche Werke bereits erschienen sind, geht aus einer Übersicht am Ende des Buches hervor.

Als Autoren konnten Hochschullehrer gewonnen werden, die Dank der Verschiedenheit von Alter, Herkunft und Wissenschaftsauffassung die Gewähr dafür bieten, dass der Charakter der Reihe von keiner bestimmten Schulrichtung geprägt, sondern ein getreues Bild der Wissenschaftsvielfalt in der Betriebswirtschaftslehre geboten wird.

Eine Besonderheit der Reihe besteht im Übrigen darin, dass Bände, bei denen es sich vom Gegenstand her anbietet, durch Arbeitsbücher ergänzt werden. Diese Studienhilfen dienen vor allem der Vertiefung theoretischer Erörterungen, der Einübung von Wissen und der Anwendung des Erlernten auf praktische Fälle. Außerdem sind sie ein nützliches Instrument für eine wirksame Lernkontrolle. Mit diesem Konzept ist zugleich die Chance verbunden, die Tätigkeit von Dozenten didaktisch zu unterstützen und sie von Arbeiten zu befreien, deren Erledigung zwangsläufig zu Lasten vordringlicher Aufgaben ginge.

Abschließend sei noch darauf hingewiesen, dass Teil der Reihe eine „Allgemeine Betriebswirtschaftslehre" in drei Bänden ist, die, von einem Expertenteam verfasst, die Klammer um die einzelnen Titel bildet. Die positive Aufnahme, die diese am Markt gefunden hat, führte bereits nach kurzer Zeit zu zahlreichen Neuauflagen, Gelegenheiten, die von Autoren und Herausgebern immer wieder für Erweiterungen und Verbesserungen genutzt werden.

Tübingen, Juli 2007   F. X. Bea
                                                                          M. Schweitzer

Vorwort der Autoren zur 4. Auflage

Nach einer fast stürmischen Entwicklung der Konsumentenforschung im letzten Viertel des 20. Jahrhunderts ist dieses Gebiet jetzt als ein Kernbereich der Marketingwissenschaft fest etabliert. Daneben besteht von Seiten anderer Disziplinen (z.B. Psychologie, Kommunikationswissenschaft) unvermindertes Interesse an Aspekten des Konsumentenverhaltens. Im Lauf der Jahre hat sich also ein umfassender (allerdings keineswegs lückenloser) Bestand entsprechenden Wissens entwickelt. Angesichts dieser Fülle haben wir den Versuch, dazu ein leicht verständliches und knappes Lehrbuch zu verfassen, als eine gewisse Herausforderung angesehen. In diesem Sinne haben wir uns an vielen Stellen eher für eine kurze und vereinfachte Darstellung von Sachverhalten als für die ausführliche Diskussion von Details oder unterschiedlichen Forschungsansätzen entschieden. Dennoch werden hier auch Bereiche angesprochen, die in anderen einschlägigen Lehrbüchern fehlen oder nur gestreift werden (z.B. organisationales Beschaffungsverhalten, Entstehung von Bedarf, gesamtwirtschaftliche Einflussfaktoren).

Der Untertitel "Eine marketingorientierte Einführung" lässt schon die Ausrichtung des vorliegenden Buches erkennen. Im gesamten Text werden immer wieder Beispiele und Anwendungen aus dem Marketing verwendet und entsprechende Bezüge hergestellt. Nicht wenige Abschnitte sind Marketing-Anwendungen von Erkenntnissen der Käuferverhaltensforschung gewidmet. Insofern ist das Buch in erster Linie für Leserinnen und Leser relevant, die sich im Zusammenhang ihres Studiums oder ihrer praktischen Tätigkeit mit Marketing beschäftigen.

Im Mittelpunkt des Buches stehen Kaufprozesse (von der Entstehung eines Bedarfs bis zu Nachkaufprozessen). Separat werden die Ausgangsbedingungen für solche Kaufprozesse von Konsumenten sowie externe Einflussfaktoren behandelt. Am Ende des Buches steht - gedanklich getrennt - ein kurzer Überblick über wesentliche Gesichtspunkte organisationalen Beschaffungsverhaltens. Bei der großen Mehrzahl relevanter Aspekte der Käuferverhaltensforschung war es möglich, diese relativ eindeutig einem der vorstehend genannten Teilgebiete zuzuordnen.

Die Konzeption des vorliegenden Lehrbuchs wurde für die vierte Auflage nicht verändert. Hier soll also kurz und leicht verständlich eine Einführung und ein Überblick zum Gebiet Käuferverhalten gegeben werden. Damit soll es den Leserinnen und Lesern auch ermöglicht werden, sich bei Bedarf in der immer umfangreicher werdenden einschlägigen Spezialliteratur zu orientieren. Gegenüber der dritten Auflage sind an zahlreichen Stellen Aktualisierungen sowie inhaltliche Ergänzungen vorgenommen worden. Andererseits wurden auch einige Abschnitte gestrafft, um den Umfang des Buches nicht zu vergrößern.

Kathrin Hahn gilt herzlicher Dank für die redaktionelle Bearbeitung des Manuskripts, die sie mit viel Kompetenz und Engagement erledigt hat. Verbliebene Fehler und andere Schwächen sind natürlich nur den Autoren anzulasten. Von Seiten der Herausgeber und des Verlages wurde die Vorbereitung auch der vierten Auflage wieder konstruktiv und geduldig begleitet.
Die Autoren sind weiterhin dankbar für Anregungen und Kritik zur Weiterentwicklung des Buches.

Berlin und St. Gallen im Juni 2007

Alfred Kuß (Freie Universität Berlin)
Torsten Tomczak (Universität St. Gallen)

Inhaltsverzeichnis

1 Einführung

1.1 Entwicklung und Kennzeichnung der Käufer-verhaltensforschung

In den letzten ca. 40 Jahren konnte man eine starke Entwicklung der Erforschung des Käuferverhaltens und in Verbindung damit die Etablierung dieses Gebiets in der akademischen Lehre beobachten. Zur Einführung in das Thema wird im vorliegenden Abschnitt diese Entwicklung skizziert. Damit soll auch eine Grundlage für den dann folgenden Versuch der Charakterisierung und Abgrenzung des Gebiets geschaffen werden.

Überlegungen zum Käuferverhalten mussten in Theorien, die Marktver-hältnisse erklären sollen, von Anfang an eine wichtige Rolle spielen. Über lange Zeit dominierend war dabei das Bild vom **rationalen Käufer**, der auf der Basis vollständiger Information Entscheidungen so trifft, dass sein Nutzen maximiert wird. Eine Beobachtung realen Entscheidungsverhaltens, bei dem (auch in der industriellen Beschaffung!) häufig lediglich zufrieden stellende und nicht optimale Alternativen ausgewählt werden und eine umfassende oder gar vollständige Nutzung von Informationen nur in Ausnahmefällen vorkommt, zeigt sofort, dass diese Vorstellung vom Käuferverhalten die Realität nur höchst unzureichend wiedergibt. Im betriebswirtschaftlichen Bereich hat man sich schon lange an dieser von der Volkswirtschaftslehre geprägten Sichtweise des Käuferverhaltens orien-tiert. Inzwischen wird der neoinstitutionelle Ansatz, insbesondere der Teilbereich der Informationsökonomik, der wesentliche Aspekte des Käuferverhaltens mit deutlich größerer Realitätsnähe erklärt, stärker beachtet und in die Forschung einbezogen (vgl. Kaas 2000). Darauf wird in Abschnitt 3.3.1.3 noch eingegangen.

Bereits Ende der 40er Jahre wurde im Zusammenhang eher volkswirtschaftlicher Fragestellungen in den USA von George Katona (siehe dazu Abschnitt 4.2.3) ein Ansatz entwickelt, bei dem Erkenntnisse aus der Psychologie verwendet wurden, um ökonomisches Verhalten von Konsumenten und Unternehmern zu erklären. Ausgehend von der Identifizierung von zwei Grundtypen wirtschaftlicher Entscheidungen war es möglich, die Abhängigkeit bestimmter Kaufentscheidungen von gesamtwirtschaftlichen und politischen Rahmenbedingungen theoretisch zu begründen und mit Hilfe des auf dieser Basis entwickelten Messverfahrens (**"Index of Consumer Sentiment"**) empirisch zu untersuchen. Dieser Ansatz hat sich als so tragfähig erwiesen, dass er bis heute fast unverändert in zahlreichen Ländern mit Erfolg zur Analyse und Prognose der konjunkturellen Entwicklung in der Gesamtwirtschaft oder in bestimmten Branchen (z.B. Automobilindustrie) verwendet wird.

Vor allen Dingen in den 50er und 60er Jahren hat für die Erklärung des Konsumentenverhaltens die so genannte **Motivforschung**, deren Anwendung im Marketingbereich maßgeblich von Ernest Dichter beeinflusst wurde, starke Beachtung gefunden. Vom Bild des rational geprägten Konsumenten hatte man sich hier vollkommen abgewandt und versucht, stattdessen u.a. die Theorien Sigmund Freuds heranzuziehen. Sicher waren auf diese Weise gewonnene Aussagen, wie z.B. die, dass Suppe Symbol mütterlicher Liebe sei, manchmal recht anregend, doch mangelte es der ganzen Forschungsrichtung hauptsächlich an intersubjektiver Nachprüfbarkeit und Generalisierbarkeit der Ergebnisse.

Die moderne Forschung zum Käuferverhalten, deren Beginn in den 60er Jahren liegt, ist gekennzeichnet durch eine Vielfalt theoretischer Konzepte und empirischer Forschungsmethoden. Nicht mehr eine bestimmte Sichtweise dominiert, es werden vielmehr je nach Fragestellung geeignet erscheinende ökonomische, psychologische oder soziologische Forschungsrichtungen verfolgt. Einen Rahmen für diese unterschiedlichen Ansätze bildet das neobehavioristische **S-O-R-Paradigma** (S: Stimulus; O: Organismus; R: Reaktion). Man geht dabei davon aus, dass bestimmte Stimuli (z.B. eine Werbebotschaft oder eine Preisänderung) im Organismus verarbeitet werden (z.B. in Form von Lernprozessen oder Einstellungsänderungen) und dann zu Reaktionen führen (z.B. Markenwahlverhalten oder Informationsnachfrage). Abbildung 1.1 illustriert dieses Paradigma.

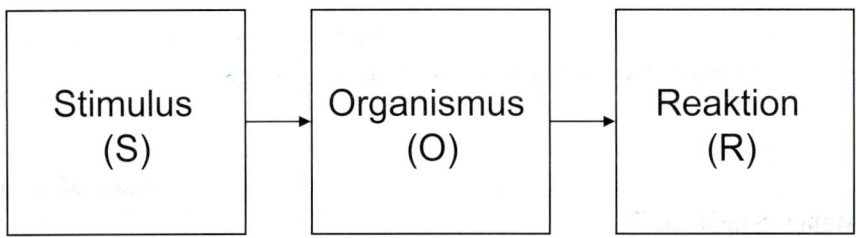

Abbildung 1.1: S-O-R - Paradigma

Mit dieser Denkweise verbunden ist eine **empirische Orientierung** der Forschung. Diese wird auch daran erkennbar, dass in den führenden Publikationen zur Konsumentenforschung (z.B. Journal of Consumer Research) weit überwiegend empirische Arbeiten erscheinen. Stimuli und Reaktionen sind in der Regel recht gut beobachtbare Variablen; für die theoretischen Konstrukte, die zur Erklärung der Vorgänge im Organismus herangezogen werden, versucht man, jeweils eine angemessene Operationalisierung zu finden. Der oben angesprochene Gedanke der Verwendung höchst unterschiedlicher Theorien zur Erklärung und Prognose von Käuferverhalten resultiert einerseits aus der mangelnden Aussagekraft isolierter theoretischer Ansätze hinsichtlich eines so komplexen Phänomens und andererseits aus dem stark gewachsenen Bedürfnis von Seiten des Marketing nach realitätsnahen Aussagen über das Verhalten potenzieller Abnehmer (siehe dazu Abschnitt 1.2).

Das S-O-R-Paradigma fügt sich ein in eine "**positivistische**" **Forschungsrichtung**, bei der die empirische Überprüfung generalisierbarer Hypothesen und Theorien im Mittelpunkt des Interesses steht. So lassen sich beispielsweise Hypothesen über Verhaltenswirkungen von Einstellungen in Experimenten überprüfen, bei denen durch Informationen, Werbebotschaften etc. (Stimulus) die Einstellungen von Versuchspersonen (Organismus) beeinflusst und dann die entsprechenden Verhaltensänderungen (Reaktion) gemessen werden. Hier kommt es wesentlich auf die isolierte Betrachtung der interessierenden Variablen und die Minimierung des Einflusses anderer ("störender") Variablen an.

Ganz anders ist der Ansatz bei der **"interpretierenden" Forschungsrichtung**, die insbesondere in den 1990er Jahren in der Konsumentenforschung größere Beachtung gefunden hat. Hier steht nicht die Suche nach "Verhaltens-Gesetzmäßigkeiten", deren Anwendung eine Beeinflussung von Konsumenten (im Sinne des Marketing) ermöglicht, im Vordergrund, sondern das umfassende - von beengenden Hypothesen und Anwendungsorientierung freie - Verständnis realen Konsumentenverhaltens mit seinen vielfältigen Beziehungen und Zusammenhängen. Dem entsprechend haben hier als Forschungsmethoden Tiefeninterviews, Video-Aufzeichnungen, Gruppen-Diskussionen etc. die größte Bedeutung. Besondere Aufmerksamkeit hat diese Forschungsrichtung 1986 und danach durch die **"Consumer Behavior Odyssey"** erregt, bei der führende amerikanische Konsumentenforscher bei einer mehrwöchigen Reise quer durch die USA ("from coast to coast") mit entsprechenden Methoden Aspekte des Konsumentenverhaltens untersuchten, die bis dahin kaum beachtet worden waren, z.B. das Verhalten von Sammlern, Konsum-Sucht oder die Verbindung von Bedeutungsinhalten, Erinnerungen und Emotionen mit Gegenständen (vgl. Belk 1991).

Vor allem aber durch die Wissensnachfrage des Marketing ist das auffällige **Wachstum der Käuferverhaltensforschung** in den letzten 40 Jahren zu erklären. In diesem also recht jungen Gebiet sind erst Ende der 60er Jahre die ersten Lehrbücher erschienen. Im deutschen Sprachraum ist die Entwicklung des Gebietes wesentlich durch die richtungweisenden Arbeiten von Werner Kroeber-Riel (1934-1995) beeinflusst worden, deren Ergebnisse sich nicht zuletzt in seinem umfassenden Lehrbuch (1. Aufl. 1975; 8. Aufl. Kroeber-Riel / Weinberg 2003) niedergeschlagen haben. Um 1970 wurde mit der **Association for Consumer Research** (ACR) eine zunächst kleine, interdisziplinär angelegte wissenschaftliche Organisation gegründet, die inzwischen weit über 1000 Mitglieder in zahlreichen Ländern (vor allem in Nordamerika und Europa) hat. Auf die ACR ist auch eine der bis heute wichtigsten Publikationsreihen der Konsumentenforschung zurückzuführen, nämlich die seit den 70er Jahren unter dem Titel "Advances in

Consumer Research" erscheinenden Tagungsbände, die jährlich auf mehreren hundert Seiten über 100 wissenschaftliche Beiträge enthalten. Seit 1974 erscheint das **Journal of Consumer Research**, das zweifellos die international führende Zeitschrift auf dem Gebiet des Käuferverhaltens darstellt.

In den 70er und 80er Jahren war die Konsumentenforschung das wohl aktivste und dominierende Gebiet innerhalb der (internationalen) Marketingwissenschaft. Seit den 90er Jahren sind dann Probleme des strategischen Marketing und des Relationship Marketing in den Mittelpunkt des Interesses von Wissenschaft und Praxis getreten. Der Bereich Käuferverhalten gehört aber in Forschung und Lehre nach wie vor zu den fest etablierten Kerngebieten des Marketing.

Wie bereits angedeutet, ist die Käuferverhaltensforschung heute durch eine Vielfalt beteiligter Disziplinen, theoretischer Ansätze und empirischer Forschungsmethoden gekennzeichnet. Einen Eindruck von der **Unterschiedlichkeit relevanter Wissenschaftsbereiche** erhält man, wenn man die Liste der das Journal of Consumer Research tragenden wissenschaftlichen Vereinigungen betrachtet. Dort werden genannt:

- American Anthropological Association
- American Association for Public Opinion Research
- American Economic Association
- American Association of Family and Consumer Sciences
- American Marketing Association
- American Sociological Association
- American Statistical Association
- Association for Consumer Research
- Institute for Operations Research and the Management Sciences
- International Communication Association
- Society for Consumer Psychology
- Society for Personality and Social Psychology

Hinsichtlich der fachlichen Zuordnung der im Gebiet tätigen Wissenschaftler, der Etablierung in der Lehre und der Intensität der Verwertung von Ergebnissen dürfte sowohl in den USA als auch in der Bundesrepublik Deutschland der Schwerpunkt der Käuferverhaltensforschung der Marketingwissenschaft zuzuordnen sein. Daneben ist vor allem die Psychologie zu nennen.

Einen Eindruck von der thematischen Heterogenität des im vorliegenden Buch überblicksartig darzustellenden Gebiets gibt das 30-Jahres-Inhaltsverzeichnis des Journal of Consumer Research (JCR), das 2004 erschienen ist. Dort sind die Beiträge der ersten 30 Jahrgänge des JCR über 400 unterschiedlichen Stichworten/Kategorien zugeordnet. Als Beispiele derartiger Teilgebiete seien hier genannt: Werbewirkung, Einstellungen, Kinder als Konsumenten, Wahl-Modelle, Verbraucherbildung und -information, Kundenzufriedenheit, Konsumentensozialisation, Irreführende Werbung, Kaufentscheidungen von Familien, Familien-Lebenszyklus, Informationsaufnahme, Informationsüberlastung, Informationsverarbeitung, Innovation und Diffusion, Lernprozesse, Involvement, Marktsegmentierung, Gedächtnis, Motivation, Ernährung, Wahrgenommenes Risiko, Wahrnehmung, Persönlichkeit, Produkt- und Markenwahl, Geschlechterrollen, Werte etc..

Wie bereits angedeutet, geht mit der thematischen auch eine **methodische Vielfalt** der Käuferverhaltensforschung einher. Während anfangs die Umfrageforschung dominierte, findet man heute auch zahlreiche Anwendungen von experimentellen Designs, physiologischen Messtechniken, qualitativen Methoden, Beobachtungsverfahren etc. Diese Erweiterung des Methoden-Repertoires ist zu erklären durch die unterschiedlichen Forschungstraditionen der beteiligten Disziplinen, durch die Erfordernisse der jeweiligen Problemstellungen, denen man eben nicht immer mit Hilfe nur einer Methode gerecht werden kann, und durch das Bestreben, die Unabhängigkeit der Untersuchungsergebnisse von der jeweils angewandten Methodik (→ Validität) mittels der Anwendung unterschiedlicher Forschungsmethoden auf den gleichen Gegenstand zu überprüfen.

Trotz der großen Spannweite theoretischer und methodischer Ansätze und des Versuchs, diese für Aussagen über das Käuferverhalten zusammenzuführen, kann man typischerweise in diesem Bereich keine exakten Prognosen individuellen Verhaltens („Konsument X wird übermorgen Marke Y kaufen.") erwarten. Komplexes Zusammenwirken vielfältiger Einflussfaktoren und eingeschränkte Messgenauigkeit bei den meisten Variablen sind die Hauptursachen dafür.

Vor dem Versuch, den Gegenstand des vorliegenden Buches genauer zu charakterisieren und abzugrenzen, sollen zunächst in Anlehnung an Wilkie (1994, S. 14 ff.) und Hoyer / MacInnis (2004, S. 3 ff.) einige Merkmale des Käuferverhaltens erläutert werden.

Käuferverhalten ist zweckorientiert

In der Regel will ein Konsument oder ein industrieller Einkäufer durch einen Kauf bestimmte **Bedürfnisse** befriedigen, z.B. Nahrungsmittel erhalten oder durch die Beschaffung von Rohstoffen die Fortführung der Produktion eines Industriebetriebes sicherstellen. Diese Bedürfnisse können höchst unterschiedlicher Natur sein. Sie reichen bei Konsumenten von elementaren physischen Bedürfnissen bis zum Streben nach sozialem Status und Selbstverwirklichung. Industrieller Einkauf ist weitgehend auf die gängigen Ziele von Unternehmen (z.B. Gewinnerzielung, Existenzsicherung des Unternehmens, Kostensenkung) ausgerichtet, kann aber auch von persönlichen Bedürfnissen der am Beschaffungsprozess Beteiligten (z.B. nach Aufrechterhaltung guter Kontakte zum Verkäufer des Lieferanten) beeinflusst werden. Vielfach wirken bei Kaufentscheidungen unterschiedliche Bedürfnisse zusammen. Beispielsweise kann der Kauf eines noblen Automobils gleichzeitig von den Wünschen nach Mobilität und Selbstdarstellung beeinflusst sein. Wissen um die Zweckorientierung des Käuferverhaltens liefert Ansatzpunkte für die Entwicklung von Marketingstrategien.

Die Zweckorientierung des Käuferverhaltens bedeutet nicht, dass diese dem Käufer immer vollständig bewusst sein muss. Häufig führt z.B. der möglicherweise verdrängte Wunsch nach Sozialprestige zur Wahl hochpreisiger Marken. Keineswegs kann man davon ausgehen, dass Käuferverhalten immer darauf gerichtet ist, den mit einem Kauf verbundenen Nutzen zu

maximieren (rationales Verhalten). Auf Ausrichtungen des Konsumentenverhaltens durch die Orientierung an Werten, das Streben nach Bedürfnisbefriedigung oder durch Motive wird im Abschnitt 2.3 dieses Buches näher
eingegangen.

Käuferverhalten umfasst mehr als Einkaufsverhalten

Zum Käuferverhalten gehören die Auswahl, der Erwerb, die Lagerung und
die Verwendung von Produkten sowie deren Weggabe nach Gebrauch. Die
Tätigkeit von Käufern umfasst z.B. Informationssuche und -verarbeitung
(insbesondere vor Kaufentscheidungen), physische Aktivitäten (Weg zum
Einkaufszentrum) oder Zahlungsvorgänge unterschiedlicher Art. Die
Ausführungen in diesem Buch sind weitgehend auf Kaufprozesse (einschließlich Nachkauf-Prozesse wie z.B. Produktnutzung und Kundenzufriedenheit) fokussiert. Deswegen werden im 3. Kapitel insbesondere die
damit im Zusammenhang stehenden Aktivitäten betrachtet.

Käuferverhalten hat Prozesscharakter

Aktivitäten von Käufern erfordern immer Zeit. Obwohl Prozesse, die nach
einem Kauf stattfinden (z.B. im Hinblick auf energiesparende Verwendung
von Produkten oder entstehende Konsumentenzufriedenheit), ökonomisch
bedeutsam sein können, liegt das Hauptaugenmerk der Forschung auf
Vorgängen, die sich **vor einem Kauf** abspielen. Dafür dürfte vor allem die
bisher recht enge Bindung der Käuferverhaltensforschung an die Marketingwissenschaft ursächlich sein. Anhand von Kaufentscheidungsprozessen,
die in Wissenschaft und Praxis besondere Beachtung finden, kann man
auch einen Eindruck von der Unterschiedlichkeit der Dauer von für das
Käuferverhalten relevanten Prozessen erhalten: Einerseits liegt die Zeit für
die Entscheidung eines Konsumenten über ein Sonderangebot eines
Supermarktes in der Regel im Sekundenbereich, andererseits kann ein
organisationaler Beschaffungsprozess (z.B. die Entscheidung für den Bau
eines Kraftwerks) Monate oder Jahre dauern.

Käuferverhalten umfasst aktivierende und kognitive Prozesse

Die Unterteilung der für das Käuferverhalten maßgeblichen psychischen Vorgänge in aktivierende und kognitive Prozesse ist von Kroeber-Riel geprägt worden. "Als **aktivierend** werden solche Vorgänge bezeichnet, die mit inneren Erregungen und Spannungen verbunden sind und das Verhalten antreiben. **Kognitiv** sind solche Vorgänge, durch die das Individuum die Informationen aufnimmt, verarbeitet und speichert. Es sind Prozesse der gedanklichen Informationsverarbeitung im weiteren Sinne" (Kroeber-Riel/Weinberg 2003, S. 49). Viele für das Käuferverhalten wichtige Konstrukte lassen sich diesen beiden Kategorien nicht ganz eindeutig zuordnen. Deswegen orientieren sich Kroeber-Riel/Weinberg (2003, S. 49 ff.) an der schwerpunktmäßigen Ausrichtung der verschiedenen Konstrukte und ordnen Emotion, Motivation und Einstellung den aktivierenden, Wahrnehmung, Entscheidung, Lernen und Gedächtnis den kognitiven Prozessen zu.

In einer gewissen Analogie zu dieser Unterscheidung ist hier die Aufteilung psychischer Aspekte des Kaufverhaltens auf die Abschnitte 2.2 bis 2.4 vorgenommen worden: Zunächst geht es um die kognitiven Prozesse, die mit Erwerb und Speicherung von Informationen verbunden sind, dann folgen die Gesichtspunkte, die dem Verhalten gewissermaßen "die Richtung geben". Im Abschnitt 2.5 wird ein erster Eindruck vom Zusammenwirken dieser beiden Arten der Ausgangsbedingungen des Kaufverhaltens ermittelt. Die stärker auf eine Kaufentscheidung bezogenen Prozesse werden hauptsächlich im dritten Kapitel behandelt.

Käuferverhalten wird von externen Faktoren beeinflusst

Jeder Konsument, aber auch jeder industrielle Einkäufer ist in vielfältige ökonomische und soziale Beziehungen eingebunden. Gesamtwirtschaftliche Faktoren, die sich z.B. in der Einkommenssituation der Haushalte niederschlagen, und einzelwirtschaftliche Faktoren (z.B. Preisänderungen für bestimmte Produkte) haben direkten Einfluss auf Kaufentscheidungen. Kultur und soziale Schicht bilden den Hintergrund für individuelles Verhalten. Beispielsweise unterscheiden sich die geschmacklichen Präferenzen beim Kleidungskauf bei Angehörigen der Subkultur

"Yuppies" deutlich von denen von Angehörigen der Subkultur "Rocker". Direkten Einfluss auf viele Kaufentscheidungen haben Bezugsgruppen (Freunde, Kollegen etc.) und die Familie des Konsumenten.

Darüber hinaus kann aber auch das Verhalten einer Person situationsspezifisch verschieden sein. Beispielsweise dürften für den Ablauf eines Kaufentscheidungsprozesses der jeweils vorhandene Zeitdruck oder der Verwendungszweck eines Produkts (eigener Bedarf, Geschenk, Bewirtung von Gästen) eine Rolle spielen.

Ein Überblick über Einflussfaktoren des Konsumentenverhaltens wird in Kapitel 4 gegeben.

Käuferverhalten kann sich auf Sachgüter, Dienstleistungen, Rechte und Vermögenswerte beziehen

Die Bedeutung des Käuferverhaltens reicht deutlich über den Erwerb und die Verwendung von Konsum- und Investitionsgütern im engeren Sinne hinaus. Die Autoren des vorliegenden Buches gehen davon aus, dass der Begriff **Kauf** "den freiwilligen Austausch von Geld gegen Güter, Dienstleistungen, Rechte und Vermögenswerte durch Personen, Personengruppen und Organisationen" (Kuß, 1987, S. 11) bezeichnet. In die Betrachtung einbezogen werden also z.B. der Abschluss von Mietverträgen, die Auswahl von Urlaubsreisen, der Erwerb von Lizenzen oder der Kauf von Aktien. Diese Entscheidungen und die damit verbundenen Aktivitäten können z.B. von Einzelpersonen, Ehepaaren, Unternehmen oder Behörden getragen werden. Die hier skizzierte weite Fassung des Begriffs Kauf korrespondiert auch mit dem in der Marketingliteratur inzwischen verbreiteten Verständnis, dass ein Produkt ein Sachgut, eine Dienstleistung, ein Recht oder eine Kombination davon sein kann.

Nachdem jetzt eine gewisse Annäherung an den Gegenstand dieses Buches erfolgt ist, soll nun versucht werden, das Gebiet **Käuferverhalten** genauer zu umreißen. Natürlich bietet fast jeder der führenden Autoren eine entsprechende Definition an, von denen einige hier kurz vorgestellt seien.

Eine relativ enge - nur auf das Verhalten von Konsumenten bezogene - Sichtweise findet sich z.B. bei Blackwell / Miniard / Engel (2001, S. 6). Danach werden als Konsumentenverhalten die Handlungen, die mit dem Erwerb, dem Gebrauch und der Beseitigung von Gütern und Dienstleistungen zu tun haben, einschließlich der Entscheidungsprozesse, die diesen Handlungen vorausgehen und ihnen folgen, verstanden. Diese Perspektive weist schon über den reinen Kaufakt hinaus.

Hoyer / MacInnis (2004, S. 6 ff.) machen das erheblich über die Produkt-/ Markenwahl hinausreichende Interesse der Käuferverhaltensforschung deutlich. Auch hier werden Produktverwendung und -entsorgung ausdrücklich einbezogen. Die von diesen Autoren angesprochenen Aspekte lassen sich durch folgende Fragen kennzeichnen:

- Soll ein Produkt (Sachgut, Dienstleistung etc.) erworben, verwendet oder entsorgt werden?
- Welches Produkt soll erworben, verwendet oder entsorgt werden?
- Warum soll ein Produkt erworben, verwendet oder entsorgt werden?
- Warum wird ein Produkt nicht erworben oder verwendet?
- Wie wird ein Produkt erworben (Kauf, Leasing, Tausch etc.), verwendet (Situation, Gebrauchsweise etc.) oder entsorgt (Wegwerfen, Verkauf etc.)?
- Wann wird ein Produkt erworben, verwendet oder entsorgt?
- Wo wird ein Produkt erworben, verwendet oder entsorgt?
- In welchen Mengen, wie oft und wie lange wird ein Produkt erworben verwendet oder entsorgt?

Allerdings ist bisher die Intensität der Forschung hinsichtlich der dort aufgeführten Teilgebiete recht unterschiedlich verteilt. Ein Schwerpunkt des Interesses von Wissenschaft und Praxis liegt bisher bei den mit der **Produktauswahl** verbundenen Prozessen. Das ist u.a. dadurch begründet, dass diese Entscheidung für das Marketing die größte Relevanz hat, da Marketingaktivitäten eher auf die Konkurrenz zwischen vergleichbaren Produkten bezogen sind als auf die Entscheidung über Konsum oder Sparen bzw. Ausgaben für eine bestimmte Produktkategorie. Hinzu kommt, dass die letztgenannte Entscheidung wegen der sehr großen Anzahl schlecht vergleichbarer Alternativen empirisch bisher nur mit besonderen Schwierigkeiten zu untersuchen ist. Erst seit den 1990er Jahren ist ein stärkeres Interesse an Nachkauf-Prozessen deutlich geworden. Dabei geht es insbesondere um Kundenzufriedenheit, die für die Entstehung und Festigung längerfristiger Kundenbindungen grundlegend ist (siehe dazu Abschnitt 3.5.2).

Andere Autoren haben ein wesentlich umfassenderes Verständnis des Käuferverhaltens, als es in den bisher genannten Kennzeichnungen zum Ausdruck kam. Kroeber-Riel/Weinberg (2003, S. 3) unterscheiden Konsumentenverhalten im engeren und im weiteren Sinne: "Von Konsumentenverhalten i.e.S. wird gesprochen, wenn es um das Verhalten der Menschen beim Kauf und Konsum von wirtschaftlichen Gütern geht. Konsumentenverhalten i.w.S. ist ganz allgemein das Verhalten der "Letztverbraucher" von materiellen und immateriellen Gütern, also auch das Verhalten der Kirchgänger, Wähler, Patienten usw."

Peter / Olson (1999, S. 6) orientieren sich an der Definition der American Marketing Association (AMA) und kennzeichnen Konsumentenverhalten als "das dynamische Zusammenwirken von Affekten, Kognitionen, Verhalten und Umwelteinflüssen, durch das Menschen die Austauschbeziehungen in ihrem Leben regeln." Diese Sichtweise korrespondiert damit, dass von der AMA Marketing nicht nur als für den kommerziellen Bereich relevant angesehen wird, sondern eher als ein allgemeiner Ansatz zur Gestaltung von vielfältigen Austauschbeziehungen (z.B. zwischen karitativen Organisationen und Spendern oder zwischen Wählern und Politikern) betrachtet wird.

Im vorliegenden einführenden Lehrbuch soll nicht nur das Kaufverhalten von Konsumenten, sondern auch von Organisationen einschließlich der dabei wirkenden Einflussfaktoren behandelt werden. Der Schwerpunkt des Interesses liegt bei Problemen, die für das Marketing von Unternehmen relevant sind. Zusammenfassend lässt sich sagen, dass hier zum **Käuferverhalten** die Auswahl eines von mehreren Angeboten von Sachgütern, Dienstleistungen, Rechten und Vermögenswerten durch Individuen, Gruppen und Organisationen gezählt wird, einschließlich der zu dieser

Entscheidung hinführenden und der auf diese Entscheidung folgenden Prozesse und Tätigkeiten, die künftige Käufe beeinflussen können. Diese **Definition** sei anhand einiger Beispiele illustriert. Danach gehören zum Käuferverhalten:

- die gemeinsame Entscheidung einer Familien über eine Urlaubsreise
- der Abschluss eines Versicherungsvertrages,
- die Beschaffung von Büromaterial durch eine Behörde,
- der Abschluss eines Mietvertrages
- der Erwerb einer Aktie sowie
- die Auswahl neuer Produktionsanlagen durch die zuständigen Gremien eines Unternehmens.

Wie erwähnt werden neben diesem Käuferverhalten ("im engeren Sinne") auch die darauf einwirkenden sozialen, ökonomischen und situativen Einflussfaktoren behandelt (Kapitel 4).

Mit der hier vorgenommenen Konzentration der Betrachtung auf Vorgänge, die mit Kaufentscheidungen zu tun haben, entfernt man sich auch nicht allzu sehr von betriebswirtschaftlich relevanten Fragestellungen. Trotz aller Ausrichtung auf verhaltenswissenschaftliche Erkenntnisse und entsprechende Forschungsmethoden sollen in der Regel Probleme des Marketing Ausgangspunkt und Ziel der Erörterungen bleiben. Daraus ergibt sich folgender Aufbau des vorliegenden Lehrbuchs:

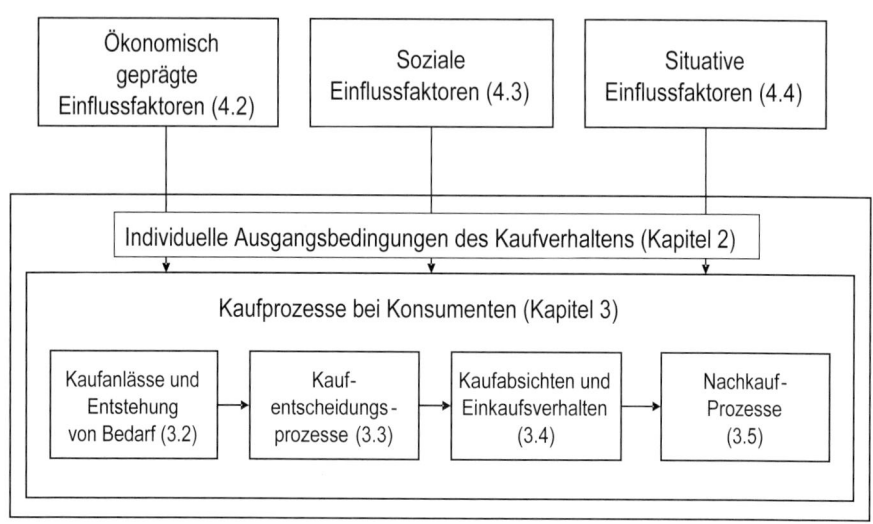

Abbildung 1.2: Aufbau des Lehrbuchs im Überblick

1.2 Käuferverhalten und Marketing

Die Relevanz des Gebiets Käuferverhalten kann man aus verschiedenen Blickwinkeln beurteilen. Für das Individuum hat seine **Rolle als Konsument** einen recht hohen Stellenwert. Bei vielen Menschen haben konsumbezogene Aktivitäten (z.b. Erwerb von hochwertigen Gebrauchsgütern oder Designer-Kleidung) im Hinblick auf ihr persönliches Glücks- und Zufriedenheitsgefühl und ihre soziale Akzeptanz große Bedeutung. Häufig werden erhebliche Opfer gebracht (z.b. besondere Anstrengungen im Beruf oder zeitliche Ausdehnung der Berufstätigkeit) oder Verschuldung in Kauf genommen, um bestimmte Konsumwünsche erfüllen zu können. Daneben kann jeder leicht nachvollziehen, dass konsumbezogene Aktivitäten (z.B. Einkäufe, Wartung von Gebrauchsgütern) einen erheblichen Teil des Zeitbudgets von Konsumenten in Anspruch nehmen. Letztlich kann man auch bei vielen Städten erkennen, dass deren Attraktivität maßgeblich durch die gebotenen Möglichkeiten des Konsums (Einzelhandel, Gastronomie) bestimmt wird. Für viele Menschen spielt dieser Aspekt eine größere Rolle als beispielsweise das kulturelle Angebot einer Stadt.

In der Praxis findet man weite **Berufsfelder**, die nicht zuletzt für Studierende und AbsolventInnen der Wirtschaftswissenschaften von Interesse sein können, für die das Käuferverhalten große bis zentrale Bedeutung hat. Hier ist vor allem an die verschiedenen Tätigkeiten in Marketing und Marktforschung zu denken. Im persönlichen Verkauf (einschließlich industrieller Verkauf) und im Handel wird das besonders deutlich. Auch im Bereich der immer stärker um Leser und Zuschauer bzw. Werbeeinnahmen konkurrierenden Medien kann man eine zunehmende Bedeutung des Verständnisses des Konsumentenverhaltens beobachten.

In **gesamtwirtschaftlicher Sicht** ist immer wieder die Bedeutung des privaten Konsums für die konjunkturelle Entwicklung erkennbar geworden. In der wirtschaftspolitischen Diskussion der vergangenen Jahre hat dieser Aspekt immer wieder eine wesentliche Rolle gespielt. Auch in umgekehrter Richtung zeigt sich ein Zusammenhang zwischen gesamtwirtschaftlichen und politischen Bedingungen und individuellem Käuferverhalten: Seit langem gibt es vielfältige empirische Belege und theoretische Begründungen für die Wirkung von Konsumentenstimmungen auf Kaufentscheidungen, z.B. für langlebige Konsumgüter (Autos, Eigenheime etc.).

An einigen Beispielen lässt sich auch die Relevanz der Käuferverhaltensforschung für **Politik und Gesellschaft** illustrieren: Seit vielen Jahren gibt es gesetzliche Regelungen, die die Konsumenten vor unseriösen Verkaufspraktiken, gesundheitsschädlichen Lebensmitteln etc. schützen sollen. Vielfältige Überlegungen werden angestellt, wie die Position des Verbrauchers gegenüber den Anbietern gestärkt werden kann (vgl. dazu Abschnitt 4.2.2). Im Bereich des Umweltschutzes findet man Beispiele dafür, dass auch von der Politik Instrumente (z.B. Öffentlichkeitsarbeit, finanzielle Anreize) zur Beeinflussung des Konsumentenverhaltens eingesetzt werden. Private Vermögensbildung, Altersvorsorge etc. sind seit Jahrzehnten Gegenstand wirtschafts- und gesellschaftspolitischer Anstrengungen.
Trotz der Unterschiedlichkeit der genannten Forschungsperspektiven muss man jedoch feststellen, dass - wie bereits im vorigen Abschnitt erwähnt - das betriebswirtschaftliche Interesse, insbesondere das Interesse der **Marketingwissenschaft**, am Käuferverhalten bisher klar dominiert. Das ist natürlich vor allem durch das für das Marketing charakteristische Neben-

einander der Anpassung von Anbietern an Marktverhältnisse und der Beeinflussung von Marktbedingungen begründet (vgl. z.B. Kuß 2006, S. 7). Dazu bedarf es einerseits des Verständnisses von Wünschen und Verhaltensweisen von Kunden und andererseits des Wissens um Wirkungen von Instrumenten des Marketing bei Kunden.

Informationen zum Käuferverhalten und seinen Bestimmungsgründen sind also einer der wesentlichen Ausgangspunkte für die Entwicklung und Veränderung von **Marketingstrategien**. Diese Informationen können sich u.a. beziehen auf die Identifizierung und Beschreibung von Zielgruppen und deren Bedürfnissen und die Suche nach Erfolg versprechenden Möglichkeiten für den Einsatz von Marketinginstrumenten sowie die entsprechenden Erfolgskontrollen. Zur Illustration des Anwendungsspektrums der Käuferverhaltensforschung für Zwecke des Marketing sollen hier einige wenige aus der Fülle möglicher Beispiele genannt werden:

- **Untersuchung des Informationsverhaltens vor Kaufentscheidungen**

Welche Zeitschriften werden von potenziellen Käufern anspruchsvoller Automobile überdurchschnittlich häufig gelesen? Welche Informationsquellen werden von den an einem industriellen Beschaffungsprozess Beteiligten in den verschiedenen Phasen dieses Prozesses genutzt?

- **Ermittlung von Entscheidungskriterien beim Kauf**

Wie viele Prozent der Biertrinker legen auf einen geringen Alkoholgehalt Wert? Welche Rolle spielt die Service-Qualität beim Kauf von Werkzeugmaschinen?

- **Identifizierung von Marktsegementen**

Gibt es eine hinreichend viele Konsumenten, die ein alkoholfreies Bier kaufen würden? Welche Merkmale (z.B. soziale Schicht, Lebensstil) sind typisch für diese Gruppe? Durch welche Medien und Absatzkanäle kann man diese Konsumenten am besten erreichen?

- Analyse emotionaler Werbewirkung

Führt eine bestimmte Anzeige beim Betrachter zur Aktivierung? Löst ein Anzeigenmotiv ein Gefühl der Behaglichkeit aus, das man mit der Wahrnehmung eines Produktnamens verbinden wird?

- Messung von Einstellungsänderungen auf Grund von Werbung

Sind die Einstellungen zu einem beworbenen Produkt bei den von der Werbung erreichten Personen signifikant positiver geworden? Bei welchen Einstellungsdimensionen (z.B. Langlebigkeit, Sicherheit, Wirtschaftlichkeit) sind durch die Werbung für ein Automobil Veränderungen aufgetreten?

- Evaluierung einer Messebeteiligung

Welche Teile eines Messestandes sind von den Besuchern beachtet worden? Welche Rolle spielen die Informationen, die beim Messebesuch gewonnen wurden, im industriellen Beschaffungsprozess?

Seit einiger Zeit gibt es Ansätze, verhaltenswissenschaftliche Erkenntnisse zum Käuferverhalten nicht nur für die Ausgestaltung einzelner Marketinginstrumente und die Anpassung an Kundenwünsche zu nutzen, sondern die Entstehung von Präferenzen im Hinblick auf die Gewinnung von Wettbewerbsvorteilen aktiv zu beeinflussen. Anscheinend sind Wünsche und Präferenzen von Konsumenten nicht immer "gegeben" und müssen durch entsprechende Angebote bedient werden, sondern können auch durch die Marketingaktivitäten von Anbietern (z.B. den prägenden Einfluss neuer Produkte) bestimmt werden (vgl. Carpenter / Glazer / Nakamoto 1997).

Im Abschnitt 1.1 ist schon darauf hingewiesen worden, dass die Genauigkeit bzw. Treffsicherheit der mit den Methoden der Käuferverhaltensforschung gewonnenen Ergebnisse begrenzt ist. Daneben dürfen auch die Möglichkeiten der Beeinflussung des Käuferverhaltens durch die Instrumente des Marketing nicht überschätzt werden. Zahlreiche Misserfolge ("Flops") bei der Einführung neuer Produkte oder Dienstleistungsangebote am Markt, denen ja in der Regel umfangreiche Tests vorausgehen, zeigen deutlich die bisherigen Grenzen der Wirkungen des Marketing. In diesem

Zusammenhang ist auch die große Vielfalt der Einflussfaktoren des Käuferverhaltens zu erwähnen. Wenn der Käufer durch sein soziales Umfeld, seine bisherigen Produkterfahrungen, seine kognitiven Fähigkeiten, die jeweilige Kaufsituation etc. beeinflusst wird, dann zeigt sich damit eben, dass das Instrumentarium des Marketing nur ein Faktor unter vielen und dem entsprechend begrenzt wirksam ist.

2 Individuelle Ausgangsbedingungen des Kaufverhaltens

2.1 Überblick

Der Marketingorientierung des vorliegenden Lehrbuchs entsprechend steht hier das Kaufverhalten, insbesondere die Kaufentscheidung, im Mittelpunkt des Interesses. Nun werden Kaufentscheidungen von der Entstehung eines Bedarfs über die Informationssammlung bis zur Auswahl eines Produkts kaum einmal von "naiven" Konsumenten ohne entsprechendes Wissen, einschlägige Erfahrungen und mehr oder minder festgelegte Wünsche und Bedürfnisse getroffen. Vielmehr gibt es typischerweise individuelle Vorprägungen, die sowohl durch psychische (z.b. Wissen, Werte, Motive) als auch demographische (z.b. Alter, Geschlecht) Merkmale bestimmt sind. So kann man sich leicht vorstellen, dass ein 25jähriger männlicher Konsument mit starkem Bedürfnis nach sozialer Anerkennung, mittlerem Einkommen etc. beim Kauf seines ersten Autos nicht "bei Null" anfängt, sondern dass er - noch bevor er sich Autotests besorgt, Probefahrten macht etc. - bereits Einstellungen zu verschiedenen Automarken hat, technische Daten verschiedener Autotypen kennt und bestimmte Anforderungen (z.B. Sicherheit, elegantes Aussehen) stellt. Derartige individuelle Ausgangsbedingungen von Kaufprozessen sind Gegenstand des vorliegenden Kapitels.

Zunächst geht es vor allem um **Wissen** von Konsumenten und dessen Entstehung (siehe Abschnitt 2.2): Wie viele und welche Informationen über Produkte sind vorhanden? Wie werden diese gespeichert? Wie laufen die Prozesse der Wahrnehmung, der Informationsverarbeitung und des Lernens ab?

Bloßes Wissen über die Eigenschaften von (Produkt-)Alternativen reicht für eine Entscheidung natürlich nicht aus, man braucht vielmehr Maßstäbe, die bestimmen, welche Eigenschaften man (wie stark) bevorzugt. Individuelle **Werte, Bedürfnisse und Motive** bestimmen also mittelbar oder unmittelbar die Präferenzen gegenüber Produkten und ihren Merkmalen und geben somit dem Kaufverhalten gewissermaßen die **Richtung** (siehe Abschnitt 2.3). Die Frage, wie bedeutsam einzelne Käufe hinsichtlich grundlegender Werte und Ziele von Konsumenten sind, hat zentrale Bedeutung für den Ablauf einer Kaufentscheidung (siehe Kapitel 3), insbesondere für das Ausmaß der damit verbundenen Anstrengungen (z.B. Informationssuche, gründliche Abwägung). Man bezeichnet die wahrge-nommene Wichtigkeit eines Kaufs bzw. das entsprechende Interesse als "**Involvement**" (siehe Abschnitt 2.6). Zwei in der Konsumentenforschung gängige theoretische Ansätze gelten der Verbindung von Informationen über Produkte mit dem, was der jeweilige Konsument - aus welchen Gründen auch immer - für sich als positiv oder negativ empfindet. Es sind dies Einstellungen und sog. Means-End-Chains (siehe Abschnitt 2.5.2). Bei **Einstellungen** geht es darum, dass aus der Verbindung von Informationen über Merkmale eines Objekts (im Zusammenhang des Konsumentenverhal-tens typischerweise eines Produkts) mit der Bewertung dieser Merkmale positive oder negative Einschätzungen des Objekts und entsprechende Verhaltenstendenzen (z.B. Kauf oder Nicht-Kauf) resultieren. Mit Hilfe von **Means-End-Chains** ("Ziel-Mittel-Beziehungen") wird versucht, den Zusammenhang zwischen Eigenschaften eines Objekts (z.B. ABS bei einem Auto) und relativ allgemeinen und stabilen Werten einer Person (z.B. Wunsch nach Sicherheit) zu analysieren.

Bei den am Ende dieses Kapitels behandelten Gesichtspunkten Demogra-phie, Persönlichkeit und Lebensstil geht es im Gegensatz zu den bis dahin erörterten ausschließlich auf die Psyche der Konsumenten bezogenen Ausgangsbedingungen des Kaufverhaltens um individuelle Merkmale, die äußerlich wahrnehmbar sind, teilweise auch um Verbindungen von psychi-schen und äußerlich wahrnehmbaren Eigenschaften von Konsumenten.

2.2 Wissen von Konsumenten und seine Entstehung

2.2.1 Konsumenten-Wissen

Nur in seltenen Ausnahmefällen beginnen Konsumenten einen Kaufentscheidungsprozess ohne jegliches Vorwissen über das anstehende Entscheidungsproblem und zur Auswahl stehende Alternativen. In den meisten Fällen sind durch eigene Produkt-Erfahrungen, Werbung, Warentests, Informationen von Bekannten etc. Informationen bereits vorhanden und gespeichert, die für die anstehende Kaufentscheidung genutzt werden (können).

In einem ganz allgemeinen Sinne bezeichnet man als "**Wissen**" die Menge von Informationen, die im menschlichen Gedächtnis gespeichert ist und dort ("auf Abruf") zur Verfügung steht. Die Teilmenge dieses umfassenden Wissens, die im Zusammenhang mit Kauf und Konsum von Produkten relevant ist, ist das **Konsumenten-Wissen** (vgl. Blackwell / Miniard / Engel 2001, S.259). Dazu gehören beispielsweise Informationen über Produkteigenschaften, über die Handhabung von Produkten oder über Umweltverträglichkeit und Entsorgung von Produkten. Blackwell / Miniard / Engel (2001, S. 260 ff.) heben vier Arten von Konsumenten-Wissen hervor:

- **Bekanntheit von Produkten**: Wissen um die Existenz von Produktarten und Marken

- **Wissen über Produkteigenschaften**: Image von Produkten und Marken; Wissen über physische Eigenschaften, Leistungsmerkmale und Preise von Produkten

- **Einkaufswissen:** Einkaufsquellen für Produkte, günstige Einkaufszeitpunkte (z.B. im Hinblick auf Sonderangebote)

- **Verwendungswissen:** Zweck und Gebrauchsweise von Produkten

Ebenfalls für jede Konsumentin und jeden Konsumenten leicht nachvollziehbar ist die Unterscheidung nach dem **Abstraktionsgrad** von Produkt-Wissen. Bei konkretem Produkt-Wissen Art geht es um Eigenschaften von Produkten, z.B. Aussehen, Preis, verwendetes Material. Abstraktes Produkt-Wissen bezieht sich in erster Linie auf den Nutzen von Produkten. Beispiele dafür sind der Komfort eines Autos oder die Benutzerfreundlichkeit eines Elektrogerätes. Die höchste Abstraktionsstufe („sehr abstrakt") ist in dieser Sichtweise erreicht, wenn es um die Beziehung von Eigenschaften und Nutzen von Produkten zu Werten von Konsumenten (s.u.) geht. Hier sind beispielsweise Aspekte wie Genuss oder soziale Anerkennung gemeint, die durch den Konsum entsprechender Produkte erreicht werden sollen. An diese Unterscheidung wird im Abschnitt 2.5.2 angeknüpft, wenn es um so genannte Means-End-Chains geht.

Neben diese eher pragmatische Unterscheidung von Arten des Konsumenten-Wissens tritt die stärker von der psychologischen Literatur geprägte Aufteilung in deklaratorisches und prozedurales Wissen. Nach Zimbardo / Gerrig (1999, S. 234) geht es beim deklaratorischen Wissen um „Fakten oder Ereignisse" (z.B. Markennamen, Aussehen von Produkten) und beim prozeduralen Wissen darum, „wie man Dinge tut."

Das **deklaratorische Wissen** bezieht sich also auf Fakten, d.h. auf Gegenstände, ihre Eigenschaften, deren Beziehungen zueinander und Situationen. Hier wird nochmals unterschieden in semantisches und episodisches Wissen. Mit dem erstgenannten Terminus werden Gedächtnis-Inhalte wie die Bedeutung von Worten und Begriffen, Eigenschaften einer Marke oder Regeln und Gesetzmäßigkeiten zusammenfassend bezeichnet. Episodisches Wissen ist dagegen vor allem auf die Erkenntnisse und Erfahrungen der jeweiligen Person bezogen. So haben Konsumenten beispielsweise semantisches Wissen über das Produkt Sherry-Essig ("kommt meist aus Spanien", "ist sehr aromatisch" etc.) und episodisches Wissen über seine Verwendung (z.B. "schmeckt sehr gut mit Walnuss-Öl").

Prozedurales Wissen baut auf dem deklaratorischen Wissen auf und dient dessen Nutzung für eigenes Verhalten. In Fortsetzung des o.g. Beispiels könnte man hier an ein Rezept für die Herstellung einer schmackhaften Vinaigrette denken. Weitere typische Beispiele sind bestimmte Einkaufsvorgänge oder die Bedienung von Geräten. Solche Handlungsabläufe können nach häufiger Wiederholung auch unbewusst, mit geringer gedanklicher Kontrolle oder ganz automatisch ablaufen. So wird kaum ein Autofahrer sein entsprechendes Wissen aktivieren und einen Entscheidungsprozess einleiten, wenn auf der Autobahn bei seinem Vordermann die Bremslichter aufleuchten, sondern automatisch Brems- und Kupplungspedal treten. Prozedurales Wissen entsteht durch Lernprozesse (siehe Abschnitt 2.2.3) und spielt im Zusammenhang dieses Buches nicht zuletzt bei der Habitualisierung von Kaufentscheidungen (siehe Abschnitt 3.3.3) eine Rolle.

Für das Verständnis des Konsumenten-Wissens ist neben dessen Arten, also neben dem Inhalt des Gedächtnisses, dessen Organisation wesentlich. Eine sehr gängige Auffassung zur Organisation von Wissen ist die eines Netzwerks, das die Assoziationen zwischen verschiedenen Wissens-Elementen widerspiegelt. Abb. 2.1 zeigt ein hypothetisches Beispiel für eine solche Darstellung von Produkt-Wissen, hier bezogen auf ein Toshiba Notebook. Man erkennt an dem Beispiel, dass unterschiedliche Arten von Wissen so gespeichert und in Verbindung gebracht werden können.

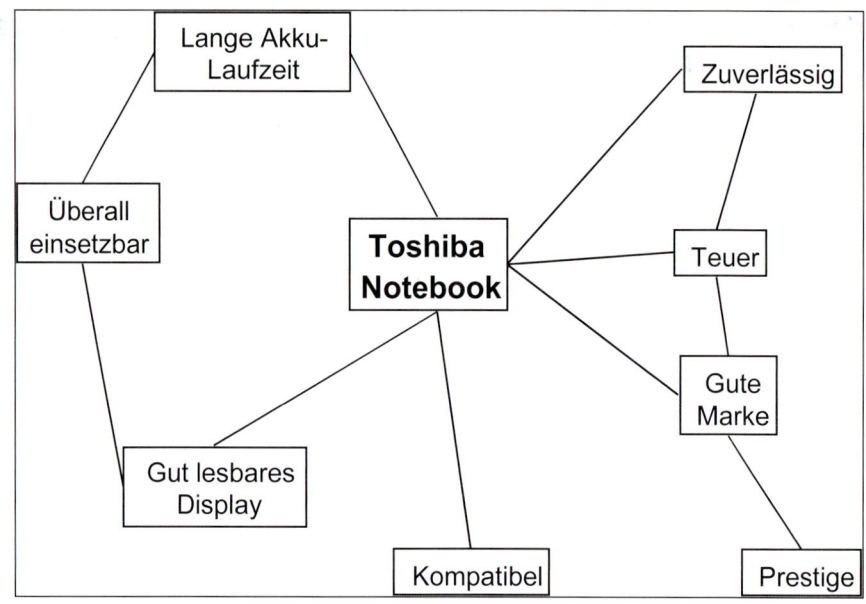

Abbildung 2.1: Beispiel (hypothetisch) für Organisation von Produkt-
Wissen als Netzwerk
Quelle: nach Blackwell / Miniard / Engel 2001, S. 492

Weitere in der Konsumentenforschung beachtete Formen der Wissensspei-
cherung sind Schemata und Skripte. Mit einem **Schema** werden - ähnlich
wie bei den vorstehend skizzierten Netzwerken - Assoziationen gemeint,
die aber nicht auf einen bestimmten Gegenstand bezogen sind, sondern
nach der Erfahrung einer Person für den jeweiligen Gegenstandsbereich
typisch und charakteristisch sind. Kroeber-Riel / Weinberg (2003, S. 233)
geben das Beispiel des „Bierschemas" an, das u.a. folgende Elemente
enthalten kann: Gehört zur Kategorie der alkoholischen Getränke, gibt es in
den Sorten Pils, Weizenbier, Altbier etc., helle bis dunkle gelblich-
bräunliche Farbe, wird kalt getrunken usw. „Dieses Schema weist eine
Konfiguration von Eigenschaften auf, die Bier im Allgemeinen kennzeichnen, wobei offen bleibt, wie diese Eigenschaften im Einzelfall aussehen, ob
es um dunkles obergäriges, um herbes Altbier oder um süffiges und helles
(Export-) Bier geht."

Skripts sind eine spezielle Form von Schemata, die sich auf Ereignisse und Abläufe bezieht. Leigh / McGraw (1989, S. 17) kennzeichnen Skripts auf folgende Weise: „Ein Skript ist ein Schema von Ereignissen bzw. eine Gedächtnis-Struktur, das / die eine typische Folge von Aktivitäten oder Ereignissen in einer bestimmten Situation beschreibt." Diese Autoren (S. 22) geben auch Beispiele für Skripts, die sich auf Abläufe beim persönlichen Verkauf beziehen. Hier ein Auszug aus einem solchen Skript für einen ersten Verkaufskontakt:

- Den Kunden ansehen und lächeln

- Begrüßung

- Persönliche Vorstellung

- Austausch der Visitenkarten

- Small talk

- Beim Kunden für Termin bedanken

- Übergang zum Zweck des Treffens

- Agenda für das Gespräch festlegen

- Bisherigen Verlauf der Kundenbeziehung besprechen

- Erläuterungen zum Unternehmen des Verkäufers

- ………..

Beispiele für Skripts im Zusammenhang des Konsumentenverhaltens sind die typischen Verläufe eines alltäglichen Einkaufs von Lebensmitteln im Supermarkt oder der Ablauf der Vorbereitung eines Abendessens mit Freunden. Konsumenten-Wissen in Form von Skripts erleichtert die Bewältigung entsprechender Aufgaben. Hoyer / MacInnis (2004, S. 108) verweisen auf das Gegenbeispiel des erstmaligen Erwerbs und Zusammenbaus von IKEA-Möbeln, bei dem jeder, der sich an die erstmalige Montage eines Billy-Regals erinnert, leicht nachvollziehen kann, dass er in dieser Situation wohl ein entsprechendes Skript vermisst hat.

2.2.2 Informationsverarbeitung bei Konsumenten

Ein verbreiteter Ansatz zur Erklärung der Entstehung von Wissen (aber nicht nur dazu) ist das **Drei-Speicher-Modell** der menschlichen Informationsverarbeitung. Anhand dieses Modells lassen sich Prozesse der Informationsverarbeitung einordnen und erklären. In diesem Zusammenhang werden auch die Begrenzungen der Informationsverarbeitungskapazität deutlich, die wiederum erhebliche Bedeutung für die Beschreibung und Erklärung von Entscheidungsprozessen haben (siehe Kapitel 3).

Das erwähnte Drei-Speicher-Modell ist aus der kognitiven Psychologie (vgl. z.B. Zimbardo / Gerrig 1999, S. 235 ff.) entlehnt und inzwischen in der Konsumentenforschung gut etabliert (vgl. z.B. Kroeber-Riel / Weinberg 2003, S. 225 f.). Eine schematische Darstellung dieses Modells findet sich in Abbildung 2.2.

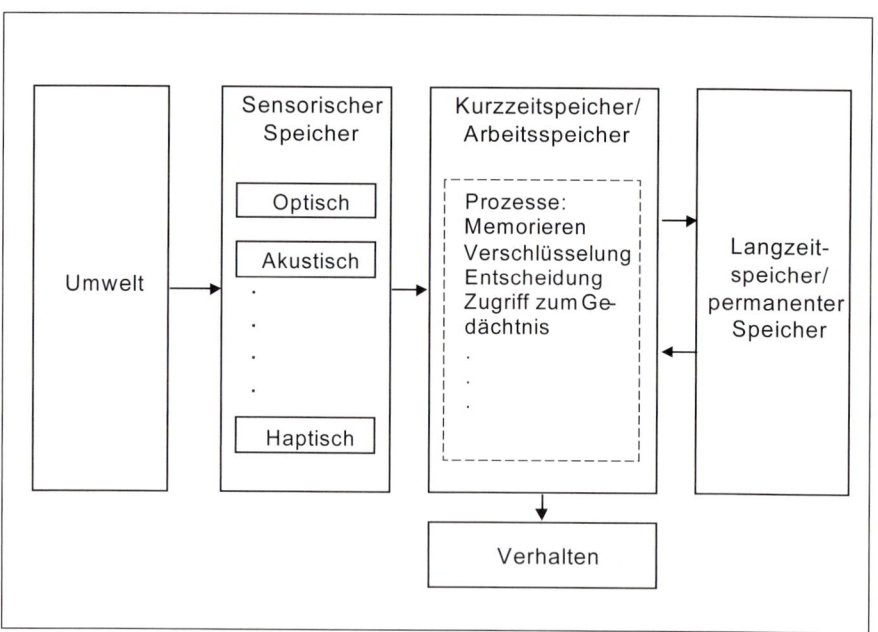

Abbildung 2.2: Drei-Speicher-Modell der menschlichen Informationsverarbeitung
Quelle: nach Bettman 1979, S. 140

Den Ausgangspunkt der Betrachtung bildet die Umwelt des Konsumenten, die eine völlig unüberschaubar große Menge vor allem optischer und akustischer Informationsmöglichkeiten enthält. In diesem Zusammenhang ist auch erwähnenswert, dass nach Bernhard (1983) 84 % der menschlichen Informationsaufnahme auf optischem Wege und 12 % auf akustischem Wege stattfindet. Man geht davon aus, dass es einen Teil des menschlichen Informationsverarbeitungssystems gibt, den so genannten **sensorischen Speicher**, der "detaillierte Bilder der Information, die bei den Sinnesorganen ankommt, für einige Zehntelsekunden speichert" (Lindsay / Norman 1981, S. 236). Eine kleine Teilmenge der großen Menge dort eintreffender Reize kann in einen Kurzzeitspeicher übertragen werden.

Die im **Kurzzeitspeicher** angelangten Reize können dort interpretiert werden. Wenn im sensorischen Speicher z.B. bestimmte Lautfolgen aufgenommen werden, so werden diese im Kurzzeitspeicher entschlüsselt und als Worte verstanden; das graphische Symbol "8" wird als Zahl "acht" interpretiert etc. Im Kurzzeitspeicher können Informationen einige Sekunden aufbewahrt werden, womit dann die Verarbeitung der Informationen (s.u.) ermöglicht wird. Es verbindet sich hier also die zeitlich sehr begrenzte Speicherung mit der Verarbeitung von Informationen.

Die Verarbeitungsmöglichkeiten des Kurzzeitspeichers bestehen u.a.
- im Memorieren von Informationen
  (zur langfristigen Speicherung im Gedächtnis [Langzeitspeicher]),
- in der Kodierung von Informationen
  (z.B. Weiterverarbeitung des Sinngehalts von Informationen anstelle des Wortlauts oder Verdichtung von Informationen ["teuer" statt eines genauen Preises]),
- in der Verknüpfung neuer mit (im Gedächtnis) vorhandenen Informationen
  (z.B. von Einstellungen zu einem Objekt auf Grund zusätzlicher Informationen),
- im Zugreifen auf im Gedächtnis gespeicherte Informationen und
- im Steuern beobachtbaren Verhaltens, z.B. durch die Umsetzung von Entscheidungen.

Im **Langzeitspeicher** (Gedächtnis) können (fast) unbegrenzt große Informationsmengen sehr lange behalten werden. Der Zugriff zu Informationen im Langzeitspeicher kann allerdings mit kognitiven Anstrengungen verbunden sein. Gelegentlich benötigt man für den Zugriff auch sog. "Gedächtnisstützen". Beispielsweise kann ein Foto die Erinnerung an bestimmte Situationen oder Personen ermöglichen bzw. erleichtern.

Wilkie (1994, S. 183 f.) illustriert die Funktionen und das Zusammenwirken der Elemente des Drei-Speicher-Modells mit dem anschaulichen Beispiel der Lösung der Rechenaufgabe

$$8 + 7 \times 3 = ?$$

Die Aufgabe wird mit Hilfe des sensorischen Speichers gelesen und den einzelnen Zeichen "8", "+", "7" ... werden Bedeutungen zugeordnet, die im Gedächtnis gespeichert sind. Für die weitere Bearbeitung des Problems im Kurzzeitspeicher werden dann arithmetische Regeln aus dem Gedächtnis (z.B. "Führe zunächst die Multiplikation aus") hervorgezogen. Damit kann sequenziell (in einzelnen Rechenschritten) die Aufgabe gelöst und das Ergebnis gespeichert oder niedergeschrieben werden. Während der Lösung des Problems kann über den sensorischen Speicher immer wieder auf die (sichtbare) Aufgabe zurückgegriffen werden und damit der Arbeitsspeicher entlastet werden.

Wesentliches Merkmal des hier verwendeten Informationsverarbeitungsmodells, das natürlich nicht die physiologischen Gegebenheiten des Gehirns beschreiben soll, ist die Verbindung von zwei Speichern mit **sehr großer Aufnahmekapazität** und unterschiedlicher Aufbewahrungsdauer durch einen Kurzzeit- bzw. Arbeitsspeicher mit **begrenzter Kapazität**. Während im sensorischen Speicher eine sehr detaillierte Abbildung der Umwelt für extrem kurze Zeit behalten werden kann, ist die Kapazität des Kurzzeitspeichers auf etwa sieben so genannte "**information chunks**" begrenzt, die aber länger (bis zu 30 Sek.) behalten werden können. Information chunks sind verdichtete Informationen, z.B. Produktnamen, mit denen diverse Einzelinformationen (Preis, Design, Qualität etc.) verbunden sind (vgl. dazu z.B. Bettman 1979, S. 147 ff.). Die Übertragung von Informationen aus dem Kurzzeit- in das Langzeitgedächtnis erfordert einen Zeitaufwand von einigen Sekunden. Diese Übertragungszeit in Verbindung mit der Begrenzung der Zahl gleichzeitig verfügbarer Informationen machen den Kurzzeitspeicher zum entscheidenden Engpass hinsichtlich der Beschränkung menschlicher Informationsverarbeitungskapazität. Abbildung 2.3 illustriert die Rolle des Kurzzeitspeichers als Engpass bei der menschlichen Informationsverarbeitung.

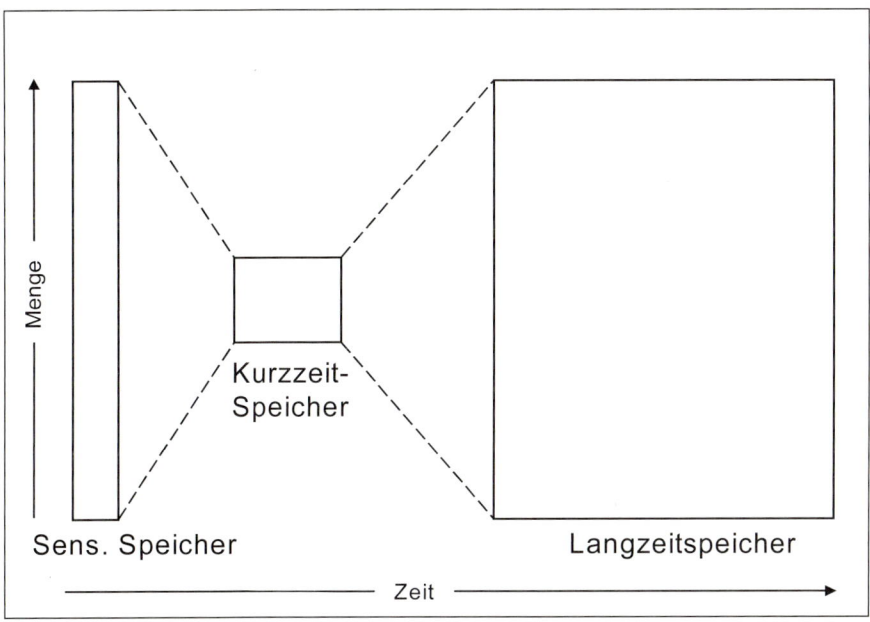

Abbildung 2.3: Begrenzungen der menschlichen Informationsverarbeitung

Mit Hilfe des durch das Drei-Speicher-Modell gegebenen Rasters lassen sich auch die im Marketing relevanten Prozesse der Wahrnehmung sowie des Memorierens und des Abrufs von Informationen aus dem Gedächtnis charakterisieren (siehe Abb. 2.4). Als **Wahrnehmung** bezeichnet man den vorstehend schon angesprochenen Vorgang der Interpretation sensorischer Reize in einer für das Individuum sinnvollen Weise. Durch den Prozess der Wahrnehmung entstehen aus Umweltreizen vor allem optischer und akustischer Art Informationen über die Umwelt, die mit anderen Informationen in Verbindung gebracht und verarbeitet werden können. So wird der durch einen dreizackigen Stern in einem Kreis gegebene Umweltreiz als

Symbol für die Marke Mercedes interpretiert und es können Verbindungen zu anderen diese Marke betreffenden Informationen hergestellt werden.

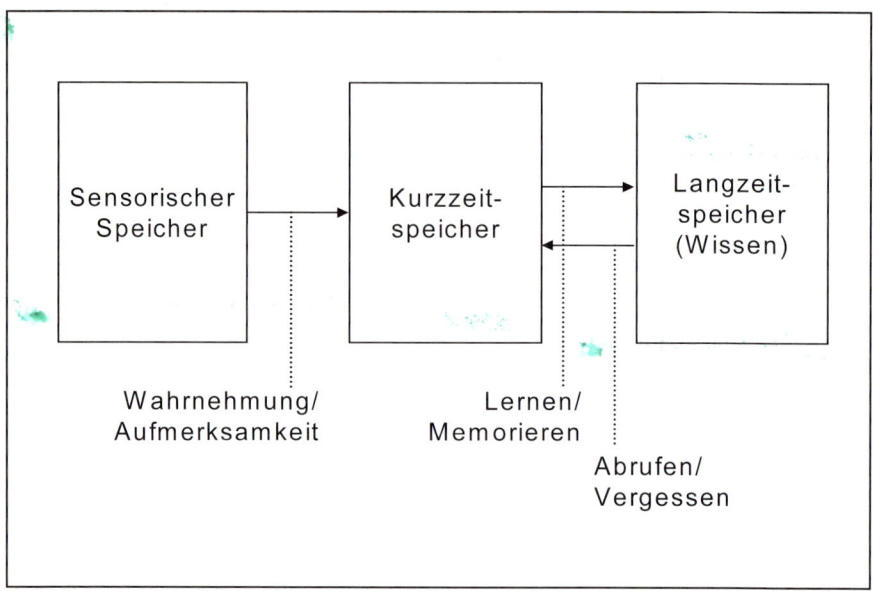

Abbildung 2.4: Aktivitäten bei der Informationsverarbeitung

Drei Merkmale kennzeichnen den **Wahrnehmungsprozess** (Kroeber-Riel / Weinberg 2003, S. 268 f.):

- **Subjektivität**
  Die Wahrnehmung der Umwelt durch ein Individuum wird beeinflusst (teilweise geprägt) von dessen bisherigen Erfahrungen, seinen Wertungen sowie seinen Fähigkeiten zur "richtigen" Verarbeitung sensorischer Reize. Dieser Aspekt der Subjektivität hat weit reichende Auswirkungen auf die Wirksamkeit von Marketingmaßnahmen, da eben nicht "objektive" Produkteigenschaften, Werbeaussagen etc. für das Kaufverhalten ausschlaggebend sind, sondern deren persönlich geprägte Wahrnehmung und Verarbeitung.

- **Aktivität**

  Wahrnehmung wird nicht nur durch die auf den Konsumenten zukommenden Reize beeinflusst, sondern ist durch aktive Interpretation dieser Reize und ebenfalls aktive Selektion weiter zu verarbeitender Reize gekennzeichnet.

- **Selektivität**

  Angesichts der Beschränkungen der menschlichen Informationsverarbeitung (→ Drei-Speicher-Modell) ist eine auch nur annähernd vollständige Wahrnehmung von Reizen aus der Umwelt natürlich nicht möglich. Es wird vielmehr nur ein kleiner Teil dieser Reize ausgewählt und weiter verarbeitet.

Der Prozess der Wahrnehmung lässt sich durch ein Modell von Assael (2004, S. 158 ff.) veranschaulichen (vgl. Abb. 2.5). Darin werden drei Schritte unterschieden: Selektion, Organisation und Interpretation.

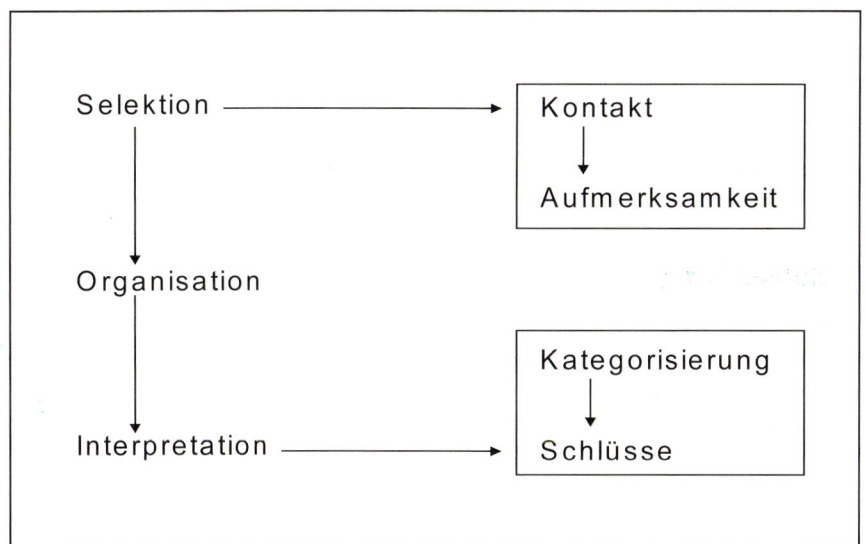

Abbildung 2.5: Der Wahrnehmungsprozess
Quelle: Assael 2004, S. 159

In der Phase der Selektion entscheidet sich, welche der vielfältigen Umweltreize in den Wahrnehmungsprozess eingehen. Dazu muss zunächst natürlich ein Kontakt stattfinden, d.h. der Konsument muss mit dem optischen, akustischen oder anderen Stimulus in Berührung kommen und die Sinne müssen durch den Stimulus aktiviert werden. So muss der Adressat einer Auto-Anzeige zunächst die Zeitschrift, in der diese erscheint, in die Hand bekommen und durchblättern und dann durch die Markennamen, die optische Gestaltung der Anzeige o.ä. aufmerksam werden. Unter **Aufmerksamkeit** versteht man die momentane Ausrichtung der Informationsverarbeitung eines Konsumenten auf einen Stimulus. „Aufmerksamkeit bedeutet Reiz-Auswahl" (Lachmann 2002, S. 21). Typischerweise ist Aufmerksamkeit (u.a.) dann zu erwarten, wenn der Konsument sich auf eine Kaufentscheidung gedanklich vorbereitet, mit der der Stimulus (die Anzeige, der Testbericht über ein Produkt etc.) im Zusammenhang steht. Bei Zimbardo / Gerrig (1999) findet man zwei Formulierungen, die das Wesen von Aufmerksamkeit besonders anschaulich kennzeichnen:

- „Brücke ...., über die Informationen aus der äußeren Welt - diejenigen ausgewählten Aspekte, auf die die Aufmerksamkeit konzentriert ist - in die subjektive Welt des Bewusstseins gebracht werden" (S. 166)
- „Scheinwerfer...., der bestimmte Bestandteile unserer Umgebung beleuchtet" (S. 168)

Es folgt der Schritt der Organisation. Dabei werden verschiedene Einzelinformationen zu einem sinnvollen Ganzen zusammengefasst. So entsteht z.B. aus einzelnen Produkteigenschaften, Werbung, Presseberichten etc. ein Eindruck von einem Produkt (z.B. "besonders sicheres Auto" oder "landschaftlich reizvolles Urlaubsziel"). Bei der Interpretation (3. Schritt im Wahrnehmungsmodell von Assael) findet schon der Übergang zur Informationsverarbeitung statt. Assael beachtet hier insbesondere die Kategorisierung und das Ziehen von Schlüssen. So werden z.B. Autos bestimmten Kategorien (Kombi, Großraumlimousine, Golf-Klasse etc.) zugeordnet und Verbindungen zwischen einzelnen Stimuli bzw. Informationen hergestellt (z.B.: hoher Preis ⇔ hohe Qualität).

Im vorliegenden Abschnitt ist bisher skizziert worden, wie man sich die Aufnahme und Speicherung von Informationen vorstellen kann. Auf einen bedeutsamen Weg des Erwerbs von Wissen und Erfahrungen - die verschiedenen Arten von Lernprozessen - wird im folgenden Abschnitt 2.2.3 näher eingegangen. An dieser Stelle mögen einige Hinweise zur Memorierung (Speicherung im Gedächtnis) von Informationen im **Gedächtnis** und zu deren Abruf aus dem Gedächtnis (bzw. - wenn dieser Abruf nicht möglich ist - zum Vergessen) genügen.

Wie kann man sich nun den Prozess des **Memorierens** vorstellen? Drei unterschiedliche Wege, die zur Speicherung von Informationen im Gedächtnis führen, hat wohl jeder schon bei sich selbst beobachten können (vgl. dazu Hoyer / MacInnis 2004, S. 179 f.): Hier ist zunächst **Übung** zu nennen. Damit ist die wiederholte und bewusste Beschäftigung mit den Informationen, die man behalten will, gemeint. Jeder, der schon einmal ein Gedicht auswendig lernen musste hat oder sich auf den "theoretischen Teil" der Führerscheinprüfung vorbereitet hat, kennt diesen Prozess.

Weiterhin ist an den **häufig wiederholten Kontakt** zu Informationen ohne eigene Anstrengungen zu deren Speicherung zu denken. So kennt der U- oder S-Bahn-Benutzer, der täglich dieselbe Strecke fährt, nach einiger Zeit sämtliche Stationen auf dieser Strecke, ohne dass er sich darum bemüht hätte, diese auswendig zu lernen. Ebenso sammelt ein Konsument durch häufigen Kontakt zu Werbung oder den wiederholten Gebrauch eines Produkts Wissen über dessen Aussehen, Eigenschaften, Verpackung etc.

Ein dritter Weg zur dauerhaften Speicherung von Informationen im Gedächtnis besteht in der **intensiven gedanklichen Beschäftigung** damit, z.B. in der Herstellung von Verbindungen zu vorhandenem Wissen oder zu bisherigen Erfahrungen. So lässt sich die Information über die Qualität eines bestimmten Rioja-Jahrganges besser behalten, wenn man sich mit Wein gut auskennt und/oder entsprechende geschmackliche Erfahrungen hat. Hinsichtlich des Zugriffs zu gespeicherten Informationen bzw. (im negativen Fall) des **Vergessens** gibt es in der Literatur unterschiedliche Auffassungen (vgl. Kroeber-Riel / Weinberg 2003, S. 360 f.). Vielfach wird davon ausgegangen, dass Gedächtnisinhalte dauerhaft gespeichert werden und lediglich der Zugriff dazu (beispielsweise wegen der Überlagerung bzw. "Interferenz" durch neue Informationen) beschränkt ist.

Ein anderer Ansatz geht von einem Verschwinden von Gedächtnisspuren im Zeitablauf aus. Das gilt insbesondere für Gedächtnisinhalte, auf die nicht oder sehr selten zurückgegriffen wird, weil sie nicht relevant sind oder sich auf lange zurückliegende Zeiträume beziehen. Für die Zugriffsmöglichkeit zu Gedächtnisinhalten sind entsprechende Hilfen wichtig, beispielsweise durch Bezugnahme auf die Situation, in der die entsprechende Information aufgenommen wurde.

Die Bedeutung solcher Erinnerungshilfen kann jeder leicht nachvollziehen, der versucht, sich an die Namen seiner Mitschüler aus der ersten Schulklasse zu erinnern und dabei dann ein altes Klassenfoto heranzieht.

2.2.3 Lernprozesse

Der Begriff "Lernprozesse" deutet schon an, dass es hier um Vorgänge geht, bei denen Konsumenten ihr Wissen und ihr Verhalten (z.B. durch Erfahrungen) verändern. Wie der Fahrschüler den Gebrauch von Kupplung und Schaltung, die Bedeutung von Verkehrszeichen usw. durch Übung und das Studium einschlägiger Lehrbücher erkennt, so kann auch beim Konsumenten durch wiederholte (positive oder negative) Erfahrungen oder durch Prozesse der Informationsverarbeitung zukünftiges Verhalten beeinflusst werden. Schiffman / Kanuk (1997, S. 194) definieren **Lernen** von Konsumenten als "den Prozess, durch den Individuen auf Einkäufe und Verbrauch bezogenes Wissen und Erfahrungen erwerben, die sie bei zukünftigem Verhalten anwenden."

Eine grundlegende Unterscheidung besteht zwischen behavioristischen und kognitiven Lerntheorien (siehe Abb. 2.6). **Behavioristische Theorien** erklären das Lernen typischerweise als Ergebnis mehrfach wiederholter Reiz-Reaktions-Folgen. **Kognitive Lerntheorien** sind dagegen ausgerichtet auf das Lernen als Ergebnis von Informationsverarbeitungs- bzw. Problemlösungsprozessen.

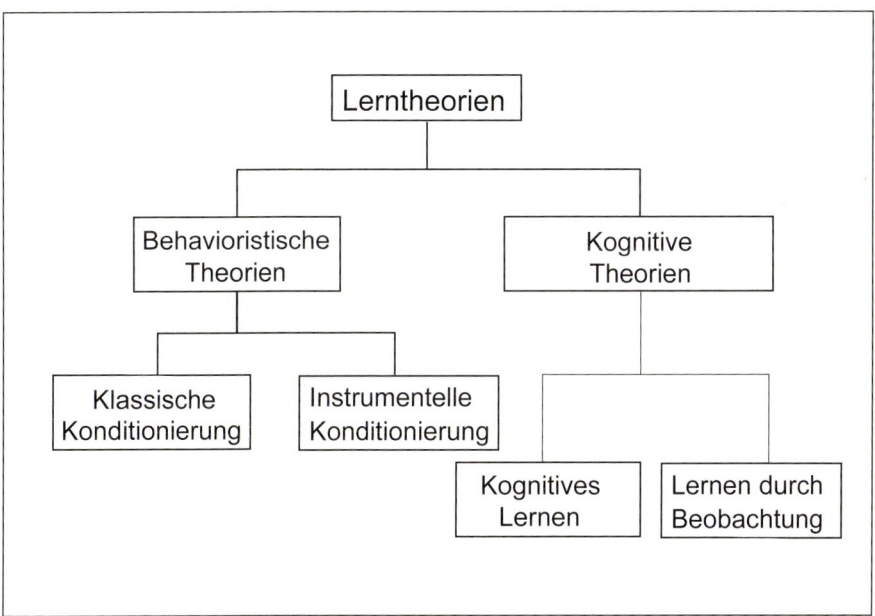

Abbildung 2.6: Wichtige lerntheoretische Ansätze

Die **klassische Konditionierung** als einer der behavioristischen Ansätze wurde einer breiteren Öffentlichkeit durch das Pawlow`sche Experiment bekannt: Bei diesem Tierversuch wurde die Fütterung regelmäßig mit einem Glockenton angekündigt. Nach hinreichend häufigen Wiederholungen konnte man beobachten, dass die physische Reaktion auf das Futterangebot (Speichelbildung) auch mit dem ursprünglich neutralen Reiz (Glockenton) verbunden wurde und dieser (bis dahin neutrale) Reiz dann auch zu der physischen Reaktion führte.

Die Grundidee besteht also darin, dass durch häufige Wiederholung der gemeinsamen Präsentation zweier Reize neue Reiz-Reaktions-Beziehungen entstehen. Derartige Reaktionen sind nicht auf Tiere beschränkt! Eine typische Anwendung auf Menschen findet man bei zahlreichen Werbekampagnen, in denen ein (zunächst neutraler) Markenname immer wieder in Verbindung mit emotional aufgeladenen Bildern oder Worten dargeboten wird. Nach einiger Zeit werden die entsprechenden Emotionen dann mit der Marke in Verbindung gebracht (vgl. dazu z.B. Kroeber-Riel / Esch 2004, S. 224 ff.).

Der Name des Ansatzes der **instrumentellen Konditionierung** deutet schon das Grundprinzip an: Das gewünschte (zu erlernende) Verhalten wird als Instrument angesehen, durch das man eine Belohnung erreichen (bzw. eine „Bestrafung" vermeiden) kann. Durch Vorteile, die aus bestimmtem Verhalten resultieren, wird die Wahrscheinlichkeit einer künftig entsprechenden Verhaltensweise in einer vergleichbaren Situation erhöht. Die Belohnung wirkt also als Verstärker im Hinblick auf künftiges Verhalten. Musterbeispiel für die Anwendung dieses Prinzips im Marketing ist die Entwicklung von habituellem Kaufverhalten, bei dem die Tendenz zum wiederholten Kauf derselben Marke durch Zufriedenheit nach früheren Käufen wächst (vgl. dazu Abschnitt 3.3.3). In Abbildung 2.7 sind die beiden erläuterten behavioristischen Lerntheorien illustriert.

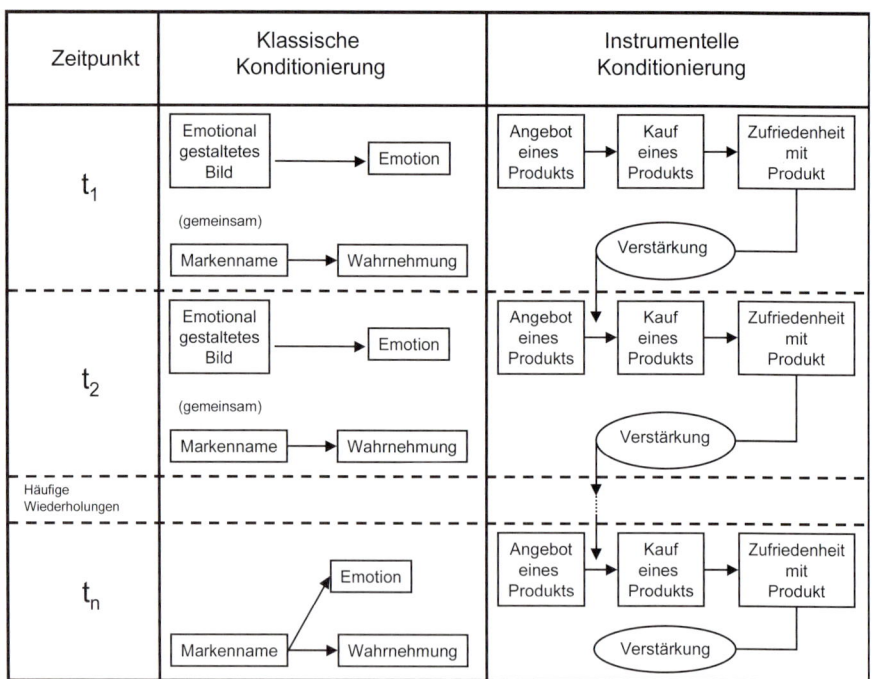

Abbildung 2.7: Beispiele für die Anwendung der klassischen und der instrumentellen Konditionierung im Marketing

Wesentliche Unterschiede beider Ansätze seien hier kurz zusammengefasst:

- Bei klassischer Konditionierung findet eher passives Lernen statt während bei instrumenteller Konditionierung intensivere Informationsverarbeitung erfolgt.
- Bei klassischer Konditionierung ist die häufig auftretende Gemeinsamkeit von Stimulus und Reaktion entscheidend, bei instrumenteller Konditionierung die Verstärkung im Zeitablauf.
- Bei klassischer Konditionierung sind die Stimuli entscheidend, die vor der Reaktion wirken, bei instrumenteller Konditionierung die Erfahrungen (→ Verstärkungen) nach der Reaktion.

Im Mittelpunkt **kognitiver Lerntheorien** steht die Betrachtung geistiger Prozesse der Informationsaufnahme und Problemlösung. Durch diese Prozesse wächst das Wissen, die Erfahrung einer Person. Das Lernen vollzieht sich in dieser Perspektive durch Zuwachs des im Gedächtnis gespeicherten Wissens, das später in entsprechenden Situationen genutzt werden kann. Abbildung 2.8 illustriert diesen Ablauf.

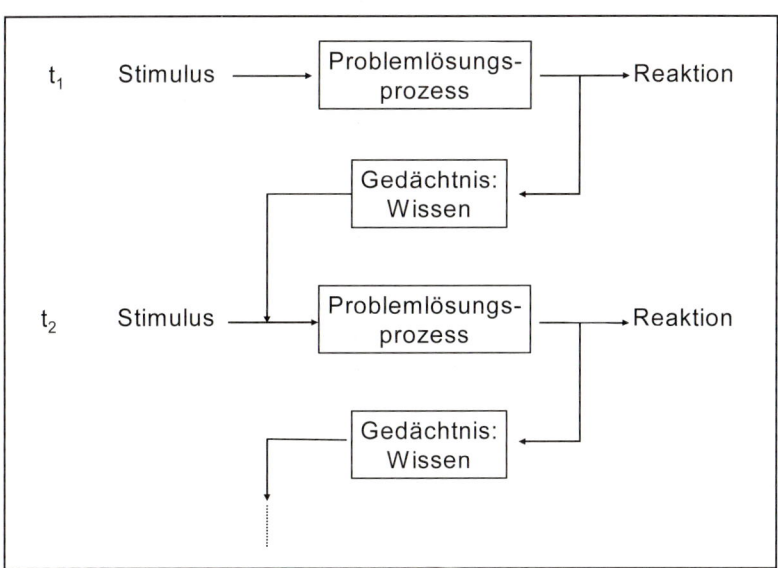

Abbildung 2.8: Schematische Darstellung kognitiven Lernens

Lernen durch **Beobachtung** bzw. „Lernen am Modell" wird ebenfalls den kognitiven Ansätzen zugerechnet (vgl. Solomon 2004, S. 293 f.). Dabei besteht die Grundidee darin, dass man Verhaltensweisen anderer Menschen und die Reaktionen darauf beobachtet und im Gedächtnis speichert. In einer entsprechenden Situation kann dann dieses Wissen verwendet werden, um das eigene Verhalten entsprechend zu steuern. Beispielsweise kann die Beobachtung, dass ein bestimmter Kleidungsstil zur Attraktivität einer Person beiträgt, zur späteren Übernahme dieses Stils führen. Die Beobachtung kann sowohl direkt erfolgen als auch über Medien übermittelt werden. Sozialisationsprozesse (einschließlich der Konsumentensozialisation, siehe Abschnitt 4.3.3) werden zum erheblichen Teil auf diese Art des Lernens zurückgeführt. Abbildung 2.9 illustriert das Grundprinzip des Lernens durch Beobachtung.

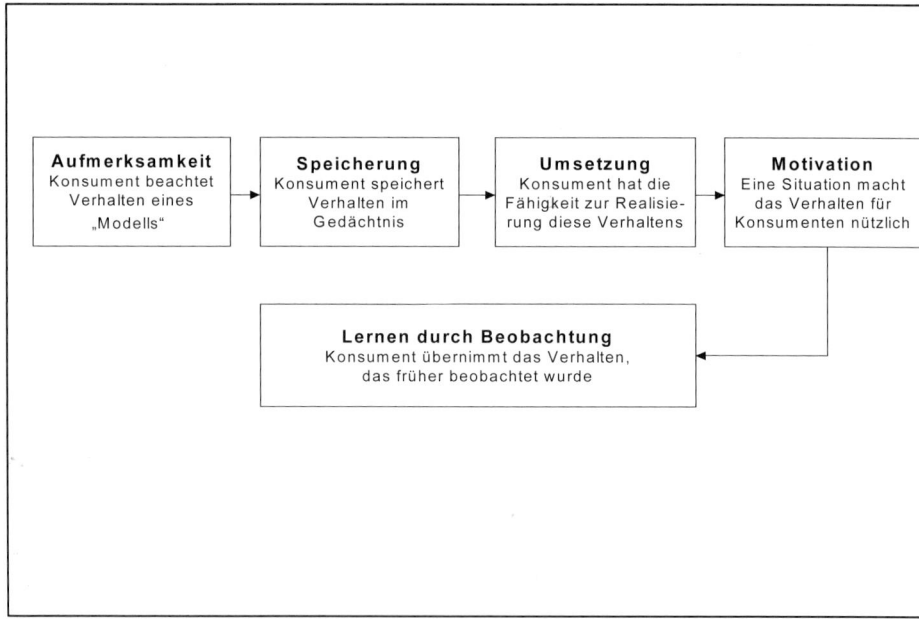

Abbildung 2.9: Prozess des Lernens durch Beobachtung
Quelle: Solomon 2004, S. 94

2.2.4 Wissenszuwachs durch laufende Informationsaufnahme

Im Zusammenhang mit Kaufentscheidungen suchen Konsumenten oftmals gezielt nach Informationen, die ihnen eine entsprechende Auswahl erleichtern oder erst ermöglichen (siehe dazu Abschnitt 3.3.2). Daneben gibt es eine laufende Aufnahme von Informationen (insbesondere) über Produkte, die das entsprechende Wissen erweitern und bei und einer späteren Kaufentscheidung genutzt werden können. Das kennt jeder aus seiner Alltagserfahrung: Man sieht Werbeplakate, liest Produkttests in Zeitschriften oder sieht Produktpräsentationen im Handel. Entsprechend kennzeichnen Hoyer / MacInnis (2004, S. 209 f.) die typischen **Quellen für die laufende Informationsaufnahme:**

- Handel (Packungaufschriften, Displays etc.)
- Medien (Werbung, Webseiten von Anbieterunternehmen etc.)
- Persönliche Kontakte (Hinweise und Erfahrungen von Freunden, Kollegen etc.)
- Unabhängige Quellen (Publikationen der Stiftung Warentest etc.)
- Direkte Erfahrungen (Produktproben, Besichtigungen, Probefahrten etc.)

Bloch / Sherrell / Ridgway (1986) geben einen Überblick über die laufende Informationsaufnahme von Konsumenten und haben auch eine entsprechende empirische Untersuchung durchgeführt. Als Einflussfaktor für das **Ausmaß** der Informationsaufnahme identifizieren sie u.a. das Interesse an der jeweiligen Produktkategorie (→ Involvement, siehe dazu Abschnitt 2.6). Die entsprechenden **Motive** bestehen vor allem darin, Informationen für spätere Kaufentscheidungen zu "bevorraten" und Unterhaltung/ Vergnügen durch die Informationssammlung zu haben, wobei die zweitgenannte Art von Motiven in der Untersuchung ein größeres Gewicht hatte. **Folgen** einer solchen Informationssuche sind u.a. größere Effizienz bei später folgenden Käufen und eine größere Zahl von ungeplanten Käufen (siehe dazu Abschnitt 3.3.3) in den aufgesuchten Geschäften.

Eine recht umfassende Diskussion des so genannten "**Browsing**" von Konsumenten auf der Basis einer Literaturauswertung findet sich bei Xia / Monroe (2005). Das relativ schwer zu übersetzende Wort "Browsing" entspricht in diesem Zusammenhang am ehesten dem deutschsprachigen Begriff "sich umschauen". Damit ist also eine noch nicht gezielte Informationssuche ohne eine anstehende Kaufentscheidung gemeint. Xia / Monroe (2005) nennen als Gründe für dieses Verhalten den Wissensaufbau, die Vorbereitung einer gezielten Informationssuche und ebenfalls Unterhaltung. Letzteres wird ja gerade beim Surfen im Internet deutlich. Als wesentlicher Einflussfaktor für Ausmaß und Richtung des Browsing werden vor allem Art und Spezifität der vom Konsumenten verfolgten Ziele angesehen.

2.3 Ausrichtung und Ziele von Konsumenten

Jeder Mensch hat Maßstäbe entwickelt oder von seiner Umwelt übernommen, anhand derer er die ihm zur Auswahl stehenden Handlungsalternativen (und auch das Verhalten anderer Leute) beurteilen kann. Im Zusammenhang des Konsumentenverhaltens bedeutet das vor allem, dass durch derartige Maßstäbe die Ziele, die man mit dem Kauf eines Produkts verfolgt (z.B. "Ich möchte ein besonders elegantes Auto"), bestimmt werden und somit dem der Kaufentscheidung vorangehenden Such- und Auswahlprozess eine **Richtung** gegeben wird.

Besonders allgemeine und grundlegende Ziele von Konsumenten (bzw. allgemein: von Individuen) werden als **Werte** bezeichnet. Silberer (1995, Sp. 2704) versteht in diesem Sinne unter Werten "elementare Vorstellungen bzw. Konzeptionen des Wünschenswerten". Hoyer / MacInnis (2004, S. 417) kennzeichnen Werte etwas konkreter als „dauerhafter Glaube, dass ein bestimmtes Verhalten oder Ergebnis wünschenswert bzw. gut ist." Typische Beispiele für derartige Werte sind Sicherheit, Freiheit oder soziale Anerkennung. Peter / Olson (1987, S. 117) stellen einige Kennzeichen von Werten zusammen:

- Werte haben subjektiven Charakter und sind spezifisch für jeden einzelnen Konsumenten.
- Werte (insbesondere End-Werte, s.u.) sind Endpunkte von kognitiven Prozessen, d.h. sie sind nicht abhängig von übergeordneten Aspekten.
- Werte entstehen normalerweise in einem langfristigen Prozess, vor allem durch Erfahrungen und Sozialisation.
- Werte sind relativ stabil und ändern sich eher langfristig, nur in Ausnahmefällen auch kurzfristig.
- Trotz ihres eher individuellen Charakters können Werte auch geteilt werden. Insbesondere innerhalb einer Kultur findet man diesbezüglich Übereinstimmungen.

Für eine Person ist typischerweise eine gewisse Zahl von unterschiedlichen Werten gleichzeitig relevant. Diese verschiedenen Werte und deren jeweilige Wichtigkeit machen das **Werte-System** eines Menschen aus.

Im Hinblick auf Werte existiert eine ganze Reihe theoretischer Ansätze und Unterscheidungen. Hier sei nur auf die auf Rokeach (1973) zurückgehende Einteilung in instrumentelle und End-Werte hingewiesen. **End-Werte** haben den höheren Abstraktionsgrad. Sie kennzeichnen die grundlegenden Wünsche und angestrebten Zustände des Individuums, z.B. Harmonie, Sicherheit oder Glücklichsein. **Instrumentelle Werte** stellen insofern eine Vorstufe zu den End-Werten dar, als sie Verhaltensweisen betreffen, die zwar recht allgemein sind (z.B. Hilfsbereitschaft, Rationalität), aber dazu dienen, End-Werten gerecht zu werden.

Obwohl sich Werte und deren Wichtigkeit von Individuum zu Individuum typischerweise deutlich unterscheiden, werden sie doch durch das jeweilige kulturelle und gesellschaftliche Umfeld maßgeblich beeinflusst. So unterscheiden sich christlich oder mohammedanisch geprägte, europäische und nordamerikanische Gesellschaften u.a. hinsichtlich des Stellenwerts von familiären Bindungen und individueller Freiheit (vgl. dazu Abschnitt 4.3.2). Teilweise kann man als Wirkung der in den letzten Jahrzehnten deutlich intensivierten Kommunikation über Ländergrenzen hinweg (z.B. durch Medien oder Reisen) eine Einebnung der nationalen bzw. kulturellen Unterschiede beobachten. Dem entsprechend geht mit der (längerfristigen)

Veränderung von Gesellschaften auch eine Veränderung der in diesen Gesellschaften akzeptierten und verbreiteten Werte einher. Dies ist der Hintergrund für das häufig angesprochene Phänomen des **Wertewandels**. Damit ist die (langsame) Verschiebung des Gewichts/ der Bedeutung von Werten im Zeitablauf gemeint, die in einer Gesellschaft verbreitet und akzeptiert sind. So wird für Deutschland eingeschätzt, dass Werte wie "Pflichterfüllung" oder "Bescheidenheit" gegenüber "Lebensgenuss" und "Selbstverwirklichung" im Lauf der letzten 30 Jahre an Bedeutung verloren haben. "Markante Wertetendenzen seit den achtziger Jahren betreffen vor allem Umwelt und Gesundheit - zwei interdependente Werte, die eine enorme Aufwertung erfuhren, weil Gefährdungen der Umwelt und der Gesundheit immer deutlicher in das Bewusstsein der Menschen eindringen. Dieser Trend hinterließ nicht nur Spuren im (partei-)politischen Spektrum, sondern auch im Arbeits-, Freizeit-, Kauf- und Konsumentenverhalten." (Silberer, 1995, Sp. 2705). Blackwell / Miniard / Engel (2001, S. 324) stellen einige für westliche Industrieländer typische aktuelle Veränderungen von Werten zusammen, von denen hier einige besonders offenkundige erwähnt seien:

(Materiell) hoher Lebensstandard → Bessere Lebensqualität
Traditionelle Geschlechterrollen → Aufhebung von Geschlechterrollen
Traditionelles Familienverhalten → Alternative Lebensformen
Leben, um zu arbeiten → Arbeiten, um zu leben
Selbstlosigkeit → Genussorientierung

Werte existieren unabhängig von spezifischen Situationen oder Anlässen. Sie sind - wie gesagt - im Zeitablauf relativ stabil und werden gewissermaßen als Leitlinien für das jeweilige Verhalten herangezogen. Dagegen werden **Bedürfnisse** nur bei einer Diskrepanz zwischen einem gegebenen und einem erwünschten Zustand relevant. Beispielsweise entsteht bei vielen Menschen in einer durch zu große Langeweile gekennzeichneten Situation das Bedürfnis nach Unterhaltung. Man bezeichnet als Bedürfnis "das mit dem Streben nach Beseitigung eines Mangels verbundene Gefühl" (Balderjahn 1995, Sp. 180). Es kann hierbei z.B. um ein Bedürfnis nach menschlicher Zuneigung (nicht ökonomisch) oder ein Bedürfnis nach physischer Sättigung (über entsprechende am Markt angebotene Produkte zu befriedigen, also ökonomisch) gehen. Hoyer / MacInnis (2004, S. 64) heben unter anderem zwei typische Eigenschaften von Bedürfnissen hervor:

- Bedürfnisse sind **dynamisch** in dem Sinne, dass kaum je ein dauerhafter Zustand der umfassenden Bedürfnisbefriedigung erreicht wird. So kann eine Bedürfnisbefriedigung (z.B. durch Essen bei Hunger) nur temporär wirksam sein oder neue Bedürfnisse entstehen, wenn bisherige befriedigt sind (z.B. nach der Sättigung Bedürfnis nach Unterhaltung).
- Bedürfnisse können im **Konflikt** zueinander stehen. Als Beispiele seien die Bedürfnisse nach kulinarischem Genuss und nach gutem Aussehen bzw. nach Sportlichkeit und Bequemlichkeit von Autos genannt.

Bedürfnisse können von einer großen Vielfalt von Faktoren, die keineswegs unabhängig voneinander wirken, ausgelöst werden. Bei diesen Faktoren kann man eine Unterteilung in externe und interne vornehmen (Assael 2004, S. 31 ff.). **Interne** Auslöser von Bedürfnissen sind in der Person des betreffenden Konsumenten begründet. Besonders hervorhebenswert sind hier:

- Persönlichkeitsmerkmale (z.B. Extrovertiertheit, Materialismus)
- Bisherige Konsum-Erfahrungen
- Lebensstil (z.B. Gesundheits- oder Freizeitorientierung)
- Ausmaß bisheriger Bedürfnisbefriedigung (als Determinante verbliebener Bedürfnisse)
- Werte als allgemeine und grundlegende Ziele von Konsumenten (s.o.)
- Physische Notwendigkeiten (z.B. Hunger, Durst)

Hinsichtlich **externer** Auslöser von Bedürfnissen, also Faktoren, die dem Umfeld des Konsumenten zuzurechnen sind, sind vor allem zu nennen:

- Marketing-Stimuli, also z.B. Werbung oder das Angebot von Produkten, wodurch die Entstehung entsprechender Bedürfnisse beeinflusst wird
- Andere Umwelteinflüsse, wie z.B. klimatische oder räumliche Bedingungen (Entfernung zum Arbeitsplatz, Bedürfnis nach Transportmitteln)
- Gesellschaftliche Einflüsse (z.B. Sozialisation, Statussymbole in einer Gesellschaft)

Wenn sich ein Bedürfnis auf Wirtschaftsgüter richtet und wenn ein Bestreben vorhanden ist, diese Wirtschaftsgüter zu erwerben, dann spricht man von einem **Bedarf** (Balderjahn 1995). Aus dem allgemeinen Bedürfnis nach Mobilität kann also, wenn dieses auf das Wirtschaftsgut Autos ausgerichtet ist und bei Konsumenten der Wunsch besteht, Autos zu erwerben, der Bedarf an Automobilen entstehen. Eine sehr umfassende Diskussion von Bedürfnissen, Bedarf, Motiven und verwandten Konzepten findet sich bei Laß (2002).

Eng verwandt mit dem Bedürfnis-Begriff ist der **Motiv**-Begriff. Vielfach wird in der Literatur zwischen diesen Begriffen kaum oder nicht unterschieden. Einige Autoren (z.B. Kroeber-Riel / Weinberg 2003, S. 141 ff.; Schiffman / Kanuk 1997, S. 83 ff.) heben dagegen hervor, dass sich bei der Motivation Antriebskräfte (Erreichung gewünschter Zustände) mit weitgehend kognitiv gesteuerter Zielorientierung (Kenntnis und Nutzung von Möglichkeiten zur Realisierung des erwünschten Zustands) verbinden. Motive bzw. Motivationen entstehen, wenn zu den Bedürfnissen eine durch das Wissen um mögliche Problemlösungen bestimmte Handlungsorientierung hinzukommt. Noch deutlicher wird die Handlungsorientierung des Motivationsbegriffs von Schiffman/Kanuk (1997, S. 83) artikuliert: "Motivation kann als die bewegende Kraft bei Individuen, die diese zu Handlungen antreibt, gekennzeichnet werden." Sie verdeutlichen Wesen und Entstehung von Motivation durch das in Abb. 2.10 wiedergegebene theoretische **Modell des Motivationsprozesses**. Den Ausgangspunkt bilden also - wie schon ausgeführt - unerfüllte Bedürfnisse. Daraus resultiert eine Spannung zwischen gegebenem Zustand (z.B. Hunger) und gewünschtem Zustand (z.B. Sättigung) und der Antrieb, diese Spannung zu beseitigen. Das Ausmaß, in dem eine Person bereit ist, Energie zum Abbau dieser Spannung bzw. zur Erreichung des entsprechenden Ziels einzusetzen, bezeichnet man als **Motivationsstärke**. Die Ausrichtung auf ein bestimmtes Verhalten wird dann beeinflusst durch kognitive Prozesse (z.B. Anwendung von Produkt-Wissen) und / oder durch Ergebnisse von Lernprozessen (z.B. frühere Erfahrungen mit Produkten). Wenn man also die Mittel kennt, die zu einem angestrebten Ziel führen, dann wird ein entsprechender Antrieb verhaltenswirksam. Das danach realisierte Verhalten (z.B. Kauf und Verzehr eines Schoko-Riegels) führt zum Abbau des ein Bedürfnis kennzeichnenden Mangelzustandes und der daraus resultierenden Spannung.

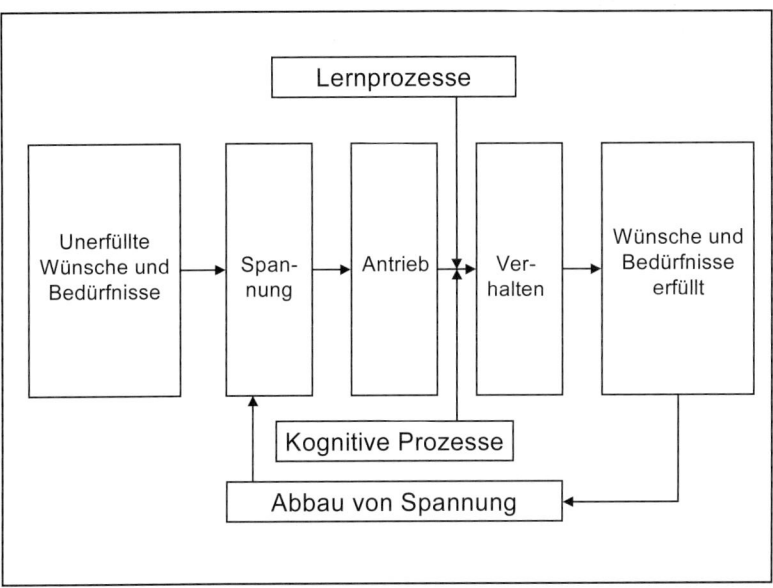

Abbildung 2.10: Modell des Motivationsprozesses
Quelle: Schiffman / Kanuk 1997, S. 83

Zur Kennzeichnung und Klassifizierung von unterschiedlichen Bedürfnissen (also Auslöser entsprechender Motivation) wird in der Literatur insbesondere die **Bedürfnishierarchie** (wegen ihrer Darstellungsform auch als **Bedürfnispyramide** bezeichnet) von Maslow (1943) herangezogen. Maslow unterscheidet fünf Arten von Bedürfnissen:
- Physiologische Bedürfnisse (z.b. Hunger, Durst, Kälteschutz)
- Sicherheitsbedürfnisse (z.b. Schutz vor Krankheit oder Kriminalität)
- Soziale Bedürfnisse (z.b. Zugehörigkeit oder Zuneigung)
- Wertschätzungsbedürfnisse (z.b. Anerkennung, Selbstvertrauen)
- Bedürfnisse nach Selbstverwirklichung (z.b. Unabhängigkeit, Entfaltung)

Mit dieser Klassifizierung von Bedürfnisarten verbindet Maslow Aussagen über das Wirksamwerden der verschiedenen Bedürfnisse. So besagt das sog. **Progressionsprinzip**, dass Bedürfnisse auf einer höheren Ebene erst wirksam werden, wenn die Bedürfnisse niedrigerer Ebenen weitgehend erfüllt worden sind. Bei akuten physiologischen Bedürfnissen (wie Unterernährung) wird danach beispielsweise ein Wertschätzungsbedürfnis noch nicht wirksam. Weiterhin wird nach "**Defizitbedürfnissen**" und "Wachstumsbedürfnissen" unterschieden. Erstere sind dadurch gekennzeichnet, dass sie vollständig erfüllt sein können, dass also entsprechende Defizite abgebaut sein können und eine daraus resultierende Motivation nicht mehr besteht. Maslow ordnet die Bedürfnisse auf den unteren vier Hierarchiestufen dieser Kategorie zu. Dagegen sieht er das Bedürfnis nach Selbstverwirklichung als **Wachstumsbedürfnis** an, da hier keine Sättigung, sondern ein nicht aufhörendes Streben nach Ausweitung und Intensivierung der Selbstverwirklichung zu erwarten sei. Abb. 2.11 illustriert den Ansatz von Maslow.

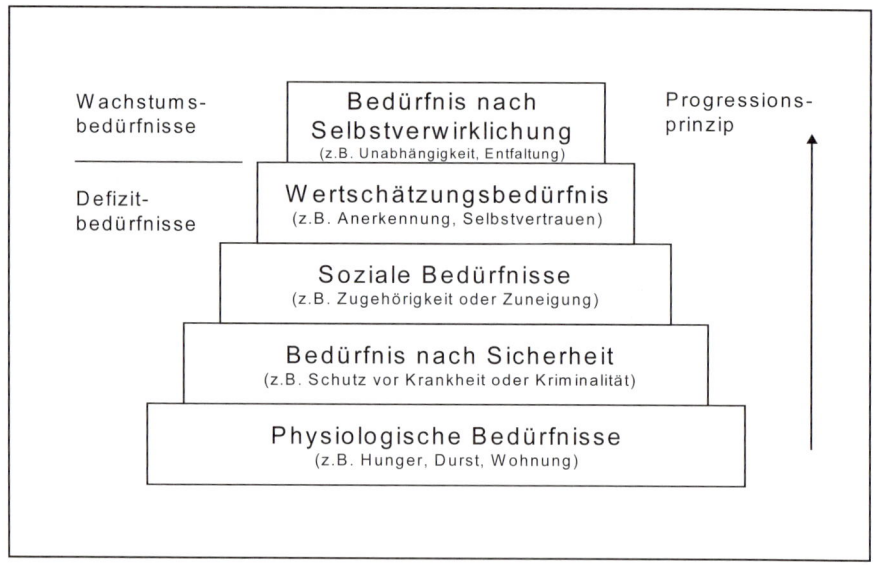

Abbildung 2.11: Bedürfnishierarchie nach Maslow

Das Konzept von Maslow ist recht anschaulich und wird durch mancherlei Erfahrungen bestätigt. Gleichwohl gibt es auch gewichtige Kritik daran. Diese bezieht sich vor allem auf mangelnde Präzision und Operationalität der Kennzeichnung von Bedürfnissen, auf begrenzte empirische Fundierung und auf die keineswegs wertfreie Aufteilung in niedere und höhere Bedürfnisse (vgl. z.B. Staehle 1999, S. 170 f.).

Bei den vorstehenden Überlegungen zur Motivation sind schon Bezüge zur Steuerung von (Kauf-)Verhalten und damit zur Ausrichtung auf Objekte (beim Kaufverhalten vor allem Produkte) erkennbar geworden. Noch viel deutlicher wird dieser Aspekt, wenn es im folgenden Abschnitt um Einstellungen und Means-End-Chains geht, die die Verbindung der Wahrnehmung von Eigenschaften eines Objekts (Produkts) mit entsprechenden (subjektiv geprägten) Bewertungen gemein haben.

2.4 Emotionen

Im Fokus des vorigen Abschnitts standen mit der Ausrichtung an Werten, der Befriedigung von Bedürfnissen und der Motivation für bestimmte Verhaltensweisen eher gedanklich kontrollierte Prozesse. Im vorliegenden Abschnitt soll nun mit Emotionen gewissermaßen das Gegenstück dazu skizziert werden. Jeder kann unzählige Male emotionale Reaktionen bei sich spüren, z.B. gegenüber anderen Menschen, gegenüber Kunstwerken oder auch gegenüber Produkten und Werbemitteln. Solche und andere Emotionen werden zwar oftmals bewusst wahrgenommen, sie beruhen aber nicht auf kognitiven Prozessen, sondern auf innerer Erregung, die durch einen Stimulus (z.B. ein Bild, den Kontakt zu einer Person, eine Melodie) ausgelöst wird. So gibt es beispielsweise Menschen, die auf Bilder von Ratten mit Angst oder Ekel reagieren, und andere, die bei den Klängen der Cavatina aus Beethovens Streichquartett op. 130 emotional tief berührt werden.

Kroeber-Riel / Weinberg (2003, S. 106) kennzeichnen in ihrer Definition **Emotionen** als "innere Erregungen, die angenehm oder unangenehm empfunden und mehr oder weniger bewusst erlebt werden." Zimbardo / Gerrig (1999, S. 359) fügen noch einige Facetten hinzu und kennzeichnen

Emotionen „als ein komplexes Muster von Veränderungen, das physiologische Erregung, Gefühle, kognitive Prozesse und Verhaltensweisen umfasst." Damit sind wesentliche Merkmale von Emotionen schon teilweise angesprochen:

- Starke oder schwächere innere Erregung (z.B. Ekel oder leichte Abneigung)
- Positive oder negative Ausrichtung dieser Erregung (z.B. Freude oder Trauer)
- Unterschiedlich starke Bewusstheit bezüglich der Emotion (z.B. unterschwellige Abneigung oder ausgesprochene Verachtung)
- Subjektives Erleben der jeweiligen Person

In der Psychologie sind verschiedene Klassifizierungen von Emotionen entwickelt worden, die auch weitgehend in der Konsumentenforschung übernommen worden sind (vgl. z.B. Havlena / Holbrook 1986; Sheth / Mittal / Newman 1999, S. 358 f.). Einige entsprechende Beispiele seien hier genannt und stichwortartig charakterisiert:

Freude (glücklich, fröhlich, begeistert)
Traurigkeit (bedrückt, trübsinnig, schwermütig)
Furcht (bedroht, ängstlich, eingeschüchtert)
Ärger (feindselig, ärgerlich, ungehalten)
Überraschung (ratlos, verwirrt, erschreckt)
Zustimmung (tolerieren, vertrauen, bewundern)

Oftmals sind Emotionen auf eine Person oder einen Gegenstand gerichtet. Daraus lässt sich unmittelbar deren Relevanz für das Marketing erkennen. Beispielsweise haben ein Werbespot oder eine Verpackung, die zu stark positiven emotionalen Reaktionen bei Konsumenten führen, natürlich Auswirkungen auf entsprechende Einstellungen (siehe Abschnitt 2.5.1) und Verhaltensweisen. In der Literatur (Kroeber-Riel / Weinberg 2003, S. 113 ff.; Trommsdorff 2004, S. 75 ff.) werden vor allem zwei Anwendungsgebiete von Emotionen für das Marketing genannt:

- **Emotionale Einkaufserlebnisse**: Hier ist vor allem an die bewusste Gestaltung der Einkaufssituation (Geschäftsausstattung, Laden-Atmosphäre, Musikuntermalung, Verhalten des Personals etc.) zu denken mit dem Ziel, bei Konsumenten Emotionen hervor zu rufen, die deren Kaufneigung stärken und die Preissensibilität senken (vgl. dazu auch Weinberg 1992).

- **Emotionale Produktdifferenzierung**: Dabei geht es meist darum, dass ansonsten austauschbare Produkte (z.B. verschiedene Zigaretten-marken) durch eine mittels Werbung herbeigeführte Verbindung mit Emotionen (z.B. mit Hilfe klassischer Konditionierung, siehe Ab-schnitt 2.2.3) voneinander abgehoben werden sollen. Ein klassisches Beispiel dafür bietet die Zigarettenmarke Marlboro und ihre Werbung. Ein recht eindrucksvolles Beispiel für die Bedeutung ästhetischer Ei-genschaften von Produkten auch beim industriellen Einkauf, wo man ja am ehesten von Nüchternheit und Dominanz technisch-ökonomischer Merkmale ausgeht, bieten Yamamoto / Lambert (1994), die in ihrer Studie gezeigt haben, dass auch in diesem Bereich Design ein wesentlicher Einflussfaktor ist.

2.5 Einstellungen und Means-End-Chains

2.5.1 Einstellungen

2.5.1.1 Wesen und Relevanz von Einstellungen

Zu den seit langem etablierten und am meisten untersuchten Gegenständen der Konsumentenforschung gehört das Einstellungskonzept. Dieses hat auch breite Anwendung in der Praxis gefunden und spielt bei vielen Marketingentscheidungen eine Rolle. Martin Fishbein und Icek Ajzen, die die Einstellungsforschung nicht nur durch das hier zitierte Buch maßgeb-lich beeinflusst haben, definieren eine **Einstellung** als "eine erlernte Neigung, hinsichtlich eines gegebenen Objekts in einer konsistent positiven oder negativen Weise zu reagieren" (Fishbein / Ajzen 1975, S. 6). Einige Aspekte dieser Definition sollen kurz erläutert werden:

-   Einstellungen sind mit einer "Neigung zu reagieren", also mit einer **Verhaltenstendenz**, verbunden. Ihre Bedeutung reicht demzufolge über den rein gedanklichen Bereich hinaus. Sie sind vielmehr (zumindest latent) verhaltenswirksam.

-   Das Stichwort "**Konsistenz**" bezieht sich darauf, dass in mehreren gleichartigen Situationen auch gleich reagiert wird (z.B. Bevorzugung der konservativen Kandidaten bei verschiedenen Wahlen) oder dass unterschiedliche Verhaltensweisen miteinander verträglich sind (z.B. Wahl verschiedener Parteien bei aufeinander folgenden Wahlen, und zwar jeweils derjenigen, die weibliche Kandidaten aufstellt), und vor allem darauf, dass im Zeitablauf eine relativ stabile Verhaltenstendenz bestehen bleibt.

-   Einstellungen sind **erlernt**. Einstellungen kommen also zustande bzw. werden verändert vor allem auf der Grundlage von Erfahrungen und Informationsverarbeitung und können auch entsprechend verändert werden. Auf diesen Aspekt wird im Abschnitt 2.5.1.4 noch eingegangen.

In der Einstellungsforschung dominiert die Vorstellung, dass typischerweise drei Komponenten zusammenwirken: die Gegenstandsbeurteilung (**kognitive Komponente**, "Denken"), die entsprechende subjektive Bewertung (**affektive Komponente**, "Fühlen"), und eine entsprechende Verhaltenstendenz (**Verhaltenskomponente**, "Handeln"). Im Zusammenhang des Käuferverhaltens heißt das, dass beim Konsumenten Wissen über Produkte und ihre Eigenschaften vorhanden ist (oder entsprechende Informationen beschafft werden) und zu Einschätzungen führt (z.B. "Auto X ist besonders sicher"). Diese Einschätzungen werden mit Werten, Bedürfnissen etc. in Verbindung gebracht (z.B. "Sicherheit ist für mich besonders wichtig") und führen dann zu der Einstellung (z.B. "Ich finde Auto X gut, weil es sicher ist und weil Sicherheit für mich wichtig ist"). Daraus resultiert dann die

Tendenz, bei einem Autokauf eher die Marke X als eine andere auszuwählen. Abb. 2.12 zeigt diese Komponenten von Einstellungen.

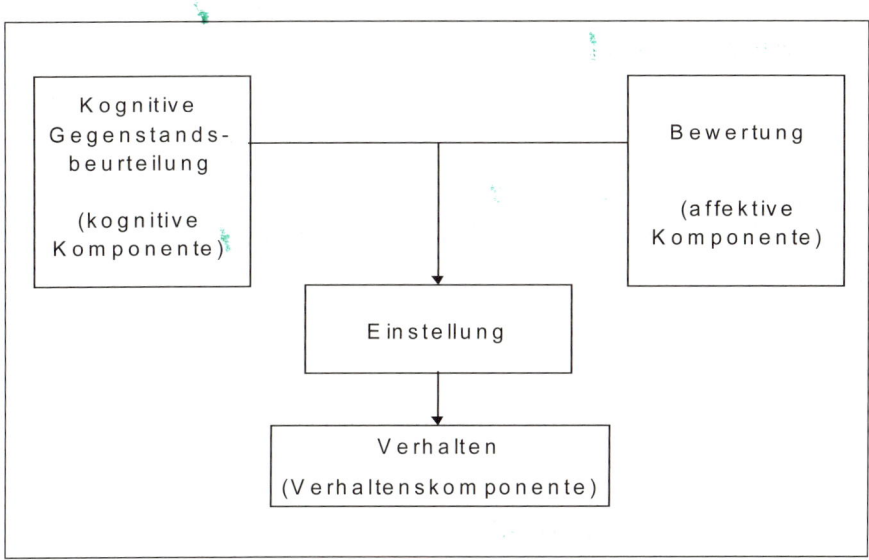

Abbildung 2.12: Komponenten von Einstellungen

Das vorstehend skizzierte kleine Beispiel leitet zu drei Aspekten über, die
in diesem und den folgenden Abschnitten diskutiert werden sollen:

- **Relevanz von Einstellungen für das Marketing**
  Wenn Einstellungen gewissermaßen "Vorläufer" von (Kauf-)Verhalten
  sind bzw. sein können, dann kann es z.B. nützlich sein, Einstellungen
  zu untersuchen, um Kaufverhalten zu prognostizieren oder Einstellungen zwecks Veränderung von Kaufverhalten zu beeinflussen.

- **Stärke des Zusammenhangs zwischen Einstellungen und Verhalten**
  Hinsichtlich der vorstehend genannten Möglichkeiten für das Marketing ist es wichtig zu wissen, inwieweit Einstellungen tatsächlich ein
  Indikator für künftiges Verhalten bzw. ein Ansatzpunkt zur Beeinflussung künftigen Verhaltens sein können. Dazu sind entsprechende empirische Ergebnisse beachtenswert.

- **Wie kann man Einstellungen messen?**

Wegen der praktischen Relevanz der Einstellungsforschung besteht natürlich starkes Interesse an einschlägigen Messmethoden. Diese müssen sich, wenn valide Messungen durchgeführt werden sollen, an der oben skizzierten Konzeptualisierung von Einstellungen orientieren.

Zunächst also zur Relevanz von Einstellungen für das Marketing. Als hier wichtigste Arten von Einstellungen sind hier die Einbstellungen zu Produkten, zu Marken, zur Werbung und die (allgemeine) Einstellung zum Konsum zu nennen. Besonders gängig sind die folgenden **Anwendungen** des Einstellungskonzepts in der Marketing-Praxis:

- **Prognose von Konsumentenverhalten**
  Wenn sich der theoretisch vermutete Zusammenhang zwischen Einstellungen und Kaufverhalten (Konsistenz) bestätigt, dann sind erstere offenbar ein Indikator für Kaufverhalten, das möglicherweise erst mit erheblicher Verzögerung wirksam wird, z.B. weil ein (Ersatz-)Bedarf in der betreffenden Produktkategorie erst später auftritt oder weil die notwendigen finanziellen Mittel noch nicht zur Verfügung stehen. Beispielsweise kann man sich leicht vorstellen, dass der Marktanteil einer Automarke zurückgeht, wenn sich zuvor die Einstellungen zu dieser Marke in negativer Richtung verändert haben und diese Änderungen zum Tragen kommen, sobald Konsumenten ihr bisheriges Auto durch ein neues ersetzen (müssen).

- **Definition von Marktsegmenten**
  Einerseits kann es Käufergruppen geben, die zu bestimmten Produkten oder Produktgruppen positive Einstellungen haben, die aber kein entsprechendes Angebot vorfinden oder vorhandene Angebote (z.B. wegen zu hoher Preise) nicht zu nutzen in der Lage sind. Beispiele dafür können die Unterversorgung einzelner Regionen mit bestimmten Produkten sein oder die finanziellen Grenzen, die der Verhaltenswirksamkeit positiver Einstellungen zu Sportwagen bei Autoliebhabern gesetzt sind. Insbesondere die affektive Komponente von Einstellungen bietet Ansatzpunkte für Segmentierungsstrategien. Wenn man feststellt, dass es hinreichend große und kaufkräftige Gruppen von Konsumenten gibt, die erheblichen Wert auf gutes Design von Fernsehgeräten oder Kalo-

rienarmut von Bier oder Umweltfreundlichkeit von Waschmitteln usw. legen, so können für diese Segmente entsprechende Produkte entwickelt und eingeführt werden.

- **Pretests und Überprüfung von Marketingstrategien**
  Bei der Anwendung der Einstellungsforschung zur Überprüfung von Marketingstrategien macht man sich für Pretests (Test der Wirksamkeit von Werbemitteln, Packungen etc. vor deren Einsatz) die Funktion von Einstellungen als Verhaltensindikator zunutze. Wenn z.B. die Beschreibung oder der Prototyp eines neu zu entwickelnden Produkts hinsichtlich der Merkmale, die für die angestrebte Zielgruppe wichtig sind (affektive Komponente), von dieser besonders positiv wahrgenommen wird (kognitive Komponente), dann erwartet (erhofft) man, dass diese Zielgruppe nach der Markteinführung des Produkts auch das entsprechende Kaufverhalten zeigt.

  Ähnliches gilt für Pretests von Werbung. Gerade im Bereich der Werbung nutzt man Einstellungsuntersuchungen auch häufig zur nachträglichen Werbewirkungsmessung. Wenn sich nach intensiver Werbung (bei entsprechender Zielsetzung) keine signifikant positive Veränderung der Einstellung von Konsumenten zu dem beworbenen Produkt im Vergleich zu einer Vormessung ergeben hat, dann führt das wohl zu Zweifeln an der Wirksamkeit der angewandten Werbestrategie.

2.5.1.2 Zusammenhang zwischen Einstellung und Verhalten

Zum Zusammenhang zwischen Einstellungen und nachfolgendem Verhalten sind vielfältige Untersuchungen angestellt worden. Dabei hat sich oftmals gezeigt, dass dieser nicht immer so eng ist, wie man ursprünglich theoretisch vermutete. Ein typisches Untersuchungsergebnis sei hier in Abb. 2.13 vorgestellt.

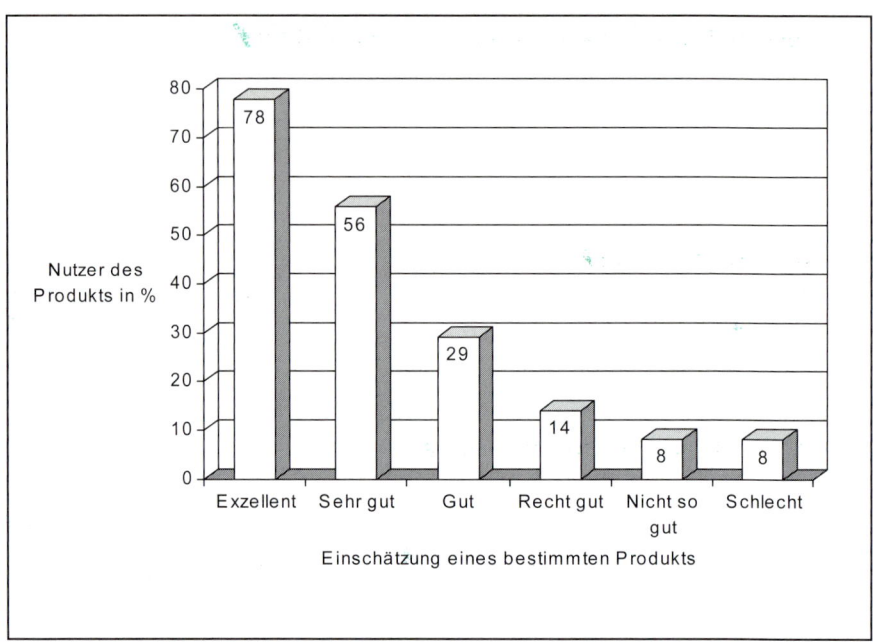

Abbildung 2.13: Zusammenhang zwischen Einstellungen zu einem Produkt
(Zahnpflegemittel) und Kaufverhalten
Quelle: Achenbaum, zitiert nach Wilkie 1994, S. 302

Das dargestellte Ergebnis ist leicht zu interpretieren: Von den befragten Konsumenten, die das betreffende Produkt als "exzellent" einstuften, gaben 78 % an, dieses auch zu benutzen; von denen, die es nur als "gut" einstuften, nutzen es 29 % usw. Daraus lassen sich für die Diskussion in diesem Abschnitt zwei wesentliche Botschaften entnehmen: Einerseits bestätigt sich recht eindrucksvoll der theoretisch unterstellte Zusammenhang zwischen Einstellungen und Verhalten. Andererseits macht die genauere Analyse dieser Daten etwas stutzig: Immerhin gibt es 22 % der Konsumenten, die das Produkt für exzellent halten und es trotzdem nicht nutzen; 8 % halten es für schlecht und kaufen es dennoch. Hier zeigt sich also, dass zwischen Einstellungen und tatsächlichem Verhalten bestimmte "Störfaktoren" stehen können. Einige davon, deren Relevanz aber deutlich über das hier angegebene Beispiel hinausgeht, seien im Folgenden kurz charakterisiert.

- **Positive Einstellungen zu mehreren Produkten**

Bei vielen Produktgruppen haben Konsumenten gegenüber mehreren aus der Vielzahl zur Auswahl stehender Alternativen positive Einstellungen. Da aber meist nur eine dieser Alternativen gekauft wird, können sich die positiven Einstellungen nicht vollständig in entsprechendem Kaufverhalten niederschlagen.

- **Situative Faktoren**

Einflüsse in der Kaufsituation überlagern möglicherweise vorher gebildete Präferenzen. Typische Beispiele dafür sind die ungeplante Wahrnehmung von Sonderangeboten oder das Ausweichen auf eine weniger präferierte Marke, wenn die "erste Wahl" im Geschäft nicht verfügbar ist.

- **Ökonomische Beschränkungen**

In einigen Fällen können positive Einstellungen zu bestimmten Produkten nicht verhaltenswirksam werden, weil dem Konsumenten die finanziellen Voraussetzungen für einen Kauf fehlen. Beispielsweise findet man wesentlich mehr Menschen mit äußerst positiven Einstellungen z.B. gegenüber bestimmten Luxus-Automobilen, hochwertigem Schmuck oder exklusiven Eigenheimen, als es Käufer dieser Produkte gibt.

- **Soziale Einflüsse**

Vielfach hindert die Rücksichtnahme auf gesellschaftliche Wertvorstellungen oder Erwartungen von Bezugsgruppen (Familie, Kollegen etc.) Konsumenten an der Realisierung von Wünschen. So kann es z.B. sein, dass ein Bankangestellter seiner Vorliebe für Anzüge in schrillen Farben mit Rücksicht auf seinen Arbeitgeber nicht entspricht oder dass mancher Konsument seinen positiven Einstellungen zu Fast-Food-Restaurants wegen geringer sozialer Akzeptanz entsprechenden Verhaltens nur selten gerecht wird.

- **Zeitablauf zwischen Einstellungsmessung und entsprechendem Verhalten**

Trommsdorff (2004, S. 159) definiert eine Einstellung als "Zustand einer gelernten und relativ dauerhaften Bereitschaft, in einer entsprechenden Situation gegenüber dem betreffenden Objekt regelmäßig mehr oder weniger stark positiv bzw. negativ zu reagieren." Durch die Kennzeichnung "relativ dauerhaft" sind bestimmte Veränderungen von Einstellungen im Zeitablauf nicht ausgeschlossen. Diese Kennzeichnung weist eher darauf hin, dass Veränderungen meist langsam erfolgen. Typische Faktoren, die zur Einstellungsänderung hinsichtlich bestimmter Produkte führen, sind Erfahrungen mit diesen Produkten oder Kontakt mit Werbung dafür. Es gibt aber durchaus (Ausnahme-)Fälle, bei denen sich auch kurzfristig starke Einstellungsänderungen ergeben. Man denke hier beispielsweise an Unternehmen, die in Umweltskandale verwickelt sind, bei deren Bekannt werden Konsumenten schnell und stark reagieren. Kroeber-Riel / Weinberg (2003, S. 178) betonen, dass man von den zu einem Zeitpunkt gemessenen Einstellungen nur bedingt (s.o.) auf Einstellungen zu einem späteren Zeitpunkt und dem dann daraus resultierenden Verhalten schließen kann. Abb. 2.14 illustriert dieses Problem.

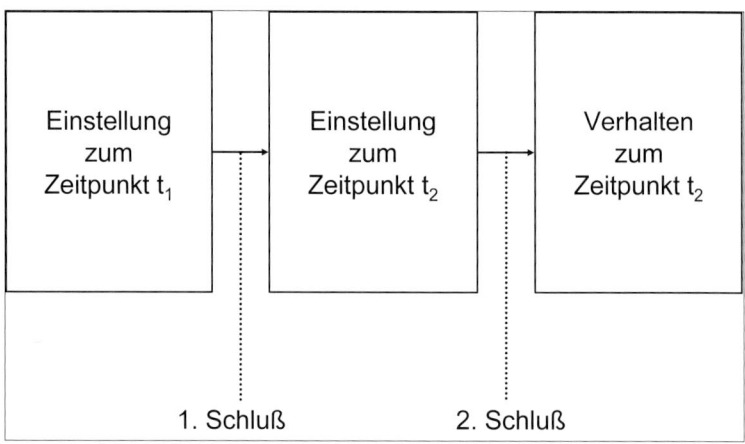

Abbildung 2.14: Beziehung Einstellung - Verhalten im Zeitablauf
Quelle: nach Kroeber-Riel / Weinberg 2003, S. 178

- **Messprobleme**
Wie alle Messungen sind auch die von Einstellungen und Verhalten mit Fehlern behaftet. Die für die Konsumentenforschung gängigen Fehlermöglichkeiten werden in der Marktforschungsliteratur umfassend diskutiert. Stellvertretend für viele Fehlerarten seien hier nur Stichprobenfehler, mangelnde Reliabilität und Validität von Skalen und der Interviewereinfluss genannt. Wenn aber sowohl die Messungen von Einstellungen als auch von korrespondierenden Verhaltensweisen mit Fehlern behaftet sind, dann sinkt der Anteil der Varianz der (abhängigen) Verhaltensvariablen, der durch die (unabhängige) Einstellungsvariable erklärt wird.

Neben die vorstehend skizzierten "Störfaktoren" treten bei der Erklärung des nur begrenzten Zusammenhangs zwischen Einstellungen und entsprechendem Verhalten Überlegungen zur **Ausprägungsstärke von Einstellungen**. Hoyer / MacInnis (2004, S. 149 f.) haben Ergebnisse von theoretischen und empirischen Untersuchungen dazu zusammengestellt, von denen einige hier skizziert seien. Zunächst ist zu fragen, ob überhaupt zu einem Produkt (oder einem anderen Objekt) Einstellungen gebildet werden. Viele Produkte sind für Konsumenten so unwichtig, dass nicht die kognitiven Anstrengungen einer Bildung und Speicherung (→ Gedächtnis) entsprechender Einstellungen unternommen werden (vgl. dazu die Ausführungen zum Involvement in Abschnitt 2.6). Weiterhin spielt es eine Rolle, wie fundiert Einstellungen sind. Wenn Einstellungen auf umfassendem Wissen und/oder einschlägigen Erfahrungen beruhen, dann haben sie mehr Aussagekraft für das folgende Verhalten. Der dritte Gesichtspunkt bezieht sich auf die Spezifität von Einstellungen. Je konkreter eine Einstellungsmessung auf ein spezifisches Verhalten bezogen ist, desto größer ist ihre diesbezügliche Aussagekraft. So ist beispielsweise die Messung von Einstellungen zu "Urlaub im Süden" für die Prognose von Buchungen für Pauschalreisen nach Kreta eben weniger geeignet als die Frage nach Einstellungen zu "Urlaub auf Kreta".

2.5.1.3 Messung von Einstellungen

Wenn Einstellungen für die Erklärung und Prognose von (Kauf-)Verhalten erhebliche Bedeutung haben (s.o.), dann besteht in Wissenschaft und Praxis natürlich auch Interesse an entsprechenden Messungen. Nun können im Rahmen des vorliegenden einführenden Lehrbuchs zum Käuferverhalten natürlich nicht die - auch zur Einstellungsmessung - gängigen empirischen Forschungsmethoden umfassend erörtert werden. Das ist der umfassenden Literatur zur Marktforschung vorbehalten. Es werden vielmehr die wichtigsten für die Einstellungsmessung spezifischen Ansätze umrissen. Bei einem dieser Messverfahren (dem erweiterten Fishbein-Modell) werden auch einige der im vorigen Abschnitt angesprochenen "Störfaktoren", die den Zusammenhang zwischen Einstellungen und Verhalten beeinflussen, explizit einbezogen.

Hinsichtlich der Techniken zur Einstellungsforschung wird eine grundlegende Unterscheidung in ein- und mehrdimensionale Verfahren getroffen. Bei **eindimensionalen Einstellungsmessungen** beschränkt man sich, wie der Name schon andeutet, auf die Messung einer der Einstellungskomponenten, in der Regel auf die der affektiven Komponente. Gängige Verfahren dazu sind einfache Rating-Skalen oder eines der etablierten Skalierungsverfahren (insbesondere die Likert-Skala). Illustrierende Beispiele zur eindimensionalen Einstellungsmessung finden sich in Abb. 2.15.

Rating-Skala

„Wie schätzen Sie die Automarke X ein?"

| sehr schlecht (-2) | schlecht (-1) | mittelmäßig (0) | gut (+1) [X] | sehr gut (+2) |

Einstellungswert = +1

Likert-Skala

„Marke X ist eine gute Marke"

| lehne vollkommen ab (-2) | lehne ab (-1) | weder - noch (0) [X] | stimme zu (+1) | stimme vollkommen zu (+2) |

„Zu Marke X kann man Vertrauen haben"

| lehne vollkommen ab (-2) | lehne ab (-1) | weder - noch (0) | stimme zu (+1) | stimme vollkommen zu (+2) [X] |

„Marke X ist bewährt"

| lehne vollkommen ab (-2) | lehne ab (-1) [X] | weder - noch (0) | stimme zu (+1) | stimme vollkommen zu (+2) |

„Marke X ist allseits anerkannt"

| lehne vollkommen ab (-2) | lehne ab (-1) | weder - noch (0) | stimme zu (+1) [X] | stimme vollkommen zu (+2) |

Einstellungswert = 0 + 2 -1 +1 = +2

Abbildung 2.15: Beispiele zur eindimensionalen Einstellungsmessung

Eindimensionale Meßmethoden lassen sich relativ einfach handhaben. Sie sind jedoch mit zwei wichtigen Problemen behaftet. Einerseits ist ihre Validität begrenzt, weil sie eben meist nur einen Teil (die affektive Komponente) des theoretischen Konstrukts "Einstellung" widerspiegeln. Andererseits lassen sie hinsichtlich der Entwicklung von Marketingstrategien weniger differenzierte Aussagen zu, als das bei dem im Folgenden zu charakterisierenden mehrdimensionalen Verfahren der Fall ist.

Die größte "Popularität" unter den **mehrdimensionalen Techniken** der Einstellungsmessung hat das **Fishbein-Modell** erlangt (vgl. z.B. Fishbein / Ajzen 1975, S. 222 ff.). Wie bei allen mehrdimensionalen Modellen wird dabei die Einstellung zu einem Objekt als Funktion der Einschätzung verschiedener Eigenschaften dieses Objekts betrachtet. Das Fishbein-Modell knüpft damit direkt an das eingangs dieses Abschnitts als typisch für Einstellungen charakterisierte Zusammenspiel von Motivation und kognitiver Gegenstandsbeurteilung an. Man geht dabei von folgenden **Annahmen** aus:

1. Nur relativ wenige Eigenschaften eines Produkts sind für die Einstellung des Konsumenten zu dieser Marke wichtig.
2. Einstellungen stellen das Ergebnis der subjektiven Wahrnehmung von Produkteigenschaften (kognitive Komponente) und ihrer Bewertung (affektive Komponente) durch den Konsumenten dar.
3. Affektive und kognitive Einstellungskomponenten werden jeweils multiplikativ miteinander verknüpft ("gewichtet").
4. Die Einstellung zu einem Produkt insgesamt ergibt sich als Summe der Eindruckswerte der einzelnen für wichtig gehaltenen Eigenschaften.

Formelmäßig dargestellt hat das Fishbein-Modell folgende Gestalt:

$$E_{ij} = \sum_{k=1}^{n} W_{ijk} B_{ik}$$

mit Eij: Einstellung der Person i zu Produkt j
    Wijk: Wahrscheinlichkeit, mit der Person i die Eigenschaft k beim Produkt j für gegeben hält
    Bik: Bewertung der Eigenschaft k durch Person i

Durch die Multiplikation $W_{ijk} B_{ik}$ erhält man nach Kroeber-Riel/Weinberg (2003, S. 201) einen so genannten **Eindruckswert**. Er gibt die Einschätzung einer Person hinsichtlich einer Eigenschaft eines Objekts an. Die dem Fishbein-Modell zugrunde liegende Vorstellung von der Entstehung von Einstellungen soll durch das in Abb. 2.16 wiedergegebene Beispiel illustriert werden.

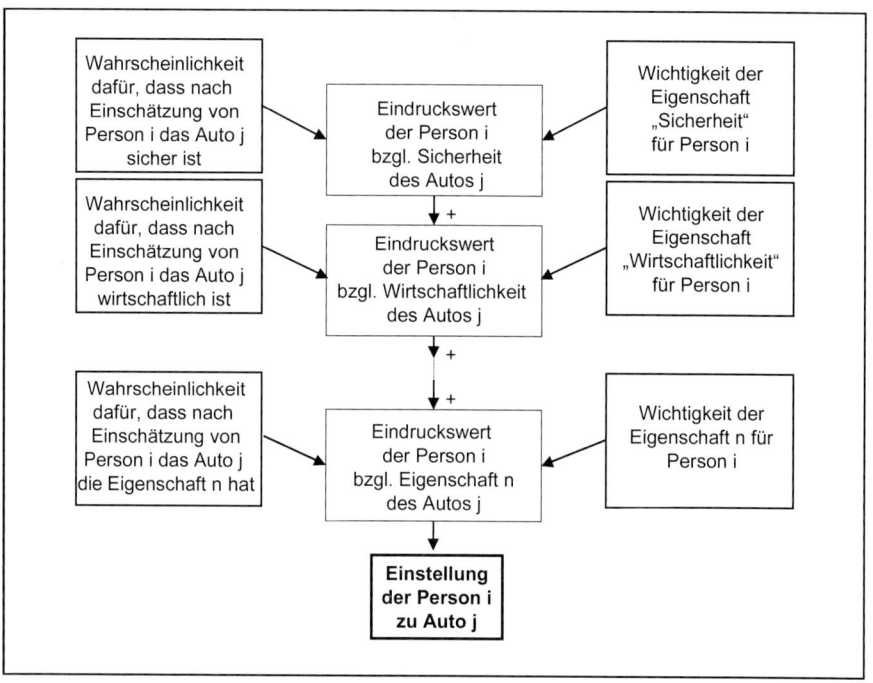

Abbildung 2.16: Beispiel zur Bildung einer Einstellung zu einem Auto nach dem Fishbein-Modell

Wegen des mit Einstellungsmessungen nach dem Fishbein-Modell verbundenen relativ hohen Aufwandes sind andere Verfahren entwickelt worden, die geringere Anforderungen stellen. Besondere Beachtung hat dabei in der deutschsprachigen Literatur das **Trommsdorff-Modell** gefunden (Trommsdorff 1975). Dabei wird die Wahrnehmung von Produkteigenschaften (kognitive Komponente) ebenfalls direkt gemessen, ihre Bewertung (affektive Komponente) aber indirekt dadurch ermittelt, dass nur die von der jeweiligen Auskunftsperson als ideal angesehene Eigenschaftsausprägung erfragt und dann die Abstände der wahrgenommenen Ausprägungen von den Idealwerten als Maß für den Eindruckswert bezüglich des jeweiligen Merkmals interpretiert werden.

Formal lässt sich das Trommsdorff-Modell folgendermaßen darstellen:

$$E_{ij} = \sum_{k=1}^{n} \left| A_{ijk} - I_{ik} \right|$$

Mit E_{ij} :   Einstellung der Person i zu Produkt j

      A_{ijk}:   Ausprägung des Merkmals k bei Produkt j in der Wahrnehmung von Person i

      I_{ik}:   Ideale Ausprägung des Merkmals k nach Meinung von Person i

Beim **erweiterten Fishbein-Modell** (vgl. z.B. Fishbein/Ajzen 1975, S. 301 ff.) werden einige der oben genannten "Störfaktoren" zwischen Einstellungen und Verhalten explizit berücksichtigt. Es sind dies

- soziale Einflüsse und Normen, die die Umsetzung von Einstellungen in Kaufabsichten beeinflussen können, und
- Bedingungen der Kaufsituation, die die Umsetzung von Kaufabsichten in tatsächliche Käufe beeinflussen können.

Die Grundstruktur des erweiterten Fishbein-Modells wird in Abb. 2.17 schematisch dargestellt.

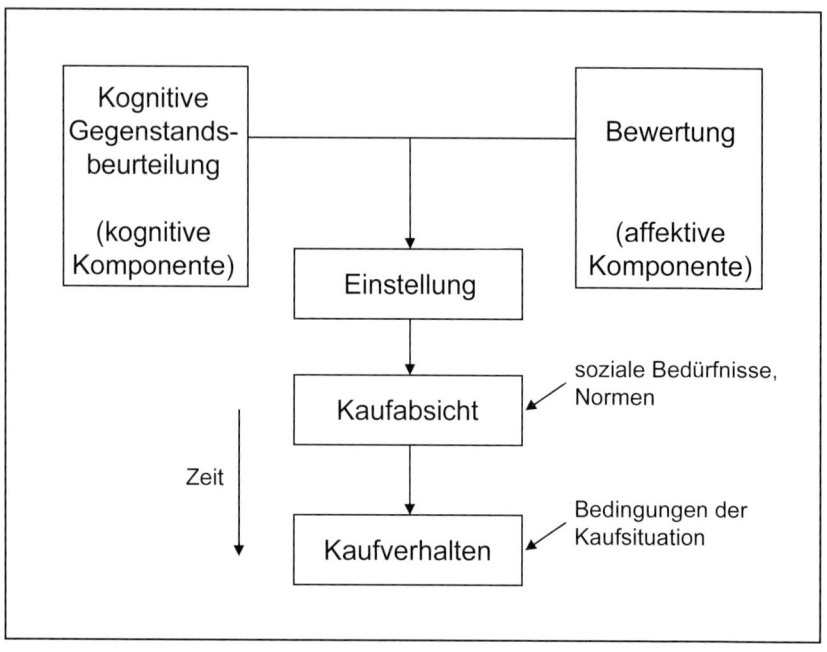

Abbildung 2.17: Schematische Darstellung des erweiterten Fishbein-
Modells

Die formale Struktur ist natürlich etwas komplexer als die der bisher
vorgestellten Modelle:

$$V \approx VA = E_v \cdot \beta_0 + (\sum_{i=1}^{n} (NE_i)(MA_i))\beta_1$$

mit V:		Verhalten
	VA:	Verhaltensabsicht
	E_v:	Einstellung zu einem bestimmten Verhalten in einer bestimmten Situation
	NE_i:	Normen oder Einflüsse, die von einer Person oder Gruppe i ausgehen
	MA_i:	Motivation zur Anpassung an die von der Quelle i ausgehenden Einflüsse
	β_0, β_1:	Gewichtungskoeffizienten

Außerdem gilt

$$E_v = \sum_{j=1}^{m} K_j \cdot B_j$$

mit E_v: Einstellung zu einem bestimmten Verhalten in einer bestimmten Situation

K_j Einschätzung, inwieweit mit dem Verhalten die Konsequenz j verbunden ist.

B_j: Bewertung der Konsequenz j

m: Anzahl relevanter Konsequenzen des betreffenden Verhaltens

Dem erweiterten Fishbein-Modell liegen u.a. folgende Annahmen zugrunde:
- Verhaltensabsicht ist der unmittelbare "Vorläufer" tatsächlichen Verhaltens.
- Verhaltensabsicht ist auf bestimmte Situationen bezogen.
- Der Zeitabstand zwischen der Messung von Verhaltensabsicht und tatsächlichem Verhalten muss relativ kurz sein.

Da das erweiterte Fishbein-Modell schon recht umfassend kognitive Prozesse und Einflussfaktoren, die Verhalten vorausgehen, beschreibt, wird es in der Literator oftmals als **Theory of Reasoned Action** (TORA) bezeichnet.

Bei der vorstehenden Diskussion (und gedanklichen Einordnung) von Einstellungen ist davon ausgegangen worden, dass Einstellungen zu Marken / Produkten unabhängig von anstehenden Kaufentscheidungen gebildet werden (können) und insofern zu den Ausgangsbedingungen für Kaufverhalten gehören. Selbstverständlich können aber auch Informationsaufnahme und -verarbeitung während eines Kaufentscheidungsprozesses (siehe Abschnitt 3.3) zur Bildung oder Modifizierung von Einstellungen führen.

2.5.1.4 Einstellungsänderungen

Die im vorigen Abschnitt skizzierten Modelle können natürlich auch
Einstellungsänderungen erklären. Beispielsweise würden Veränderungen
bei der affektiven Komponente oder die Einbeziehung weiterer Produktmerkmale bei der kognitiven Komponente des (einfachen) Fishbein-
Modells auch zu veränderten Einstellungen führen. Ein großer Teil der
Marketingaktivitäten von Anbieterunternehmen ist ja gerade auf solche
Veränderungen ausgerichtet. So versuchen manche Anbieter beispielsweise
zu erreichen, dass ökologische Aspekte, Wirtschaftlichkeit oder Sicherheit
von Produkten von den Kunden stärker wahrgenommen (kognitive Komponente) bzw. höher gewichtet (affektive Komponente) werden.

Im vorliegenden Abschnitt sollen drei weitere Ansätze zum Verständnis
von Einstellungsänderungen kurz umrissen werden, die im Zusammenhang
des Marketing besondere Beachtung gefunden haben. Es sind dies der
Mere-Exposure-Effekt, die Theorie der kognitiven Dissonanz und (vor
allem) das Elaboration-Likelihood-Modell.

Der **Mere-Exposure-Effekt**, der vor allem von Robert Zajonc (1968)
„entdeckt" und in zahlreichen Studien belegt wurde, bezieht sich auf die
häufige Wiederholung des Kontakts mit einem Stimulus (z.B. einem
Produkt oder einem Markennamen). Dadurch entsteht bei vielen Menschen
eine Vertrautheit damit, die wiederum zu einer positiveren Einstellung
führt. Hier ist besonders zu beachten, dass diese Art einer Einstellungsänderung ohne eine Veränderung der Wahrnehmung oder Bewertung von
(Produkt-) Eigenschaften stattfindet. Ein solcher - empirisch belegter -
Prozess ist natürlich mit den Vorstellungen der traditionellen ökonomischen Theorie über die Präferenzbildungen in Märkten kaum vereinbar.

Die **Theorie der kognitiven Dissonanz** ist gewissermaßen ein „Klassiker"
in der Marketing-Literatur. Sie geht auf Leon Festinger (1957) zurück und
wird in Theorie und Praxis immer wieder angesprochen. Ihre zentrale
Aussage besteht darin, dass Menschen versuchen, Inkonsistenzen („Disso-
nanzen") zwischen Einstellungen und Verhaltensweisen zu vermeiden. Die
meistgenannte Anwendung dieses Ansatzes im Marketing bezieht sich auf

Situationen nach einem erfolgten (wichtigen) Kauf. Dann sind Konsumenten oftmals unsicher, ob sie das richtige Produkt gekauft haben oder ob das Produkt doch gravierende Mängel haben könnte. In solch einer Situation stimmen also die Einstellungen zu dem Produkt (→ Zweifel an dessen Qualität) mit dem bereits erfolgten (und meist kaum noch rückgängig zu machenden)Verhalten nicht mehr überein. Der von vielen Konsumenten in vielen Situationen angewandte Ausweg besteht darin, die Einstellungen an das Verhalten anzupassen, sich gewissermaßen die getroffene Entscheidung „schön zu reden". Das häufig beobachtete Verhalten, dass Konsumenten nach einem Kauf die Werbung für das gekaufte Produkt besonders beachten, passt dazu.

Sehr große Beachtung hat seit den 80er Jahren (nicht nur) im Marketing das **Elaboration-Likelihood-Modell** gefunden, das auf Richard Petty und John Cacioppo (vgl. z.b. Petty / Cacioppo / Schumann 1983) zurückgeht und von diesen und anderen Autoren in zahlreichen Untersuchungen überprüft und bestätigt wurde (vgl. z.b. Andrews / Shimp 1990). Grundlegend für das Modell ist die Unterscheidung in einen „zentralen" und einen „peripheren" Weg der Informationsverarbeitung, die beide zu Einstellungsänderungen führen können. Auf dem **zentralen Weg** findet eine intensive Informationsverarbeitung durch Bewertung von Eigenschaften, Vergleich von Alternativen, Vergleich mit bereits vorhandenen Informationen etc. statt.

Ergebnis eines solchen Prozesses kann eine relativ stabile Einstellungsänderung sein, die maßgeblich durch Inhalt und Gewicht der in der Botschaft enthaltenen Informationen (Argumente) bestimmt ist. Dieser zentrale Weg, der mit hohem Verarbeitungsaufwand verbunden ist, wird aber nur beschritten, wenn die betreffende Person entsprechend motiviert und befähigt ist. Nur sehr wenige Konsumenten sind eben bereit, vor dem Kauf von eher unwichtigen Produkten (Papiertaschentücher, Glühlampen etc.) umfassendes Informationsmaterial (Werbebroschüren, Testberichte etc.) zu studieren (siehe dazu auch die Abschnitte 2.6 und 3.3.1). Vielfach fehlen auch die Fähigkeiten zu Verständnis und Verarbeitung der Informationen, z.B. wegen intellektueller Begrenzungen oder mangelnder Expertise beim jeweiligen Gegenstand.

Der **periphere Weg** der Verarbeitung einer Botschaft wird beschritten, wenn Motivation und/ oder Fähigkeit zur umfassenden Verarbeitung dieser Botschaft fehlen. Der erste Schritt dabei führt über das Vorhandensein so genannter „peripherer Hinweisreize". Das sind Merkmale der Botschaft, die mit deren Inhalt (z.B. dem beworbenen Produkt) wenig zu tun haben, beispielsweise die ästhetische Gestaltung einer Anzeige oder die Attraktivität von Personen, die in der Botschaft auftreten. Wenn solche Reize gegeben sind, dann können sie eine (relativ schwache) und weniger stabile Einstellungsänderung zur Folge haben. Abbildung 2.18 gibt einen entsprechenden Überblick.

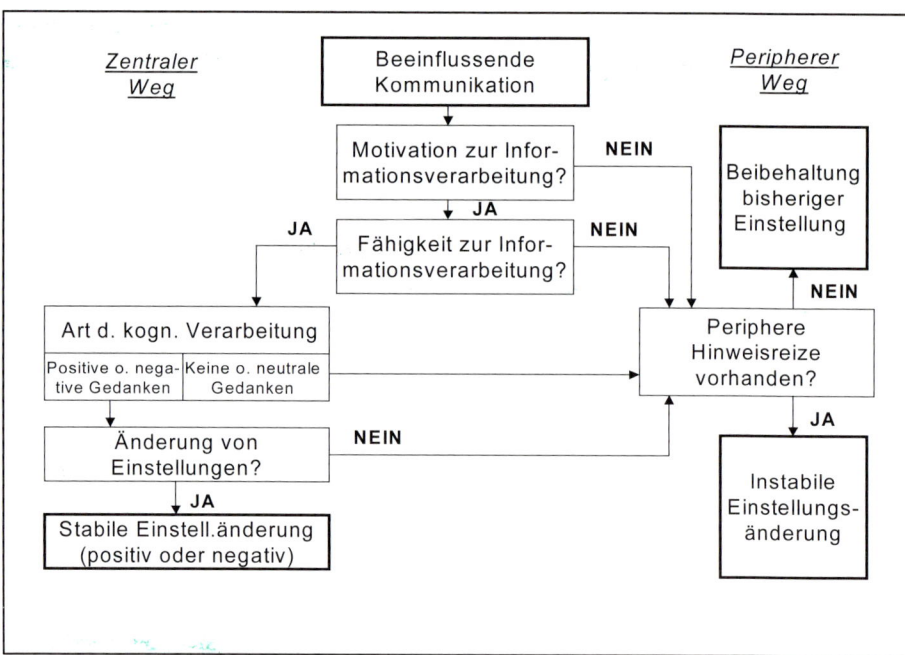

Abbildung 2.18: Elaboration-Likelihood-Modell nach Petty / Cacioppo

2.5.2 Means-End-Chains

Bei den vorstehend diskutierten Einstellungen ging es darum, durch das Zusammenwirken von kognitiver Gegenstandsbeurteilung und entsprechenden Bewertungen eine Verhaltenstendenz gegenüber Objekten (hier meist Produkten) zu erklären und zu prognostizieren. Bei den **Means-End-Chains** ("Ziel-Mittel-Beziehungen") geht es ebenfalls um die Beziehung von Konsumenten zu Produkten; es steht aber die Entdeckung und Analyse der Art von Zusammenhängen zwischen den relevanten Eigenschaften von Produkten und den bei der jeweiligen Person ausgeprägten Werten im Vordergrund.

Durch Means-End-Chains wird also eine Verbindung von **Produkteigenschaften** über **Konsequenzen** dieser Eigenschaften zu **Werten** hergestellt, die nachstehend skizziert wird. Darauf aufbauend wird die so genannte "Leiter-Technik" umrissen, mit deren Hilfe die genannte Verbindung empirisch ermittelt werden kann.

Die wohl allgemeinste Definition eines **Produkts** besteht darin, dieses als Bündel von Eigenschaften anzusehen, das ein Verkäufer einem Kunden anbietet (Bagozzi 1986, S. 137). Diese verschiedenen Eigenschaften mögen für den Kunden mehr oder weniger relevant sein. So ist vielen Leuten die Produkteigenschaft "Art der Hinterachsaufhängung" bei einem Auto ziemlich gleichgültig, während das Vorhandensein eines Schiebedachs als wichtiger empfunden wird. Olson / Reynolds (1983) schlagen eine Differenzierung von Produkteigenschaften in konkrete und abstrakte vor. Als konkrete werden typischerweise physische Eigenschaften betrachtet, die direkt und gewissermaßen objektiv beobachtet werden können (z.B. Aluminiumfelgen oder Farbe eines Autos). Bei abstrakten Produkteigenschaften handelt es sich dann um (auch subjektiv geprägte) Zusammenfassungen der konkreten Eigenschaften (z.B. Design eines Autos).

Es kommt für das Marketing nicht in erster Linie auf Produkteigenschaften an, sondern auf die **Konsequenzen**, die diese Eigenschaften in der Wahrnehmung der Kunden haben. Im vorstehenden Beispiel ist angedeutet worden, dass viele Menschen keine Konsequenzen unterschiedlicher

Hinterachsaufhängungen wahrnehmen, sehr wohl aber die Auswirkung eines Schiebedachs beachten. Auch hinsichtlich der Konsequenzen kann eine Unterscheidung von zwei Kategorien vorgenommen werden, funktionale und psychosoziale Konsequenzen (Olson / Reynolds 1983, Olson / Reynolds 2001). Funktionale Konsequenzen beziehen sich auf den Zweck, den ein Produkt erfüllen soll (z.B. den Komfort eines Autos), psychosoziale Konsequenzen auf Wirkungen, die die Nutzung eines Produkts auf den Konsumenten in psychischer Hinsicht (z.B. Freude an ästhetischen Eigenschaften eines Autos) oder im Hinblick auf die soziale Akzeptanz des Konsumenten ausübt (z.B. Prestigegewinn durch ein luxuriöses Auto). Der erste Schritt bei der Analyse von Means-End-Chains besteht also in der Untersuchung von Konsequenzen, die bestimmte Produkteigenschaften für Kunden haben.

Nach Produkteigenschaften und deren Konsequenzen sind **Werte** das dritte Element von Means-End-Chains. Werte sind bereits im Abschnitt 2.3 als allgemeine und grundlegende Ziele von Konsumenten gekennzeichnet worden. Im Zusammenhang mit Means-End-Chains stellen sie den Maßstab dafür dar, Konsequenzen von Produkteigenschaften als wünschenswert oder nicht wünschenswert einzustufen, also als positiv oder negativ zu betrachten. Es sei hier auch an die in Abschnitt 2.3 vorgenommene Unterscheidung von End-Werten (grundlegende Ziele) und instrumentellen Werten (dienen dazu, End-Werten gerecht zu werden) erinnert.
Wenn man die Beziehung zwischen Produkteigenschaften und Konsequenzen sowie die Beziehung zwischen Konsequenzen und Werten zusammenfassend darstellt, erhält man die **Grundform einer Means-End-Chain**. Produkteigenschaften werden anhand ihrer Konsequenzen eingeschätzt, die wiederum mit Hilfe des durch Werte gesetzten Maßstabs beurteilt werden. Dadurch erklärt sich auch der Name Means-End-Chain: Eigenschaften und Konsequenzen sind Mittel (Means), die dem Zweck dienen, Wertvorstellungen (Ends) zu realisieren. Abbildung 2.19 (oberer Teil) zeigt den Zusammenhang. Anknüpfend an die in den vorstehenden Abschnitten schon skizzierten Unterscheidungen von Eigenschaften, Konsequenzen und Werten haben Olson / Reynolds (1983) ein etwas differenzierteres Means-End-Chain-Modell entworfen, das ebenfalls in Abbildung 2.19 (unterer Teil) wiedergegeben ist.

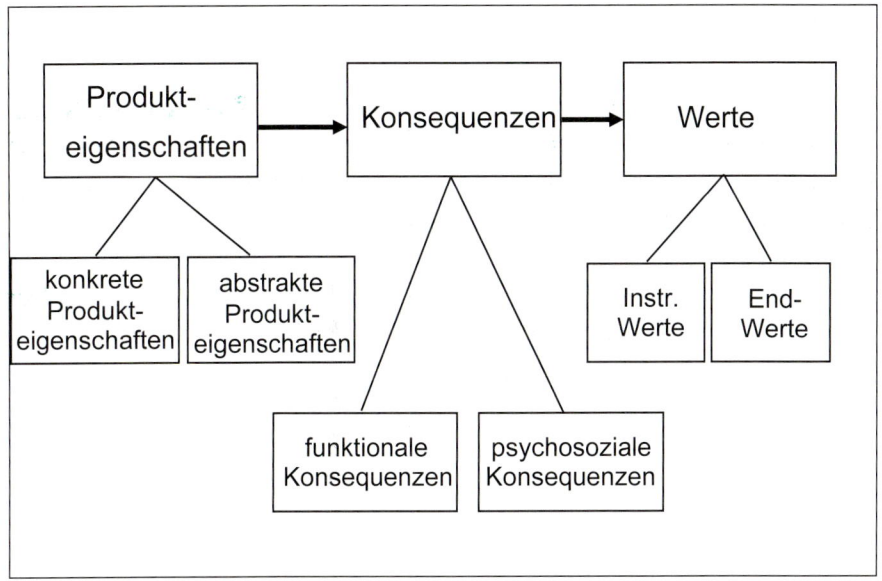

Abbildung 2.19: Grundidee von Means-End-Chains
Quelle: nach Olson/Reynolds 1983

In diesem Modell ist deutlich erkennbar, über welche Abstufungen die Verbindung von konkreten Produkteigenschaften zu Werten hergestellt werden kann, die für das Leben des Konsumenten möglicherweise ganz grundlegend sind. Dabei ist zu beachten, dass keineswegs immer alle einzelnen Glieder einer solchen Means-End-Chain durchlaufen werden müssen; es können vielmehr einzelne Schritte auch übersprungen werden.

Ein Beispiel möge die Grundform einer Means-End-Chain illustrieren. Wenn ein Auto mit Aluminiumfelgen ausgerüstet ist (Produkteigenschaft), so kann die Konsequenz daraus die Möglichkeit des Eigentümers sein, sich elegant und/oder sportlich in Szene zu setzen, was wiederum der Erlangung sozialer Anerkennung (Wert) dient. In Abb. 2.20 ist dieses Beispiel ausgeführt.

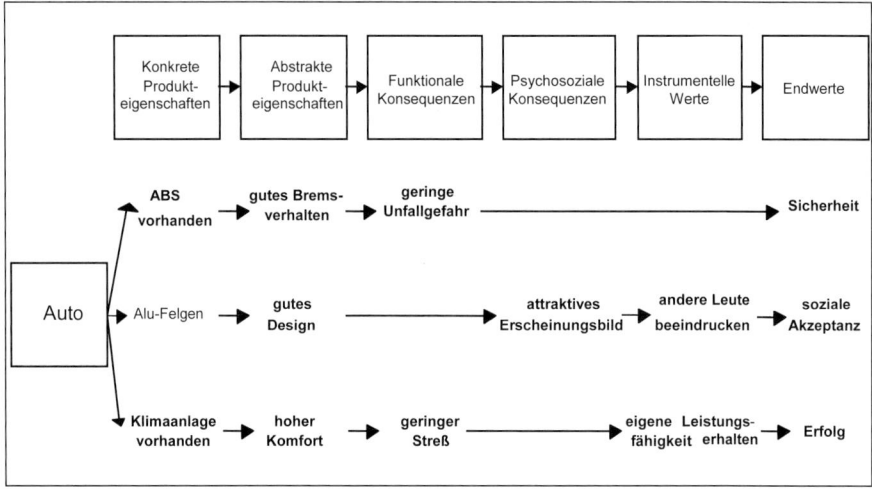

Abbildung 2.20: Anwendungsbeispiel für Means-End-Chains

Betrachtet man die in Abb. 2.20 dargestellten Beispiele, dann erkennt man, dass darin unterschiedliche Informationen über Produkteigenschaften, Konsequenzen dieser Eigenschaften und Verbindungen zu individuellen Zielen (Werten) enthalten sind. Insofern kann man derartige Means-End-Chains als Darstellung von **Produktwissen** der Konsumenten betrachten. Produktwissen ist ja nicht nur eine Ansammlung von vereinzelten Fakten, sondern bezieht sich auch auf Verbindungen von Produkteigenschaften, Einschätzungen des Nutzens und eigene Präferenzen (vgl. dazu auch Abschnitt 2.2).

Nicht-standardisierte Erhebungstechniken sind für die Ermittlung von Means-End-Chains typisch. Immerhin sind die in entsprechenden Untersuchungen angewandten Methoden aber stärker strukturiert als Tiefeninterviews oder Gruppendiskussionen. Ein erster Schritt besteht normalerweise darin, die für den Konsumenten bezüglich des jeweiligen Produkts relevanten Eigenschaften zu ermitteln. Damit werden gewissermaßen die Anfangspunkte der Means-End-Chains festgestellt. Die einfachste Erhebungstechnik dafür wäre eine direkte offene Frage nach beachteten Produkteigenschaften.

Für die Ermittlung von Means-End-Chains selbst ist vor allem von Gutman (Gutman 1982, Gutman / Reynolds 1986) die so genannte "**Leiter-Technik**" vorgeschlagen und erfolgreich angewandt worden. Deren Name rührt daher, dass ein speziell geschulter Interviewer versucht, über entsprechende Fragen schrittweise von der Nennung relevanter konkreter Produkteigenschaften über wahrgenommene Konsequenzen zu den dahinter stehenden Werten vorzudringen. Man steigt in diesem Sinne auf einer Leiter, die von konkreten Eigenschaften zu Werten führt. Im Grunde geht es darum, auf diesem Wege immer wieder zu fragen, warum denn eine bestimmte Eigenschaft wichtig ist oder warum bestimmte Konsequenzen erwünscht sind. Hier ein Beispiel zur Realisierung der Leiter-Technik im Zusammenhang mit dem Kauf von Öko-Textilien (Quelle: Balderjahn / Will 1998):

Interviewer: „Sie haben vorhin gesagt, dass Sie Öko-Textilien in erster Linie mit naturbelassenen, unbehandelten Stoffmaterialien verbinden. [*konkretes Attribut*] Ich würde nun gerne wissen, inwiefern naturbelassene, unbehandelte Stoffe für Sie von Bedeutung sind."
Konsument: „Ich möchte solche Stoffe nicht tragen, Naturstoffe finde ich furchtbar unmodisch." [*abstraktes Attribut*]
Interviewer: „Warum ist es für Sie wichtig, modisch gekleidet zu sein?"
Konsument: „Tja, weil ich eben gerne gut aussehen möchte." [*funktionale Konsequenz*]
Interviewer: „Warum ist es es wichtig für Sie, dass Sie gut aussehen?"
Konsument: „Ich fühle mich dann einfach wohler." [*psycho-soziale Konsequenz*]
Interviewer: „Und warum ist das wichtig für Sie?"
Konsument: „Also, wenn ich mich wohl fühle, dann bin ich leistungsfähiger." [*instrumenteller Wert*]
Interviewer: „Und warum ist das so?"
Konsument: „Wenn ich mehr Leistung bringe, habe ich mehr Erfolg im Leben." [*terminaler Wert*]
Interviewer: „Und warum ist Ihnen das wichtig?"
Konsument: „Na das ist eben so."

Gutman/Reynolds (1986) berichten über eine Anwendung der Leiter-Technik in einer Untersuchung über Erfrischungsgetränke. Die Produkteigenschaft "wenig Kalorien" spielt eine Rolle, weil sie hilft, das Körpergewicht zu halten (Konsequenz), was wiederum zum guten Aussehen beiträgt. Gutes Aussehen dient der Selbstsicherheit (instrumenteller Wert), woraus Selbstachtung folgt (End-Wert). Abb. 2.21 illustriert dieses Beispiel. Seit den 90er Jahren ist in einigen Studien die Leiter-Technik stärker standardisiert worden, um den Untersuchungsaufwand zu reduzieren bzw. größere Stichproben zu realisieren. Entsprechende "paper-and-pencil"-Methoden werden als "hard-laddering" bezeichnet (vgl. z.B. Botschen / Thelen 1998). Detaillierte Darstellungen zu diesen Methoden finden sich bei Reynolds / Olson (2001).

Abbildung 2.21: Ein Beispiel zur Leitertechnik

2.6 Involvement

2.6.1 Grundlagen

Während es bei Einstellungen und Means-End-Chains vor allem um die Art der Beziehungen (positiv/negativ, Verbindung zu individuellen Werten) von Konsumenten zu Objekten geht, steht bei der Betrachtung von **Involvement** die **Stärke der Beziehung** z.B. zu einer Produktart, also deren **Wichtigkeit** für den Konsumenten, im Mittelpunkt des Interesses. Das noch näher zu charakterisierende Involvement hat weitreichende Auswirkungen auf den Ablauf von (Kauf-)Entscheidungsprozessen, insbesondere auf die Intensität der damit verbundenen kognitiven Anstrengungen.

Das Involvement-Konzept wurde im Bereich der Werbeforschung eingeführt und hat sich inzwischen zu einem der bedeutendsten Erklärungsansätze der Konsumentenforschung entwickelt. Ausgangspunkt war ein Aufsatz von Krugman (1965) zur Wirkung von Fernsehwerbung, der erst einige Jahre später angemessene Beachtung gefunden hat (vgl. Ray 1973). In den siebziger und achtziger Jahren sind dann Theorie und Meßmethoden weiter entwickelt worden (vgl. z.B. Zaichkowsky 1985). Nicht zuletzt wurde eine Ausweitung von Anwendungen der Grundgedanken des Involvement-Ansatzes über den Bereich der Werbeforschung hinaus vorgenommen. Dieser Grundgedanke besteht darin, dass die Art der Informationsverarbeitung wesentlich von der Relevanz einer Information für den Konsumenten abhängt.

Nun also zur genaueren Kennzeichnung von Involvement. In der Literatur ist vor allem die **Definition** von Zaichkowsky einflussreich. Zaichkowsky (1985, S. 342) bezieht die Ursachen für unterschiedliches Involvement ein und definiert dieses als "die von einer Person wahrgenommene Relevanz eines Objekts basierend auf inneren Bedürfnissen, Werten und Interessen". Insbesondere Unterschiede des Involvements bezüglich verschiedener Produkte bzw. Produktgruppen haben starke Beachtung gefunden. Daneben wird das Involvement gegenüber Werbemitteln und Medien zur Erklärung von Kommunikationswirkungen herangezogen. Daneben wird zwischen dauerhaftem Involvement, das auf (wenige) Objekte gerichtet ist, bei denen das Involvement über lange Zeit anhält (z.B. bei manchen Konsumenten Autos, Mode oder edle Weine), und Phasen-Involvement, das zeitlich eng begrenzt ist (z.B. bei Waschmaschinen, wenn gerade in Ersatzbedarf ansteht, oder Geschenke für einen bevorstehenden Geburtstag), unterschieden.

Beim **Produkt-Involvement** geht es also um die wahrgenommene persönliche Relevanz eines Produkts, die durch Bedürfnisse und Werte der betreffenden Person bestimmt ist. Damit wird schon eine Beziehung zu den in den vorstehenden Abschnitten diskutierten Gesichtspunkten deutlich: Auch bei Means-End-Chains geht es ja um die Verknüpfungen von Produkteigenschaften mit Werten von Konsumenten. Insofern ist leicht nachvollziehbar, dass Peter / Olson (1999, S. 81) das Gewicht der im jeweiligen Fall angesprochenen Werte und die Stärke der Verbindungen zwischen Eigenschaften und Werten als Haupt-Einflussfaktoren des Produkt-Involvements ansehen.

Vielfach wird Involvement auch durch **situative Faktoren** beeinflusst, das Produkt-Involvement vor allem durch die Kaufsituation und den Verwendungszweck bei dem betreffenden Produkt, das Involvement gegenüber Werbebotschaften hauptsächlich durch die Kommunikationssituation (z.B. Ablenkung beim Kontakt zur Botschaft). So zeigt Zaichkowsky (1985, S. 348), dass Konsumenten beim Kauf von Wein ein deutlich höheres Involvement erkennen lassen, wenn sie diesen für eine Dinner-Party und nicht für den eigenen (alltäglichen) Verbrauch einkaufen. Die mit einer kulinarisch gelungenen Party angesprochenen Werte (soziale Akzeptanz u.ä.) haben offenbar größeres Gewicht als der beim eigenen Konsum relevante Aspekt des individuellen Genusses. Abb. 2.22 illustriert die Grundidee des Produkt-Involvements.

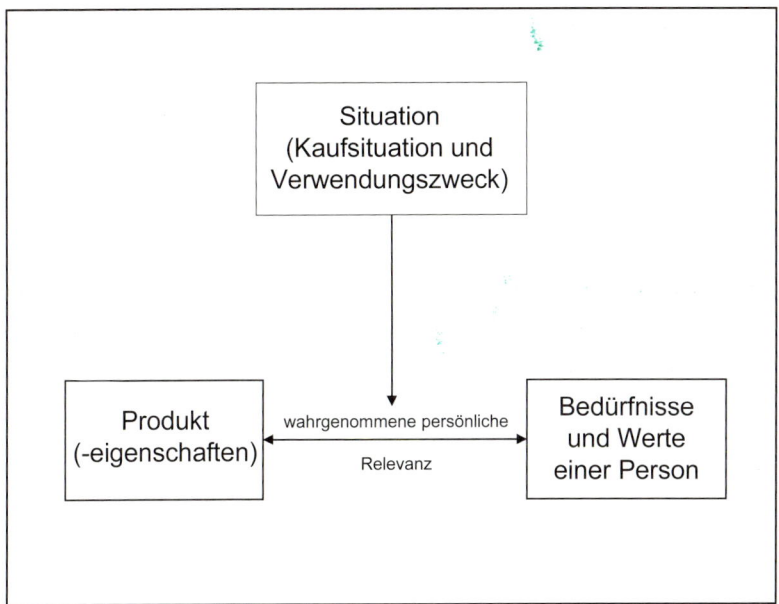

Abbildung 2.22: Einflussfaktoren des Produkt-Involvements

Assael (1995, S. 19 f.) hat die Extreme (High- und Low-Involvement-Käufe), zwischen denen natürlich ein Kontinuum unterschiedlichster Abstufungen existiert, anschaulich beschrieben: "**High-Involvement-Käufe** sind Käufe, die für den Konsumenten wichtig sind. Solche Käufe stehen in enger Verbindung zu Persönlichkeit und Selbsteinschätzung des Konsumenten. Sie enthalten ein gewisses Risiko für den Konsumenten - finanzielles Risiko (teure Güter), soziales Risiko (Produkte, die im Hinblick auf Bezugsgruppen wichtig sind) oder psychologisches Risiko (die falsche Entscheidung kann Sorge oder Angst verursachen). In solchen Fällen lohnt es sich für den Konsumenten, seine Zeit und Energie für sorgfältiges Abwägen der Produktalternativen zu verwenden. **Low-Involvement-Käufe** sind für den Konsumenten nicht so wichtig. Finanzielle, soziale und psychologische Risiken sind nicht annähernd so groß. In solchen Fällen lohnt es sich möglicherweise nicht, Zeit und Anstrengungen für die Suche nach Informationen über Marken und die Erwägung einer großen Zahl von Alternativen einzusetzen. Deshalb bringen Low-Involvement-Käufe im Allgemeinen begrenzte Entscheidungsprozesse mit sich."

Die Unterschiede zwischen Konsumentenverhalten unter High- und Low-Involvement-Bedingungen lassen sich in Anlehnung an Assael (1987, S. 95 ff.) durch eine Gegenüberstellung charakteristischer Merkmale in der folgenden Abbildung 2.23 illustrieren.

High-Involvement-Käufe	Low-Involvement-Käufe
• Umfassende Informationsverarbeitung	• "Lernen" nach Wiederholung von Botschaften
• Bewusste Informationssuche	• Zufällige Informationsaufnahme
• Auseinandersetzung mit der Werbung	• "Berieselung" durch Werbung
• Suche nach der besten/nützlichsten Alternative	• Auswahl einer zufriedenstellenden Alternative
• Starke Beziehung der Produkte zu Persönlichkeit, Lebensstil etc. des Konsumenten	• Produkte für Persönlichkeit, Lebensstil etc. Des Konsumenten unwichtig
• Starker Einfluss von Bezugsgruppen auf Kaufentscheidungen, da das Produkt in Beziehung mit Werten und Normen dieser Gruppen steht	• Geringer Einfluss von Bezugsgruppen auf Kaufentscheidungen, da das Produkt im Hinblick auf Werte und Normen dieser Gruppen keine Rolle spielt

Abbildung 2.23: Gegenüberstellung von High- und Low-Involvement-Käufen

Typische Beispiele für Produkte, deren Kauf meist mit hohem Involvement verbunden ist, sind
- Automobile,
- Eigenheime,
- Hobbyartikel oder
- Urlaubsreisen.

Dagegen findet man normalerweise geringes Involvement, wenn Konsumenten z.B.
- Glühbirnen,
- Haushaltsreiniger,
- Mehl oder
- Dosentomaten

kaufen, wobei sich in Einzelfällen natürlich auch Abweichungen davon ergeben können. An Hand des Kaufs von Automobilen bzw. von Haushaltsreinigern sollen in der in Abbildung 2.24 die oben aufgeführten Unterschiede zwischen High- und Low-Involvement-Käufen illustriert werden.

	Autokauf (High-Involvement)	Kauf von Haushaltsreinigern (Low-Involvement)
Art der Informations- verarbeitung	Sorgfältige Abwägung von Produkteigenschaften (z.B. Preis, Benzinverbrauch, Fahrleistung), Vergleich einer größeren Zahl angebotener Autos	Vertrautheit einer stark beworbenen oder im Supermarkt häufig gesehenen Marke
Art der Informa- tionsaufnahme	Lektüre von Autotests, Prospekten etc., Probe- fahrten, Gespräche mit Kollegen über deren Erfahrungen	Zufälliger Kontakt zu Werbung, Verkaufsförde- rung, Packungsaufschrif- ten etc.
Art der Verar- beitung von Werbebot- schaften	Studium der in Anzeigen und Prospekten erläuter- ten technischen Daten, Ausstattungsmerkmale etc.	Zufälliger Kontakt zu Werbung mit geringem Informationsgehalt (Fern- sehspots, Plakate etc.), geringes Interesse
Auswahl der besten oder einer akzeptab- len Alternative	Suche nach einem den jeweiligen Bedürfnissen und Möglichkeiten mög- lichst gut entsprechenden Auto	Kauf eines gängigen Produkts, das zu akzep- tablem Preis im Super- markt gerade verfügbar ist.
Beziehung zu Persönlichkeit und Lebensstil	Oftmals große Bedeutung des Autos im Hinblick auf Selbst-Image, Möglichkei- ten zur Freizeitgestaltung etc.	Keine nennenswerte Relevanz für irgendeinen Aspekt des Lebensstils
Einfluss von Bezugsgruppen	Ausrichtung an Standards der sozialen Schicht, der Subkultur etc.; Selbstdar- stellung durch luxuriöse oder sportliche Autos	Keinerlei Relevanz hin- sichtlich Bezugsgruppen, da die Markenwahl von diesen überhaupt nicht wahrgenommen wird

Abbildung 2.24: Beispiele für Merkmale von Low- und High-Involvement-Käufen

Hier muss noch einmal hervorgehoben werden, dass mit Low- und High-Involvement die Extreme einer großen Vielfalt von Ausprägungen dieses Konstrukts bezeichnet werden. Die entsprechenden Zwischenabstufungen dürften aber an Hand von deren Charakterisierung hinreichend gut beschreibbar sein. Hinzu kommt, dass sich die Forschung dazu bisher auch auf die theoretische und empirische Untersuchung der Extreme konzentriert hat.

Ein für das Konsumentenverhalten so grundlegendes Konzept bietet natürlich auch Ansatzpunkte für die Gestaltung von **Marketing-Strategien**. Hier sei nur auf entsprechende Kriterien der Marktsegmentierung und auf die Entwicklung von Werbestrategien hingewiesen. Standardmäßig wird für Low-Involvement-Produkte Werbung mit relativ wenig Informationsgehalt und hoher Zahl von Wiederholungen empfohlen, für High-Involvement-Produkte eher eine geringere Zahl längerer bzw. inhaltsreicher Botschaften. Im Hinblick auf einen umfassenden und systematischen Ansatz zur Entwicklung von Werbestrategien, der weitgehend auf dem Involvement-Konzept basiert, sei hier auch auf Rossiter / Percy (1997) verwiesen. Ebenso spielt das Involvement in dem theoretischen (empirisch umfassend belegten) Konzept zur Gestaltung von Werbung von Ulrich Lachmann (2002) eine (die?) zentrale Rolle. Vertiefend wird auf die Relevanz des Involvements für Marketing-Strategien im folgenden Abschnitt 2.6.2 eingegangen.

Wegen der Bedeutung des Involvement-Konstrukts für Theorie und Praxis entsteht auch Interesse an adäquaten Verfahren für entsprechende Messungen. In diesem Zusammenhang ist besonders die von Zaichkowsky (1985) entwickelte Skala zu nennen.

2.6.2 Involvement und Marketing-Anwendungen

Generell lässt sich feststellen, dass es sich bei der Mehrzahl der Kaufentscheidungen um **Low-Involvement-Käufe** handelt. Konsumenten betrachten die meisten alltäglichen Kaufentscheidungen nicht als besonders wichtige Ereignisse in ihrem Leben, sondern messen dem Familienleben, ihrem Beruf etc. ein weit größeres Interesse bei. Für Marketing-Manager bedeutet dies, dass sie grundsätzlich von Low-Involvement-Bedingungen auszugehen haben und das Marketing-Mix dementsprechend gestalten müssen. Dabei sollten sie sich mit folgenden Fragen auseinandersetzen:

- Wenn die Konsumenten meiner Produktkategorie niedriges Involvement aufweisen, wird es dann aufgrund der geringeren kognitiven Auseinandersetzung mit der Marke einfacher sein, sie davon zu überzeugen, zu meiner neuen Marke zu wechseln oder werden sie gar nicht erst die Mühe aufwenden, die Marke zu wechseln?
- Werden Konsumenten mehr für meine Marke bezahlen, weil sie hinsichtlich dieses Produkts nicht sehr preissensibel sind oder werden sie zu einer niedrigpreisigeren Marke wechseln, weil sie nicht dazu bereit sind, die Qualitätsunterschiede herauszufinden/ die Qualität der Produkte zu vergleichen?
- Wenn ich intensiv Werbung betreibe, werden die Konsumenten mit niedrigem Involvement keine oder nur geringe Anstrengungen unternehmen, um meine Werbebotschaften zu verarbeiten, oder ist die konstante Wiederholung meines Markennamens die beste Strategie, da die Konsumenten ohnehin nicht viel mehr als den Markennamen aufnehmen? (Wilkie 1986, S. 352f.)

Robertson / Zielinski / Ward schlagen unterschiedliche Strategien vor, wie Marketing-Manager unter Low-Involvement-Bedingungen agieren können (vgl. zu den folgenden Ausführungen Robertson / Zielinski / Ward 1984, S. 132 ff.). Zum einen lässt sich das Involvement durch geeignete Instrumente wirksam erhöhen (**Maßnahmen zur Steigerung des Involvements),** zum anderen bieten sich mehrere Möglichkeiten, niedriges Involvement zu akzeptieren und den Einsatz der Marketinginstrumente darauf auszurichten, falls sich das Involvement nicht durch die oben genannten Maßnahmen erhöhen lässt (Maßnahmen zur Akzeptanz und zum wirkungsvollen Umgang mit niedrigem Involvement).

Maßnahmen zur Steigerung des Involvements

- **Produktdifferenzierung** in Form von (echten) Innovationen oder durch die Herausstellung einer einzigartigen Produkteigenschaft kann zum Anstieg des Involvements für das betreffende Produkt - zumindest im Vergleich zu Wettbewerbern in der gleichen Produktkategorie - führen. Als Beispiele lassen sich in diesem Zusammenhang der Walkman von Sony und die Tiefkühlkost von Iglo anführen. Mit der Einführung des Walkman schuf Sony einen neuen Markt, was zu gesteigerter Aufmerksamkeit und höherem Involvement führte. Iglo gelang es, im Bereich Tiefkühlkost, einer typischen Low-Involvement-Produktkategorie, durch die „Iglo Grüne Küche" eine einzigartige Position zu besetzen. Iglo hatte als erster Anbieter den Markt für „gesundes, schnell zuzubereitendes Gemüse" besetzt und durch das Aufgreifen des Themas „Gesundheit" das Involvement in der Produktkategorie gesteigert.

- **Werbung** lässt sich gezielt zum Aufbau von Involvement nutzen. Zum einen führt der Einsatz von Symbolen dazu, dass sich das betreffende Produkt von Konkurrenzprodukten abhebt (Beispiel: Yello Strom). Zum anderen kann die Glaubwürdigkeit und die Attraktivität von Werbung durch den Einsatz von Testimonials erhöht werden (Beispiel: Johannes B. Kerner für Air Berlin, was heute - mit einigen Jahren Abstand - vielleicht etwas differenziert betrachtet wird). Auch der Einsatz von Low-Involvement Produkten in High-Involvement-Situationen steigert die Aufmerksamkeit der Konsumenten (Beispiel: Werbung für Goodyear Reifen mit dem Fokus „Sicherheit für die Familie": Gezeigt wird eine Mutter mit einem schlafenden Kind auf dem Rücksitz auf dem Heimweg über eine regennasse Straße). Schließlich lässt sich innerhalb einer Produktkategorie mittels vergleichender Werbung ein Link zu einer High-Involvement Marke herstellen (U.S.-Beispiel: Werbung für Royal Crown Cola durch Gegenüberstellung mit Coca-Cola).

- Da verschiedene Marktsegmente sich - neben anderen Kriterien - durch unterschiedlich hohes Involvement unterscheiden, erscheint es sinnvoll, basierend auf der **Marktsegmentierung** in erster Linie jene Segmente anzusprechen, die sich durch hohes Involvement auszeichnen. Diese lassen sich meist durch eine große Anzahl an Heavy Users und eine relativ geringe Preissensibilität charakterisieren. Jedoch muss man vorab klären, ob das betreffende Segment groß genug ist, um einen speziellen Fokus auf das Segment zu rechtfertigen. Als Beispiel für eine derartige Strategie lässt sich das Unternehmen Bang & Olufsen anführen, das mit seinem exklusiven und technologisch hochwertigen Sortiment an Stereoanlagen, Fernsehern etc. mit edlem Design zu entsprechend hohen Preisen Konsumenten mit ausgeprägtem High Involvement in dieser Produktkategorie anspricht.

Maßnahmen zur Akzeptanz und zum wirkungsvollen Umgang mit niedrigem Involvement

- Da bei der Werbung für Low-Involvement-Produkte die Werbeinhalte für alle Produkte einer Kategorie weitgehend ähnlich sind, kann hohe **Werbeintensität** für die Werbewirkung entscheidend sein. Aufgrund der geringen Lernanforderungen bei niedrigem Involvement erreicht die Werbebotschaft die Konsumenten durch häufige Wiederholung, selbst wenn nur im begrenzten Umfang Informationsverarbeitung stattfindet.

- Ebenso kann die geeignete Auswahl der **Werbeinhalte** unter Low-Involvement-Bedingungen sehr effektiv sein. Zum einen sollte sich der Umfang an Information auf ein bis zwei zentrale Botschaften beschränken. Zum anderen ist eine häufige Wiederholung des Markennamens zu empfehlen, die konkreten Argumente der Werbebotschaft sind hingegen weniger wichtig als bei Werbung für High-Involvement-Produkte. Außerdem sollte die Werbebotschaft zum Ausprobieren des Produkts anregen.

- Niedrigem Involvement können Marketing-Manager **durch geeignete Instrumente der Zusammenarbeit in den Distributionskanälen** begegnen. Wenn hohes Involvement nicht gegenüber den Endkunden aufgebaut werden kann, lässt es sich möglicherweise gegenüber dem Handel entwickeln. Hierzu können geeignete Maßnahmen, die den Handel dabei unterstützen, die Umsätze zu steigern, eingesetzt werden. In diesem Zusammenhang sind z. B. spezielle Anreizsysteme (umsatzabhängige Entlohnung etc.), Ausbildung und Training für das Verkaufspersonal sowie Verkaufsförderungsmassnahmen am „Point of sale" (Displays, Broschüren, Videos etc.) zu nennen.

- Schließlich lässt sich der Umsatz unter Low-Involvement-Bedingungen durch **Sonderangebote** erhöhen. Dazu zählen verschiedene Preisanreize (z. B. Coupons und „2 zum Preis von 1") gegenüber den Endverbrauchern oder dem Handel. Dem liegt die Annahme zugrunde, dass hohes Involvement in der Regel mit Preissensibilität einhergeht. Bei dieser Maßnahme besteht jedoch die Gefahr, dass Sonderangebote lediglich den Gewinn schmälern, vor allem wenn die Konkurrenten Vergeltungsmassnahmen ergreifen und es zu einem ruinösen Preiskampf kommt.

2.6.3 Involvement und Aktivierung

Während Involvement bisher insofern in einer eher kognitivistischen Sichtweise betrachtet wurde, als hohes Involvement durch eine starke/ enge Verbindung von Objekten (z.B. Produkte und ihre Eigenschaften) mit Werten erklärt wurde, sehen einige führende Autoren eine enge Beziehung von Involvement und Aktivierung. So kennzeichnen Kroeber-Riel / Weinberg (2003, S. 345) Involvement als das Zusammenwirken von gedanklichem Engagement und Aktivierung.

Nun zur Kennzeichnung der **Aktivierung**. Kroeber-Riel / Weinberg (2003, S. 58) charakterisieren Aktivierung durch die Begriffe "Erregung" und "innere Spannung" und fahren fort: „Durch die Aktivierung wird der Organismus mit Energie versorgt und in einen Zustand der Leistungsbereitschaft und Leistungsfähigkeit versetzt." Bagozzi (1991, S. 134) betont bei seiner Definition das Spektrum möglicher Ausprägungen der Aktivierung und formuliert, dass der Aktivierungsbegriff benutzt wird, "um einen allgemeinen Zustand der Aktivität des menschlichen Organismus zu kennzeichnen, der von gering (z.B. Schlaf) bis stark (z.B. starke Erregung) reicht." Jeder hat unterschiedliche Aktivierungsgrade von der Lethargie über Spannung/Wachheit bis zur Panik schon mehr oder weniger bewusst erlebt und kennt auch die damit verbundenen Grade der geistigen Leistungsfähigkeit. "Die Stärke der Aktivierung ist ein Maß dafür, wie wach, reaktionsbereit und leistungsfähig der Organismus ist" (Kroeber-Riel / Weinberg 2003, S. 60). Dabei ist davon auszugehen, dass mit zunehmender Aktivierung zunächst die Leistungsfähigkeit steigt und dann bei weiter verstärkter Aktivierung in einen Zustand der Erregung (bis zur Panik, → "Überaktivierung ") wieder sinkt. Jeder (ehemalige) Studierende kann das leicht nachvollziehen, wenn er sich an seine Leistungsfähigkeit bei Müdigkeit am Ende einer langen Vorlesung, im konzentrierten/wachen Zustand oder unter der manchmal extremen Anspannung einer Prüfungssituation erinnert. Der Verlauf der Leistungsfähigkeit in Abhängigkeit von der Aktivierung wird in der so genannten Lambda-Kurve dargestellt, die sich in Abbildung 2.25 findet.

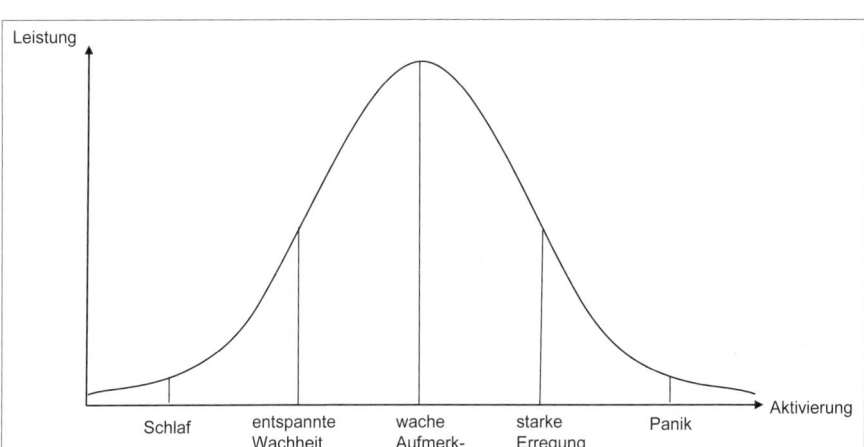

Abbildung 2.25: Lambda-Kurve
Quelle: nach Kroeber-Riel / Weinberg 2003, S. 79

Man unterscheidet zwischen „tonischer" und „phasischer" Aktivierung, wobei die erstere sich nur langsam verändert und insbesondere durch den Tagesverlauf (morgendliche Wachheit, Müdigkeit am späten Abend etc.) bestimmt ist. Der Begriff „phasische Aktivierung" bezieht sich dagegen auf kurzfristige Veränderungen des Aktivierungsniveaus. Diese Veränderungen sind u.a. durch Marketingaktivitäten zu beeinflussen und deshalb von besonderem Interesse.

Wodurch wird nun die Aktivierung von Konsumenten beeinflusst? Hier lassen sich innere und äußere Ursachen unterscheiden. Innere Ursachen können z.B. die Wirkungen eines anregenden Getränks (Kaffee, Coca Cola etc.) oder stimulierende Gedanken (z.B. an eine bevorstehende Urlaubsreise) sein. Bei äußeren Reizen ist z.B. an Werbung oder eine stark anregende Einkaufssituation (vgl. dazu die Überlegungen zu Impulskäufen in Abschnitt 3.3.3) zu denken. Kroeber-Riel / Weinberg (2003, S. 71 ff.) unterscheiden hier nochmals in

- emotionale Reizwirkungen (z.B. durch Abbildung von Kleinkindern oder durch erotische Reize),
- kognitive Reizwirkungen (z.B. durch gedankliche Konflikte oder Überraschungen) und
- physische Reizwirkungen (z.B. durch intensive Farben oder extrem große Plakate).

Die Wirkung der Aktivierung auf diverse Aspekte der Informationsaufnahme und -verarbeitung ist inzwischen vielfach empirisch bestätigt worden. Das beginnt bei der **Aufmerksamkeit** (mit der Konsequenz, dass Anbieter oft versuchen, Werbung möglichst aktivierend zu gestalten), geht über die **kognitiven Leistungen** bei der Informationsverarbeitung und endet beim positiven Zusammenhang von Aktivierung und **Gedächtnisleistung.** So zeigt sich in entsprechenden empirischen Untersuchungen beispielsweise, dass stark aktivierende Anzeigen besser behalten werden als weniger aktivierende.

2.7 Dauerhafte persönliche Merkmale von Konsumenten

Im vorliegenden Abschnitt sollen einige Charakteristika von Konsumenten behandelt werden, die deren Verhalten wesentlich beeinflussen können, aber weder dem Umfeld des Konsumenten zuzurechnen noch - wie Wissen oder Einstellungen - auf einen bestimmten Gegenstand (z.B. eine Produktart) bezogen sind. Dabei geht es um Merkmale, die durch die Stichworte

- Demographie,
- Persönlichkeit
- Selbstbild und
- Lebensstil

gekennzeichnet werden können.

Zur **Demographie** gehören gewissermaßen offensichtliche Merkmale von Konsumenten, wie z.B. Alter, Geschlecht oder Beruf. Als **Lebensstil** bezeichnet man die "Muster, nach denen Leute leben, ihre Zeit verbringen und Geld ausgeben" (Blackwell / Miniard / Engel 2001, S. 219). Im

Zusammenhang mit der Diskussion des Einflusses der **Persönlichkeit** auf Konsumentenverhalten werden einige psychische Variable angesprochen, die bestimmte dauerhafte und konsistente Verhaltensmuster zur Folge haben. Das **Selbstbild** bezieht sich auf die (reale oder ideale) Vorstellung, die eine Person von sich hat und die natürlich das Konsumverhalten in mancherlei Hinsicht (z.B. Mode oder Freizeit) prägen kann.

Demographische Merkmale

Ein großer Teil der Konsumentenforschung konzentriert sich (wie sich auch im vorliegenden Buch zeigt) auf individuelles Entscheidungsverhalten, auf die Bildung von Markenpräferenzen, auf Arten der Werbewirkung etc. Das gilt sowohl für die wissenschaftliche Grundlagenforschung als auch für die kommerzielle Marktforschung, die sich auf Fragestellungen der Praxis bezieht. Den Hintergrund für viele wesentliche Veränderungen von Marktverhältnissen, die den langfristigen Erfolg bestimmter Marken und ganzer Produktkategorien nachhaltig beeinflussen können, bildet die demographische Entwicklung. Diese bestimmt zum einen die Größe und das Wachstum von Märkten und Marktsegmenten (z.B. Kinderkleidung, Senioren-Reisen). Zum anderen gelten demographische Merkmale auch als Indikatoren für spezifische Prägungen, Rollen und Verhaltensweisen. So galt beispielsweise das Geschlecht über lange Zeit als Indikator für die Rolle, die jemand in Familie und Gesellschaft innehat. Im Hinblick auf die **Relevanz bestimmter demographischer Merkmale** für das Marketing stellen sich vor allem zwei Fragen:

-   Kommt jemand aufgrund seines Alters, Geschlechts etc. überhaupt als Käufer in Frage?
-   Prägen diese Merkmale Entscheidungsverhalten und -kriterien?

Die gängigsten **demographischen Merkmale** sind
-   Alter,
-   Geschlecht,
-   Einkommen,
-   Beruf bzw. Ausbildung und
-   Familienstand (einschließlich Familienzusammensetzung)

des Konsumenten. Daneben werden oftmals regionale Merkmale erfasst, z.B. der Gesichtspunkt, ob jemand in einer ländlichen Region oder in einer Großstadt wohnt. Hier sei aber darauf hingewiesen, dass bei den Variablen Einkommen, Beruf, Ausbildung und Region eine scharfe Abgrenzung zu den in Kapitel 4 noch zu behandelnden Aspekten "Kultur" und "soziale Schicht" nicht möglich ist.

Demographische Merkmale gehören zu den in der Marketingplanung seit langem stark genutzten Kriterien. Dabei spielt es sicher eine Rolle, dass sie relativ leicht (im Vergleich z.B. zu Einstellungen oder Markenpräferenzen) erhoben und teilweise sogar publizierten Statistiken (z.B. des Statistischen Bundesamtes) entnommen werden können. Ein wesentlicher Anwendungsbereich demographischer Kriterien ist die Marktsegmentierung (vgl. Abschnitt 2.8) und in Verbindung damit die Produktpositionierung. So könnte man z.B. die Kernzielgruppe für einen Klein-Sportwagen durch die Merkmale Alter (25-40 Jahre), Geschlecht (männlich), Einkommen (€ 50.000,- bis 70.000,- jährlich) und Familienstand (ledig) beschreiben.

Weiterhin dient die Demographie auch zur Identifizierung neuer Märkte bzw. von Marktchancen. So bietet der wachsende Anteil alter Menschen in der Bundesrepublik in Verbindung mit einer gewachsenen Aktivität dieser Altersgruppe Ansatzpunkte für spezifische Angebote von Gütern und Dienstleistungen.

In der Kommunikationspolitik spielen demographische Daten eine maßgebliche Rolle bei der Mediaplanung, also bei der Auswahl der Medien (Zeitungen, Zeitschriften etc.), die zur Übermittlung der zu kommunizierenden Botschaften als geeignet erscheinen. Das liegt u.a. daran, dass die für die Mediaplanung zur Verfügung stehenden Daten (z.B. die Media-Analyse der AGMA) hauptsächlich nach demographischen Kriterien aufgeschlüsselt sind.

Wie schon erwähnt wurde, spielen demographische Trends für die langfristige Entwicklung diverser Märkte eine erhebliche Rolle, so z.B. der Zusammenhang zwischen einem steigenden Anteil von Ein-Personen-Haushalten und der Nachfrage nach Fertiggerichten sowie der zwischen einer wachsenden Zahl alter Menschen und der Nachfrage nach diätischen Produkten. Einige bisher in der Bundesrepublik Deutschland erkennbare langfristige demographische Trends sollen hier genannt werden:

- Rückgang der deutschstämmigen Bevölkerung, geringere Kinderzahl
- Zuwanderung u.a. aus Ost-Europa
- Zunehmendes Durchschnittsalter der Bevölkerung
- Wachsender Anteil älterer Menschen mit hohem Einkommen und/oder Vermögen
- Wachsender Anteil kleiner Haushalte
- Zunehmende Zahl berufstätiger Frauen
- Steigendes Ausbildungsniveau der Bevölkerung
- Wachsende Scheidungsrate

Persönlichkeit

Der Begriff Persönlichkeit wird nicht zuletzt in der Umgangssprache sehr häufig verwendet, ohne dass dafür immer ein klar abgegrenzter Bedeutungsinhalt festgelegt ist. Gleichwohl kennt jeder aus unterschiedlichsten Erfahrungsbereichen eine Vielzahl von Persönlichkeitsmerkmalen. So kennt man Menschen, die z. B. freundlich, ruhig oder schüchtern sind. Typischerweise bezieht sich die Persönlichkeit auf eine gewisse Konsistenz von Verhaltensweisen und Reaktionen, die über längere Lebensphasen erhalten bleibt. Zimbardo / Gerrig (1999, S. 520) definieren: „Persönlichkeit bezieht sich auf die einzigartigen psychologischen Merkmale eines Individuums, die eine Vielzahl von (offenen und verdeckten) charakteristischen konsistenten Verhaltensmustern in verschiedenen Situationen und zu verschiedenen Zeitpunkten beeinflussen." Der zentrale Aspekt des Begriffs Persönlichkeit besteht in der einzigartigen, charakteristischen und längerfristig stabilen Art der Reaktion auf die Umwelt des Individuums. Diese ist begründet durch dauerhafte Merkmale der Psyche einer Person. Das schlägt sich auch in der Kennzeichnung des Begriffs Persönlichkeit durch Hoyer / MacInnis (2004, S. 432) nieder: „Charakteristikum, das bestimmt, wie ein Individuum sich in verschiedenen Situationen verhält." Die spezifischen Ausprägungen einer Persönlichkeit werden vor allem bestimmt durch angeborene Eigenschaften, Erziehung und Sozialisation. Als Persönlichkeitsmerkmale, die sich auf Konsumentenverhalten auswirken, sind vor allem Materialismus, Risikofreude, Innovationsorientierung, Bedürfnis nach kognitiver Aktivität und Intro- bzw. Extravertiertheit zu nennen.

Wenn man das Merkmal Persönlichkeit zur Beschreibung von Konsumentenverhalten oder für die Entwicklung daran angepasster Marketingstrategien nutzen will, dann entsteht natürlich das Interesse, bestimmte Persönlichkeitstypen zu identifizieren und zu charakterisieren. Dafür hat sich in der Psychologie die Konzentration auf fünf wesentliche Faktoren („Big Five") etabliert, die nachfolgend genannt und durch entsprechende Stichworte charakterisiert seien (vgl. Zimbardo / Gerrig 1999, S. 524 f.):

Extraversion
Gesprächig, energiegeladen, bestimmt ←→ Ruhig („quiet"), reserviert, schüchtern

Verlässlichkeit
Verlässlich, freundlich, mitfühlend ←→ Kalt, streitsüchtig, unbarmherzig

Gewissenhaftigkeit
Gut vorbereitet, verantwortungsbewusst, vorsichtig ←→ Sorglos, verantwortungslos, leichtfertig

Emotionale Stabilität
Stabil, ruhig („calm"), zufrieden ←→ Besorgt, labil, launisch

Offenheit für Erfahrungen
Kreativ, intellektuell, offen ←→ Einfach, oberflächlich, unintelligent

Insgesamt hat man den Eindruck, dass Persönlichkeitsvariable nur einen kleinen Teil der Varianz des Konsumentenverhaltens erklären und am ehesten im Zusammenhang mit anderen Variablen (z.B. Alter, soziale Schicht) wirksam sind. Das ist auch insofern plausibel, als viele Persönlichkeitsmerkmale, wie z.B. Launenhaftigkeit, wohl nur in einem eher mittelbaren Zusammenhang mit Markenpräferenzen oder der Bevorzugung bestimmten Verhaltens etc. stehen. Als Persönlichkeitsmerkmale, die in einem relativ engen Zusammenhang zu Aspekten des Konsumentenverhaltens stehen, seien hier Risikofreude, „Neugier" (→ Innovationsorientierung) und die Stärke des Bedürfnisses nach kognitiver Aktivität (→ Informationsnutzung) genannt.

Selbstbild

Nach Solomon (2004, S. 150) versteht man unter dem Selbstbild „die Vorstellungen, die eine Person von ihren Eigenschaften hat, und die Bewertung dieser Eigenschaften." Beispiele für entsprechende Eigenschaften sind modern, dynamisch, erfolgreich, sportlich, unattraktiv oder schüchtern. Typisch ist eine Kombination von mehreren solcher Eigenschaften in einem Selbstbild. Leicht nachvollziehbar ist auch die Unterscheidung in reales/ wahres und ideales/ erwünschtes Selbstbild, wobei große Unterschiede normalerweise zu geringer Selbstachtung führen.

Die Beziehungen des Selbstbildes zum Konsumverhalten sind ziemlich offenkundig, weil zahlreiche Produkte (z.B. Kosmetika) geeignet sind, eine Person - zumindest ihr Erscheinungsbild - zu verändern. Hier spielt insbesondere der so genannte symbolische Interaktionismus eine wesentliche Rolle. Dieser bezieht sich darauf, dass „Beziehungen zu anderen Leuten eine wesentliche Rolle für die Entwicklung des Selbst spielen" (Solomon 2004, S. 153). Daraus ergibt sich eine Wirkung auf Konsumverhalten über eine Beurteilung von Produkten im Hinblick auf deren Wirkung auf andere Personen sowie über die besondere Bedeutung „öffentlicher" Produkte (z.B. Bekleidung, teilweise auch die Wohnungseinrichtung), deren Konsum also von der sozialen Umgebung wahrgenommen wird (siehe dazu auch Abschnitt 4.3.3). Am Beispiel der Ausbreitung von Fitness-Studios in den letzten 20 Jahren kann man leicht erkennen, welche Bedeutung das Selbstbild - hier in Form der Gestaltung des eigenen Aussehens - erlangen kann und in welchem Maße Konsumenten bereit sind, dafür finanziellen und zeitlichen Aufwand zu treiben.

Eine weiter gehende Perspektive ist durch Belk (1988) in die Konsumentenforschung eingebracht worden. Mit dem Begriff des „erweiterten Selbst" (extended self) ist gemeint, dass externe Objekte ein Teil des Selbst sein können, dass also das Selbst nicht nur den Konsum beeinflusst, sondern dass der Konsum auch zum Selbst gehört. Bezogen auf Bekleidung könnte man das (vereinfacht) in dem Satz zusammenfassen: „Ich bin, was ich trage" (vgl. Assael 2004, s. 302). Ein anschauliches Beispiel für die Verbindung von Besitz und Person findet man auch, wenn man an die Reaktionen Betroffener nach Wohnungseinbrüchen denkt. Viele empfinden eben nicht nur den materiellen Schaden, sondern sind auch persönlich durch das Eindringen Fremder in ihre Wohnung und ihren Besitz verletzt.

Lebensstil

Zahlreiche Einzelmerkmale, die sowohl psychische Komponenten (Interessen, Meinungen) als auch Aktivitäten (z.B. Freizeitaktivitäten, soziale Kontakte) betreffen, machen **gemeinsam** einen Lebensstil aus. "Ein Lebensstil ist allgemein definiert als die Art, wie die Leute ihre Zeit verwenden (Aktivitäten), was sie in ihrer Umgebung als wichtig ansehen (Interessen) und was sie über sich und ihre Umwelt denken (Meinungen)" (Assael 2004, S. 280). In Abbildung 2.26 sind typische Beispiele für Aktivitäten, Interessen und Meinungsgegenstände genannt, die zur Charakterisierung von Lebensstilen dienen können.

Aktivitäten	Interessen	Meinungsgegenstände
Arbeit	Familie	Persönl. Beziehungen
Hobbies	Haushalt	Soziale Probleme
Gesellsch. Ereignisse	Beruf	Politik
Urlaub	Gemeinde	Geschäft
Unterhaltung	Freizeit	Wirtschaft
Vereinsmitgliedschaften	Mode	Bildung

Abbildung 2.26: Beispiele für einen Lebensstil charakterisierende Aktivitäten, Interessen und Meinungsgegenstände
Quelle: nach Assael 2004, S. 280

Zwischen **Lebensstilen und Konsumverhalten** bestehen recht enge und vielfältige Beziehungen. So ist der Konsum bestimmter Produktarten bzw. Marken einer der gängigen Wege einen bestimmten (erwünschten) Lebensstil zu realisieren und zu demonstrieren. Hier ist vor allem an Kleidung, Kosmetik, Urlaubsziele, Sportarten, Wohnort, Wohnungseinrichtung und Automarken zu denken. Beispielsweise unterstellt man vielen jüngeren (25- 35 Jahre), beruflich und finanziell erfolgreichen, großstädtisch orientierten Menschen ("Yuppies") eine besondere Affinität zu Marken wie Rolex, Campari, BMW, Armani oder zu bestimmten Restaurants.

Wegen solcher Beziehungen zwischen Lebensstil und Konsumverhalten besteht auch von Seiten des Marketing starkes Interesse an der Identifizierung und Beschreibung von **Typen von Lebensstilen.** Ein Weg dazu ist die Erhebung von Daten zu einer Fülle von relevanten Aktivitäten, Interessen und Meinungsgegenständen, die dann mit Hilfe geeigneter multivariater Analyseverfahren (Clusteranalyse) verdichtet werden. Auf diese Weise entstehen Gruppen, die sich hinsichtlich einer Vielzahl der erhobenen Merkmale stark ähneln, die also in sich relativ homogen sind, und sich bezüglich dieser Merkmale von anderen Gruppen deutlich unterscheiden.

In der Marketing-Praxis ist die Orientierung an den so genannten **Sinus-Milieus** besonders verbreitet. Diese Milieus stehen für Gruppen von Menschen, die sich im Hinblick auf ihre Lebensauffassung und Lebensweise (soziale Situation, Lebensstil, Werte) ähneln. Basis für die Identifizierung und Charakterisierung sind seit vielen Jahren vom Marktforschungsunternehmen Sinus Sociovision immer wieder durchgeführte Befragungen, deren Ergebnisse in der vorstehend skizzierten Weise analysiert werden. In der Untersuchung für das Jahr 2007 finden sich die folgenden Gruppen / Milieus mit den entsprechenden Anteilen an der deutschen Bevölkerung in Klammern (Quelle: www.sinus-sociovision.de):

- Konservative (5 %)
- Traditionsverwurzelte (14 %)
- DDR-Nostalgische (5 %)
- Etablierte (10 %)
- Bürgerliche Mitte (15 %)
- Konsum-Materialisten (12 %)
- Postmaterielle (10 %)
- Moderne Performer (10 %)
- Experimentalisten (8 %)
- Hedonisten (11 %)

Für jede dieser Gruppen gibt es eine Beschreibung, in der typische Merkmale zusammengefasst sind. Hier einige Beispiele solcher Merkmale aus der Beschreibung der Gruppe der „Experimentalisten" (Quelle: www.sinus-sociovision.de vom 1.3.07):

- „Individualistische neue Bohème
- Spontaneität
- Leben in Widersprüchen
- Lifestyle-Avantgarde
- Lust am Leben und Experimentieren
- Tolerant und offen
- Interesse an Musik, Kunst, Kultur
- Nutzen intensiv Online-Angebote
- Altersschwerpunkt unter 30 Jahre
- Gehobene Bildungsabschlüsse"

2.8 Marketing-Anwendung: Marktsegmentierung

2.8.1 Grundlagen

Im vorliegenden Kapitel 2 wurde bereits aufgezeigt, welche Konstrukte herangezogen werden können, um Konsumenten zu charakterisieren und ihr Kaufverhalten zu erklären. Derartige Merkmale haben natürlich zentrale Bedeutung für die Marktsegmentierung. Ziel dieses Abschnitts ist es, exemplarisch darzustellen, wie die gewonnenen Konsumenteninformationen gezielt für Marketingzwecke genutzt werden können. Hierbei steht insbesondere die Segmentierung des Gesamtmarktes und darauf aufbauend die Positionierung der einzelnen Anbieter bzw. Produkte im Mittelpunkt. Unter **Positionierung** versteht man die "strategische und aktive Gestaltung und Steuerung der Stellung einer Marktleistung im jeweils relevanten Markt" (Kuß / Tomczak 2004, S. 159). Als **Marktsegmentierung** bezeichnet man die "Aufteilung eines heterogenen Gesamtmarkts in relativ homogene Käufergruppen mit dem Ziel der differenzierten Ansprache dieser Gruppen" (Kuß / Tomczak 2004, S. 194). Einen Überblick über typische Schritte bei der Marktsegmentierung gibt Abb. 2.27.

Voraussetzungen:

```
┌─────────────────────────────────────────────────────┐
│   ┌─────────────────────────────────────────────┐   │
│   │              untersch. Produkte             │   │
│   │           Heterogener Gesamtmarkt           │   │
│   │                                             │   │
│   └─────────────────────────────────────────────┘   │
│                                                     │
│   ┌─────────────────────────────────────────────┐   │
│   │          ähnliche  Charakteristica         │   │
│   │       Aufteilung in homogene Käufergruppen  │   │
│   │                                             │   │
│   └─────────────────────────────────────────────┘   │
│                                                     │
│   ┌─────────────────────────────────────────────┐   │
│   │                                             │   │
│   │            Auswahl von Segmenten            │   │
│   │                                             │   │
│   └─────────────────────────────────────────────┘   │
│                                                     │
│   ┌─────────────────────────────────────────────┐   │
│   │        Differenzierte Ansprache durch       │   │
│   │   segmentspezifischen Einsatz des Marketing-Mix │
│   │                                             │   │
│   └─────────────────────────────────────────────┘   │
└─────────────────────────────────────────────────────┘
```

Abbildung 2.27: Ablauf der Marktsegmentierung

Zur **Bildung von Marktsegmenten** sind vier wesentliche **Voraussetzungen** zu erfüllen (Antonides / van Raaij 1998, S. 562f.; Kotler / Bliemel 2006, S. 451 f.; Kuß / Tomczak 2004, S. 195 f.):

- In dem betreffenden Markt bestehen Unterschiede zwischen den einzelnen Produkten, die von den Konsumenten wahrgenommen werden und von ihnen als relevant erachtet werden.
- Bestimmte Gruppen von Konsumenten weisen ähnliche Charakteristika auf, so dass die Bedürfnisse der Konsumenten innerhalb eines Segments weitgehend homogen sind. Im Vergleich zwischen den Konsumenten verschiedener Segmente sind die Bedürfnisse jedoch heterogen, d.h. es bestehen deutliche Unterschiede.
- Die Konsumentengruppen sind ausreichend groß und verfügen über genügend Potenzial. Es ist nicht sinnvoll, eine Reihe differenzierter Produkte anzubieten, wenn die Anzahl der potenziellen Käufer in einem Markt gering ist und/ oder der Bedarf an dem Produkt nur sehr sporadisch auftritt.

- Schließlich müssen die anvisierten Marktsegmente anhand bestimmter Merkmale identifizierbar und mittels der eingesetzten Distributionswege und Kommunikationsmittel erreichbar sein.

Die einzelnen **Segmentierungskriterien** haben bestimmten methodischen **Anforderungen** zu genügen (Meffert 2000, S. 186 f.):

Kaufverhaltensrelevanz: Die gewählten Kriterien sollten das zukünftige Kaufverhalten der Konsumenten wesentlich beeinflussen. Sie sollten Prognosen darüber zulassen, welche Voraussetzungen in Zukunft dazu führen, dass die einzelnen Konsumentengruppen bestimmte Produkte kaufen.

Messbarkeit und Operationalität: Die Variablen zur Marktsegmentierung müssen sich im Rahmen von Marktforschungsstudien erheben lassen; zudem ist die Operationalisierbarkeit der einzelnen Konstrukte eine entscheidende Voraussetzung.

Wirtschaftlichkeit: Die Erhebung der Daten zur Durchführung der Segmentierung muss wirtschaftlich gerechtfertigt sein, d.h. die Kosten dürfen den Nutzen, der sich aus der Segmentierung ergibt, nicht übersteigen.

Zeitliche Stabilität: Die Ausprägungen der Kriterien, die zur Marktsegmentierung erhoben werden, sollten über einen längeren Zeitraum hinweg Gültigkeit besitzen.

Handlungsfähigkeit: Die Marktsegmentierungskriterien müssen eine differenzierte Ansprache der einzelnen Kundengruppen durch segmentspezifischen Einsatz des Marketing-Mix ermöglichen.

Zur Marktsegmentierung können unterschiedliche Kriterien herangezogen werden. In der Regel werden dabei mehrere Kriterien kombiniert, um zu möglichst aussagekräftigen Charakterisierungen der einzelnen Segmente zu gelangen. Generell lassen sich fünf **Kategorien** von **Kriterien zur Marktsegmentierung** unterscheiden (vgl. Antonides / van Raaij 1998, S. 547 ff.; Assael 2004, S. 539 ff.):

Bedürfnisse bzw. Nutzenvorstellungen (→ "Benefit Segmentation")

Soziodemographische Kriterien:
Demographische Merkmale, z. B. Geschlecht, Alter, Familienstand
Sozioökonomische Merkmale, z. B. Beruf, Einkommen
Verhaltensorientierte Kriterien, z. B. Preisverhalten, Mediennutzung,
Einkaufsstättenwahl, Produktwahl
Psychographische Kriterien:
Allgemeine Persönlichkeitsmerkmale, z. B. Lebensstil, Risiko-
orientierung, politische Einstellung
Produktspezifische Merkmale, z. B. Kaufabsichten, Verwendungs-
häufigkeit
Geographische Kriterien:
Makrogeographische Merkmale, z. B. Bundesländer, Stadt/Land
Mikrogeographische Merkmale, z. B. Ortsteile, Wohngebiete.

Im Folgenden soll die **Durchführung der Marktsegmentierung und
Positionierung** in der Praxis beispielhaft für den Automobilmarkt mit Hilfe
des so genannten **Market Radar** dargestellt werden. Dabei handelt es sich
um ein Softwarepaket mit vielfältigen Funktionen, das durch das Schweize-
rische Marktforschungsinstitut DemoSCOPE entwickelt und vermarktet
wird. Hier beschränken wir uns auf die Darstellung der Marktsegmentierung anhand von Lifestyle-Typologien.

Vorab ist anzumerken, dass die im Folgenden herangezogene Typologie ein
möglicher Ansatz zur Entwicklung von **Lifestyletypologien** ist. Als weitere
Klassifizierungsansätze auf Basis des Lebensstils sind insbesondere der
AIO-(activities, interests, opinions) sowie der VALS-(value and lifestyle
survey) Ansatz zu nennen (vgl. ausführlich Assael 2004, S. 282 ff.; Kotler /
Bliemel 2006, S. 338 ff.). Zudem muss betont werden, dass die dargestellten Positionen der einzelnen Automobilmarken für die Schweiz gelten. Die
Werthaltungen, die mit den Marken assoziiert werden, sind beispielsweise
in Deutschland oder in den U.S.A. andere als in der Schweiz. Die Positionen würden sich somit entsprechend ändern.
Die folgende Grafik (Abbildung 2.28) gruppiert verschiedene Werthaltungen in einem Raster nach den Kriterien "Außen- versus Innenorientierung"
sowie "progressive versus konservative Grundhaltung". Konsumenten mit
ausgeprägter "**Außenorientierung**" sind tendenziell eher materialistisch
und extravertiert; sie stehen Werbung generell positiv gegenüber. Dagegen

sind Konsumenten mit starker **"Innenorientierung"** eher idealistisch und introvertiert; sie stehen Werbung generell kritisch gegenüber. **Progressive Konsumenten** sind aufgeschlossen gegenüber Neuerungen, **konservative** Konsumenten ziehen dagegen Bewährtes vor. Der Lebensstil eines Konsumenten wird anhand seiner Meinungen und Einstellungen sowie anhand seiner Werte festgelegt. Persönliche Werthaltungen der Konsumenten eignen sich besonders gut zur Entwicklung von Lifestyletypologien, da sie von kurzfristigen situativen Änderungen der Einstellungen und Präferenzen relativ wenig beeinflusst werden.

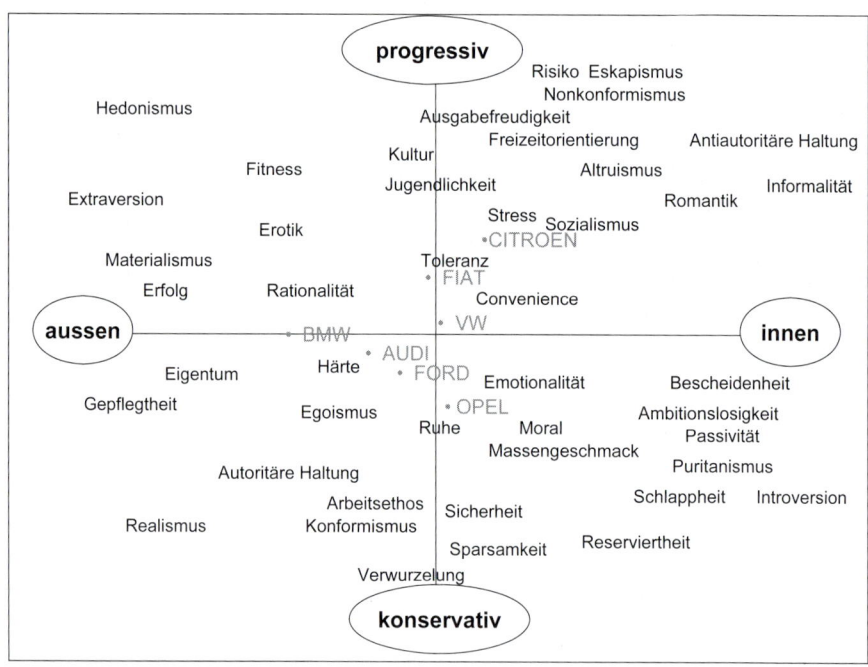

Abbildung 2.28: Marktsegmentierung und Positionierung im Automobilmarkt
Quelle: nach DemoSCOPE/Schweiz

Innerhalb des durch die beiden Achsen markierten Raumes werden bestimmte Werthaltungen je nach ihren Ausprägungen eingeordnet. Die Auswahl der Werthaltungen basiert auf einem bewährten Verfahren für Persönlichkeitstests, bei dem mit Hilfe von Aussagen zu bestimmten Werten - diesen entsprechen die einzelnen Punkte in der Grafik das Werteprofil eines Individuums erstellt wird. Auf Basis von Marktforschungsdaten lassen sich nun im vorliegenden Beispiel die Automarken Audi, BMW, Citroën, Fiat, Ford, Opel und VW in diesem Spektrum positionieren. Die Marke Citroën wird im rechten oberen Quadranten eingeordnet, da Citroën-Fahrer tendenziell weniger Wert auf die Demonstration ihres materiellen Besitzes legen, aber Freizeitorientierung und das Sich-Abheben von der breiten Masse eine relativ grosse Rolle spielen. Demgegenüber ist bei BMW-Fahrern die Außenwirkung des Autos ein wichtiges Kriterium, zudem sind sie tendenziell konservativer als etwa Fiat- oder Citroën-Fahrer. Aus diesen Erkenntnissen lassen sich wichtige Informationen für die **Kommunikationspolitik** ableiten. Die Werthaltungen geben wertvolle Hinweise darauf, mit Hilfe welcher Botschaften sich die jeweiligen Zielsegmente ansprechen lassen. Darüber hinaus ist ein **Konkurrenzvergleich** möglich: Dem einzelnen Anbieter wird vor Augen geführt, wo sich seine eigene Marke in Relation zu Konkurrenten befindet und welche Attribute die eigene und konkurrierende Marken besetzen.

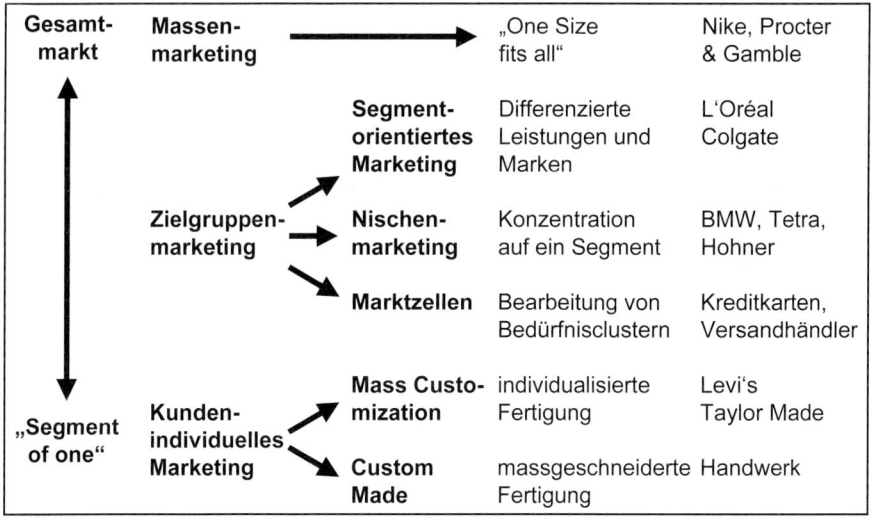

Abbildung 2.29: Konsequenzen der Marktsegmentierung für die Marktbearbeitung

Quelle: in Anlehnung an Kotler 1999, S. 22 ff.

Die Marktsegmentierung ist eines der zentralen Konzepte im Marketing. Die Aufteilung des Marktes in homogene Käufergruppen stellt die zentrale Voraussetzung für die Auswahl eines oder mehrerer Segmente als Zielgruppen und für die gezielte Ansprache dieser Käufer dar. Somit bildet die Marktsegmentierung die Grundlage für die Marktbearbeitung (vgl. Abb. 2.29).

Marktsegmentierung und Produktdifferenzierung hängen eng zusammen. Auf der Nachfragerseite herrschen in der Regel unterschiedliche Bedürfnisse und Nutzenerwartungen vor. Zudem unterscheiden sich die Konsumenten anhand weiterer Merkmale (s. o.). Der Anbieter reagiert auf diese unterschiedlichen Bedürfnisse durch die Differenzierung seiner Produkte bzw. Dienstleistungen: Er entwickelt für jedes der anvisierten Marktsegmente ein Angebot, das speziell auf die Bedürfnisse dieser Konsumentengruppe zugeschnitten ist. Entsprechend ist auch das **Marketing-Mix** für jedes Segment **differenziert** zu gestalten. So bietet beispielsweise Colgate unterschiedliche Zahncremes für Kariesschutz, weißere Zähne oder frischen Atem an, was sich in verschiedenen zentralen Botschaften in der Kommunikationspolitik widerspiegelt.

In letzter Zeit ist ein Trend hin zu immer stärkerer Differenzierung und zu immer kleineren Marktsegmenten bis hin zur Individualisierung ("segment of one") zu beobachten (vgl. Abb. 2.29). Generell zeichnet sich die Tendenz ab, dass die meisten Firmen erfolgreicher sind, wenn sie Angebote für die Bedürfnisse spezifischer Segmente entwickeln und nicht ein einziges Produkt auf einem Massenmarkt einführen. Zahlreiche Märkte sind in Bezug auf demographische Merkmale und Lebensstile durch starke Zersplitterung gekennzeichnet. Somit wird es aus Sicht der Marketingmanager noch wichtiger, ausgewählte Segmente gezielt zu bearbeiten. Als Beispiel hierfür lassen sich Levi's Jeans anführen: Neben den für den Massenmarkt produzierten Produkten wie Levi's 501 bietet Levi's auch auf die individuellen Kunden zugeschnittene, einzeln gefertigte Jeans an.

2.8.2 Ein Beispiel: Senioren als Zielgruppe des Marketing

Das Alter ist eines der relevantesten Merkmale für Zwecke der Marktsegmentierung. Das gewinnt besondere Relevanz dadurch, dass sich in den westlichen Industrienationen die Alterspyramide deutlich von jung nach alt verschiebt. So sind bereits heute in Deutschland und in der Schweiz weit über 30 Prozent der Bevölkerung über 50 Jahre alt. Zudem sind die Alten eine kaufkräftige Zielgruppe. Beispielsweise beträgt das frei verfügbare Einkommen der 50plus-Generation in der Schweiz 15 Milliarden Schweizer Franken jährlich. Das verfügbare Nettovermögen ist bei der Altersgruppe der 60 bis 69-Jährigen am höchsten, der Medianwert wird auf 211.000 Schweizer Franken geschätzt (vgl. Hock/Bader 2001). Die Relevanz dieser Zielgruppe wird auch in der Konsumentenforschung durch entsprechende Beiträge erkennbar (vgl. z.b. Hoyer / MacInnis 2004, S. 366 ff. oder Solomon 2004, S. 512 ff.). In der amerikanischen Literatur nennt man die hier angesprochene Zielgruppe auch den „gray market".

Generell kann festgestellt werden, dass sich auch heute noch sehr viele Unternehmen schwer tun, ältere Zielgruppen gezielt zu bearbeiten. Eines der wenigen Erfolgsbeispiele für ein gezieltes Seniorenmarketing ist beispielsweise Nivea-Vital für die reife Frau von Beiersdorf. Um die ältere Generation effizient ansprechen und bedienen zu können, sind folgende Kriterien zu beachten (vgl. Hock / Bader 2001):

Alter ist individuell
Je älter die Menschen werden, desto ausgeprägter sind ihre persönlichen Interessen, Wünsche und Eigenheiten. Das eigene Älterwerden wird oft nicht „chronologisch" wahrgenommen, „alt werden nur die anderen". Solomon (2004, S. 514) spricht in diesem Zusammenhang auch vom „wahrgenommenen Alter". Aber für alle gilt: Niemand will alt und unattraktiv sein. Die 50plus-Generation fühlt sich heute 10 bis 15 Jahre jünger und sieht jünger aus als die vorherige Generation. Dieser Selbstwahrnehmung ist zu entsprechen.

„Jetzt komme ich dran" heißt das neue Lebensgefühl
Durch den Auszug der Kinder und/oder die Pensionierung verändert sich der Lebensalltag älterer Menschen stark. Diese Phase der Um-/ und Neuorientierung bringt neue Bedürfnisse in der Freizeitgestaltung hervor. Gesucht wird Lebenssinn, Lebensstil und Lebensqualität. Lang gehegte Träume werden jetzt (oder nie) verwirklicht, sei es die Kreuzfahrt nach Hawaii oder die Harley-Davidson.

Frauen entdecken in dieser Lebensphase neue Hobbys, suchen nach beruflichen Chancen oder lassen sich verwöhnen (Stichwort: Wellness). Männer basteln in Hobbykellern, gestalten den Garten neu oder verwirklichen sich am heimatlichen Herd als 3-Sternekoch.

Sinngebender Materialismus
Konsumiert wird gerne, aber mit Verstand. Sinnloses Geldausgeben entspricht nicht den Werten der älteren Generation. Investitionen werden wohl überlegt und müssen bleibenden Wert haben. Dagegen werden die eigenen Familienmitglieder, vor allem die Enkel, großzügig verwöhnt. Ein grosser Anteil an Spielzeug wird von den Grosseltern gekauft. Auch der Gesellschaft gegenüber wird eine gewisse soziale Verantwortung empfunden. Dies äussert sich in Freiwilligenarbeit, Ehrenämtern und Spenden.

Konsumprofis
Als echtem Konsumprofi kann man dem reifen Konsumenten nicht so leicht etwas vormachen. Er kennt fast alle Verkaufstricks. Nur mit überzeugenden Argumenten, echter Qualität und einem vernünftigen Preis-Leistungsverhältnis kann sein Interesse geweckt werden. Aufgrund seiner Sozialisation in der Nachkriegszeit legt er andere Wertmassstäbe an. Langlebigkeit, Zeitlosigkeit, Funktionalität und Risikominimierung der Produkte und Dienstleistungen besitzen hohe Priorität.

Bekannte Marken für die Senioren
Grundsätzlich gilt, dass ältere Konsumenten ein hohes Vertrauen in klassische Marken haben, besonders wenn sie schon lange auf dem Markt sind und/oder Tradition haben wie z. B. Omega, Nivea, Burberry, Toblerone, Nestlé, Calida und Lindt & Sprüngli. Zu Luxusmarken besteht ein eher

ambivalentes Verhältnis: Eine goldene Rolex wird als protzig empfunden, eine Omega hingegen gilt als Zeichen des gehobenen Lebensstils. Trendmarken werden kritisch geprüft und erst nach sorgfältiger Prüfung gekauft.

Markenwechsel bei Unzufriedenheit
Generell gilt: Bei Zufriedenheit bleiben Ältere ihrer Marke treu, bei Unzufriedenheit wird aber auch schnell gewechselt. Der hohe Qualitätsanspruch einer Marke muss konstant gewährleistet werden. Eine sehr starke Bindung besteht zu den „Lieblingsgeschäften". Stimmen das Angebot, die Qualität, die fachliche Beratung und das Ambiente bleibt der Kunde treu.

Anschluss an moderne Entwicklungen nicht verpassen
Die ältere Generation ist entgegen der vorherrschenden Meinung an neuen Technologien und neuen Produkten (Internet, digitale Fotografie, Microfasern bei Textilien) äußerst interessiert. Die älteren Konsumenten möchten sowohl Neues kennen lernen, aber auch den Anschluss an wichtige technologische Entwicklungen nicht verpassen. Nachgefragt werden Innovationen allerdings nur, wenn ein echter Nutzen klar erkennbar ist. Beispielsweise werden Handys nicht als ständiges Kommunikationsinstrument, sondern als Retter in Notsituationen gebraucht.

Sozialer Kontakt beim Einkauf ist wichtig
Shopping Malls erfreuen sich zunehmender Beliebtheit, wenn die anfänglichen Schwellenängste abgebaut werden können und die Ladengestaltung gefällt. Ältere Konsumenten nehmen sich Zeit, das Warenangebot ausgiebig zu studieren und lassen sich gerne inspirieren. Ein anschließender Besuch eines Restaurants rundet das Einkaufserlebnis noch ab. Sehr beliebt sind aber auch gut geführte Quartiersläden, Marktstände auf Wochenmärkten, Bäckereien, Metzgereien, Bioläden und Reformhäuser. Hier ist man persönlich bekannt, wird freundlich bedient und trifft Leute aus dem Quartier. Die soziale Komponente ist beim Einkaufen nicht wegzudenken.

3 Kaufprozesse bei Konsumenten

3.1 Überblick

Im 2. Kapitel wurde erörtert, welche Merkmale von Konsumenten deren Kaufverhalten beeinflussen, bevor eine konkrete Kaufentscheidung ansteht. So verfügen Konsumenten über Wissen bezüglich verschiedener Produkte, haben Einstellungen gegenüber bestimmten Marken gebildet oder spüren Bedürfnisse. Viele dieser Faktoren werden wirksam, wenn Kaufprozesse ablaufen. Als **Kaufprozess** wird hier der gesamte Ablauf von der Entstehung eines bestimmten Bedarfs (z.B. Ersatz eines nicht mehr funktionsfähigen Kühlschranks) über die verschiedenen Arten von Entscheidungsprozessen mit Informationsaufnahme und -verarbeitung, die Auswahl eines Produkts (Kaufabsicht), das Einkaufsverhalten, die Nutzung und (spätere) Entsorgung des Produkts einschließlich des Zuwachses an Produkt-Erfahrungen, der beim Konsumenten entsteht, verstanden. Dementsprechend ist das vorliegende Kapitel gegliedert. Es beginnt mit Überlegungen zur Entstehung von Bedarf und endet mit Nachkauf-Prozessen. Im Zusammenhang mit letzteren wird vor allem die auch für die Praxis bedeutsame Fragestellung der Entstehung von Kundenzufriedenheit und Kundenbindung beachtet.

Nun sind Kaufprozesse, insbesondere Kaufentscheidungsprozesse, sehr heterogen. Der fast automatisch und schnell ablaufende Kauf von Zigaretten unterscheidet sich eben stark von dem sorgfältig abgewogenen und lange vorbereiteten Kauf eines Eigenheims. Deswegen müssen im vorliegenden Kapitel auch bestimmte Typen von Kaufentscheidungen identifiziert werden, damit Aussagen über Kaufprozesse entsprechend differenziert getroffen werden können.

Wie gesagt spielen Kaufentscheidungen nicht nur in diesem Kapitel eine wichtige Rolle. Was ist nun unter einer Kaufentscheidung zu verstehen? Die Entscheidung "Neuer Fernseher oder Unlaubsreise" oder die Auswahl zwischen verschiedenen Angeboten in einer Produktkategorie ("Fernseher Marke X oder Marke Y")? Hier wird als **Kaufentscheidung** die Auswahl eines von mehreren vergleichbaren Angeboten von Sachgütern, Dienstleistungen, Rechten oder Vermögenswerten zum freiwilligen Austausch gegen Geld bezeichnet. Dabei werden zunächst nur Kaufentscheidungen von einzelnen Konsumenten betrachtet. Gemeinsame Entscheidungen in Familien sind Gegenstand des Abschnitts 4.3.3, organisationales Kaufverhalten des 5. Kapitels. Bisher recht unscharf blieb, was unter "vergleichbaren Angeboten" zu verstehen ist.

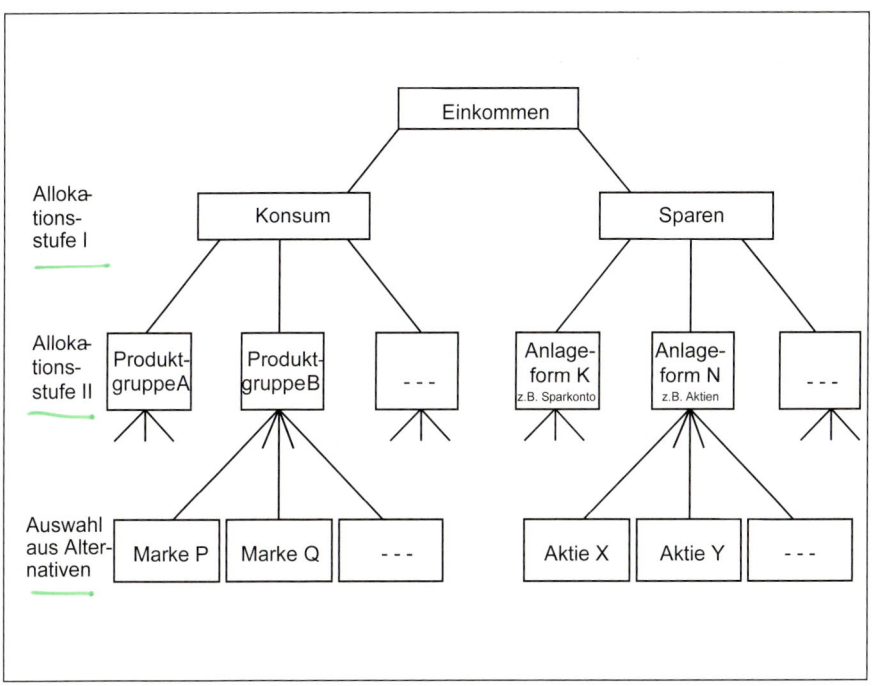

Abbildung 3.1: Ökonomische Entscheidungen in Haushalten

Zur Verdeutlichung dessen dient die Abbildung 3.1. Danach kann das einem Haushalt zur Verfügung stehende Einkommen auf für den Konsum zu verwendende und zu sparende Beträge aufgeteilt werden (Allokationsstufe I). Beim Sparen kann man sich dann beispielsweise entscheiden, Aktien oder Pfandbriefe zu kaufen. Im Bereich des Konsums ist auf dieser Allokationsstufe II die Auswahl von Produktgruppen (z.B. Bier oder Wein) anzusiedeln. Erst im nächsten Schritt, also bei der Entscheidung für eine bestimmte Marke in einer Produktgruppe oder für ein bestimmtes Wertpa pier, wird dann die hier hauptsächlich interessierende Auswahl von vergleichbaren Alternativen getroffen.

Im Folgenden konzentrieren sich die Überlegungen zu Kaufentscheidungen also auf die Auswahl zwischen Alternativen, die im Hinblick auf die relevanten (Produkt-) Eigenschaften vergleichbar sind. Für diese Einschränkung sind mehrere Gründe ausschlaggebend: Entscheidungen auf Allokationsstufe II sind weitaus komplexer als die Markenwahl innerhalb einer Produktgruppe. Das liegt vor allem daran, dass bei ersteren die Zahl der Alternativen praktisch unbegrenzt groß ist und diese Alternativen untereinander schlecht vergleichbar sind. Vor allem wegen dieser Komplexität liegen zu Entscheidungen auf der Allokationsstufe II relativ wenig theoretische und empirische Forschungsergebnisse vor. Letztlich ist im Hinblick auf die Anwendung von Ergebnissen der Konsumentenforschung für das Marketing die letzte Entscheidungsstufe am interessantesten, da Marketingaktivitäten eher auf die Konkurrenz zwischen ähnlichen Marken bezogen sind als auf grundlegende Konsumentscheidungen.

3.2 Kaufanlässe und Entstehung von Bedarf

Im vorigen Abschnitt ist schon angedeutet worden, dass man recht wenig darüber weiß, wie denn Bedürfnisse nach bestimmten Produkten entstehen. Das wird schon daran erkennbar, dass in der Literatur zur Konsumentenforschung nur wenig Material über die Entstehung von Bedarf existiert. So weist das 30-Jahres-Inhaltsverzeichnis des Journal of Consumer Research für 1974 bis 2004 keinen einzigen Artikel zu diesem Thema auf, einschlägige Lehrbücher behandeln es gar nicht oder nur auf sehr knappem Raum.

Hier kann zunächst an die Überlegungen zur Entstehung von Bedarf aus dem Abschnitt 2.3 angeknüpft werden. Dort werden externe (z.B. Marketing-Stimuli) und interne (z.B. Persönlichkeitsmerkmale) Auslöser von **Bedürfnissen** unterschieden. Solomon (2004, S. 296) ordnet die für Bedürfnisse charakteristischen Unterschiede zwischen erwünschtem und tatsächlichem Zustand zwei verschiedenen Kategorien zu:

- **Entstehung eines Mangels**, d.h. der bisherige Zustand hat sich zum negativen verändert und es ist ein Unterschied zum erwünschten Zustand entstanden (bzw. dieser hat sich vergrößert). Ein klassisches Beispiel für so entstehenden Bedarf ist der leere Tank bei einem Auto.
- **Neue Möglichkeiten**, d.h. der erwünschte ideale Zustand hat sich durch neue Produkte o.ä. verändert und damit vom tatsächlichen Zustand entfernt. Beispielsweise entsteht bei Konsumenten, die mit ihrem Fernsehgerät völlig zufrieden sind, das Bedürfnis nach einem neuen Gerät, wenn neue Technologien (z.b. Flachbildschirm, 16:9-Format) angeboten werden. Abbildung 3.2 illustriert die hier skizzierten Möglichkeiten.

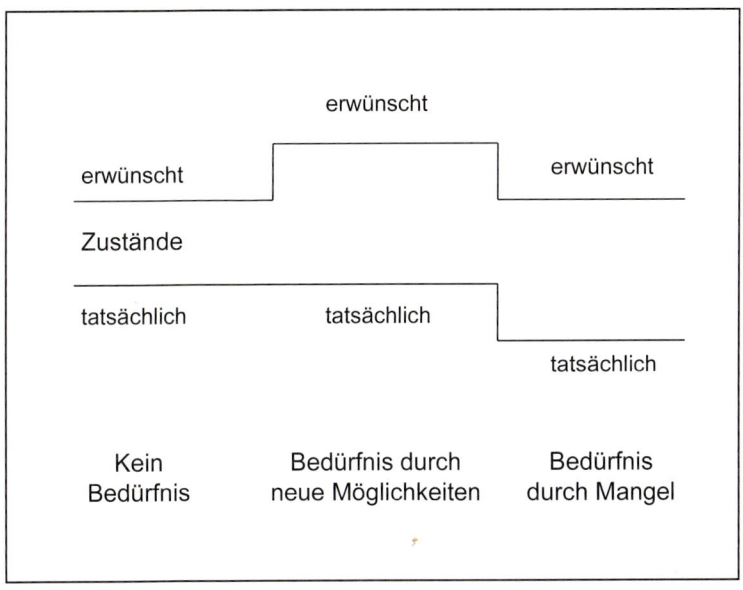

Abbildung 3.2: Entstehung von Bedürfnissen durch Veränderung von erwünschten oder tatsächlichen Zuständen
Quelle: nach Solomon 2004, S. 297

Die typischen **Kaufanlässe** wie Ersatzbedarf, Unzufriedenheit mit vorhandenen Produkten, Änderungen der Rahmenbedingungen (z.B. neue Wohnung), Einfluss von Bezugsgruppen oder neuartige Angebote lassen sich den beiden vorstehend gekennzeichneten Kategorien der Bedürfnisentstehung zuordnen. Blackwell / Miniard / Engel (2001, S. 99 f.) heben zusätzlich hervor, dass der Unterschied zwischen erwünschtem und tatsächlichem Zustand ein gewisses Ausmaß haben muss (oberhalb einer bestimmten "Schwelle" liegen muss) damit ein Bedürfnis überhaupt wahrgenommen wird (siehe Abb. 3.3). So führt eben - wie jeder leicht nachvollziehen kann - nicht jedes schwache Hungergefühl gleich zum Streben nach Nahrung.

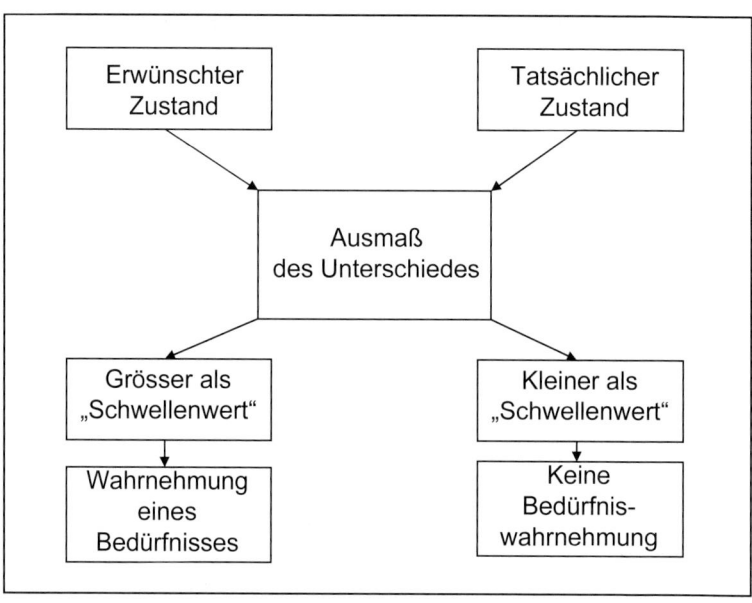

Abbildung 3.3: Bedürfniswahrnehmung in Abhängigkeit vom Unterschied zwischen tatsächlichem und erwünschtem Zustand
Quelle: Blackwell / Miniard / Engel 2001, S. 100

Wenn also ein **Bedürfnis** als hinreichend stark empfunden wird, dann ist es **Auslöser für einen Kaufentscheidungsprozess.** Dabei wird vorausgesetzt, dass der Konsument von einem entsprechenden Kauf die Befriedigung seines Bedürfnisses erwartet und dass er über die notwendigen finanziellen Ressourcen verfügt. Damit ist jetzt der gedankliche Ausgangspunkt für die in den kommenden Abschnitten folgenden Überlegungen zu Art und Ablauf von Kaufentscheidungsprozessen gegeben.

3.3 Kaufentscheidungsprozesse

3.3.1 Typologien des Entscheidungsverhaltens

3.3.1.1 Die Typologie nach Katona und Howard / Sheth

Kaufentscheidungen können höchst unterschiedlich ablaufen. Jeder kennt Entscheidungen, die in Bruchteilen von Sekunden ablaufen, aber auch solche, die wochen- und monatelang vorbereitet werden. Gelegentlich werden vielfältige Informationsquellen sorgfältig ausgewertet, in anderen Fällen werden Entscheidungen spontan und ohne nennenswerte Informationsgrundlagen getroffen. Manche Arten von Kaufentscheidungen fallen nur sehr selten an und sind für den Konsumenten sehr bedeutend, andere sind alltäglich oder werden als völlig unwichtig empfunden. Weder mit wissenschaftlichen noch mit anderen Mitteln kann man der Komplexität und Vielfalt des in der Realität auftretenden Kaufverhaltens vollständig gerecht werden. Man ist deshalb auf - teilweise recht grobe - Vereinfachungen angewiesen, um die wesentlichen Aspekte der interessierenden Verhaltensweisen verstehen zu können. Zu diesen Vereinfachungen gehören die Identifizierung und Beschreibung gewisser **Grundtypen von Kaufentscheidungen**.

Die am längsten etablierte und heute noch gängigste Typologie von Kaufentscheidungen geht auf **Katona** (1960) und **Howard / Sheth** (1969) zurück und ist später von **Weinberg** (1981) erweitert worden. Bereits um 1950 hat George Katona in einem grundlegenden Buch zur ökonomischen Verhaltensforschung, das zehn Jahre später auch in deutscher Übersetzung publiziert wurde, zwei verschiedene Arten von Kaufentscheidungen beschrieben (Katona 1960, S. 57):

"**Echte Entscheidungen** werden nur gelegentlich getroffen. Sie erfordern die Wahrnehmung einer neuen Situation und die Lösung des durch sie geschaffenen Problems; sie führen dazu, auf eine Situation in einer neuen Art und Weise zu reagieren.

Habituelles Verhalten stellt im Gegensatz dazu das übliche oder alltägliche Verhalten dar. Man tut das, was man vorher in ähnlichen Situationen auch schon getan hat. Ob wir in diesem Zusammenhang noch das Wort 'Entscheidung' gebrauchen sollten, ist im Grunde unwesentlich. Es kommt vielmehr vor allem darauf an, zu erkennen, dass der psychologische Prozess in diesem Fall ganz anders verläuft als bei einer echten Entscheidung. Routineverhalten oder die Anwendung von Faustregeln sind brauchbare Begriffe zur Umschreibung dieser zweiten Verhaltensform."

Habitualisierte Kaufentscheidungen dienen also der Vereinfachung von Kaufentscheidungen, in der Regel durch gewohnheitsmäßige Wiederholungskäufe. Sie werden vollzogen ohne nennenswerte Informationssuche und ohne die Abwägung zwischen mehreren Produkten.

Howard / Sheth haben 1969 einen bis heute einflussreichen Entwurf einer Theorie des Konsumentenverhaltens vorgelegt und darin zusätzlich einen dritten Typ von Kaufentscheidungen definiert, die **limitierte Entscheidung**. Damit sollen Käufe beschrieben werden, bei denen schon Erfahrungen aus früheren Käufen innerhalb der gleichen Produktgruppe vorliegen, aus denen wiederum mehr oder minder festgefügte Entscheidungskriterien resultieren. In der Kaufsituation müssen diese dann eben nicht mehr entwickelt (höchstens modifiziert) werden, sondern lediglich eine Auswahl aus den zur Verfügung stehenden Alternativen getroffen werden.

Man kann sich die Entwicklung von echten Entscheidungen über limitierte Entscheidungen zu habituellem Verhalten als einen **Prozess** vorstellen, der durch zunehmende Erfahrung und damit verbundene Vereinfachung des Entscheidungsproblems gekennzeichnet ist. Am Anfang steht (bei "echten" Entscheidungen) extensives Entscheidungsverhalten mit umfassenden, zum großen Teil bewusst ablaufenden Problemlösungsprozessen. Wenn schon Entscheidungskriterien entwickelt sind, dann genügt bei limitierten Entscheidungen eine geringere Informationsmenge, um eine Auswahl zu treffen. Bei stark ausgeprägtem habituellen Verhalten genügt die Wiedererkennung der bisher gekauften Marke für eine Kaufentscheidung. Abbildung 3.4 illustriert die dieser Vorstellung entsprechende Abnahme der Menge verwendeter Informationen bei gleichzeitiger Zunahme der Wahrscheinlichkeit des wiederholten Kaufs der gleichen Marke.

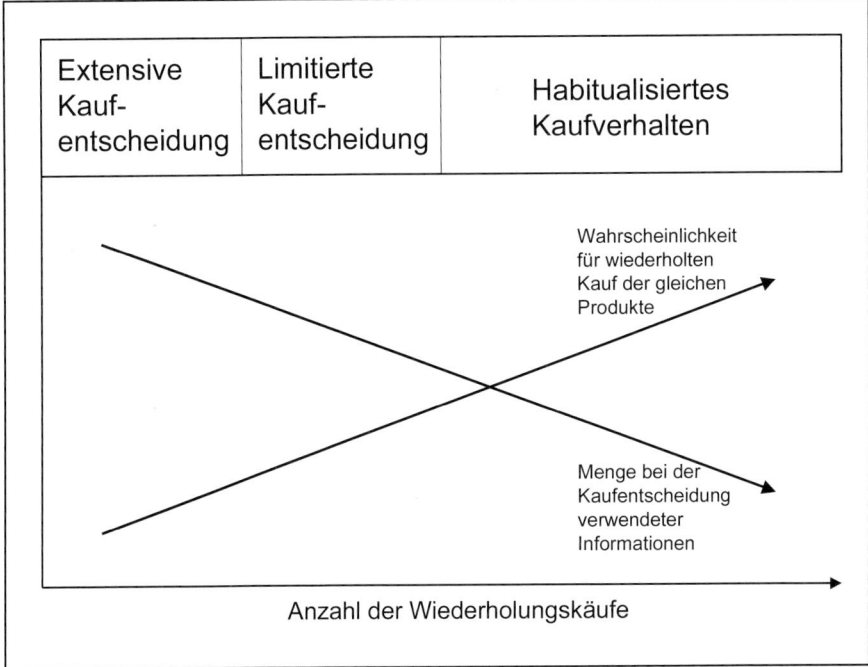

Abbildung 3.4: Veränderungen des Kaufverhaltens im Zeitablauf

Lehmann / Moore (1980) haben in einer empirischen Untersuchung die vorstehend umrissenen Vermutungen über Veränderungen des Informationsverhaltens bei Wiederholungskäufen bestätigt. Dabei ging es um die Beobachtung des Informationsverhaltens von 120 Versuchspersonen beim (simulierten) Einkauf von Brot über mehrere Wochen. In Tabelle 3.1 sind die wichtigsten Ergebnisse zusammengefasst. Die dort eingetragenen Zahlen stellen Mittelwerte (über alle 120 Versuchspersonen) der Gesamtzahl verwendeter Informationen, der Zahl betrachteter Marken und der Zahl beachteter Produkteigenschaften dar. Es ist klar erkennbar, dass - der Vermutung entsprechend - die Informationsnachfrage mit zunehmender Kauf-Erfahrung deutlich zurückgeht.

Tabelle 3.1: Anzahl beim Kauf von Brot verwendeter Informationen im Zeitablauf

Woche	Gesamtzahl verwendeter Informationen	Zahl betrachteter Marken	Zahl beachteter Produkteigen- schaften
1	17,20	4,89	4,83
2	11,81	4,33	3,89
3	10,18	3,94	3,79
4	7,33	3,33	2,99
5	6,21	3,07	2,37
6	4,25	2,36	1,81

Quelle: Lehmann / Moore 1980, S. 453

Nicht selten tätigen Konsumenten auch so genannte **Impulskäufe**. "Impulskäufe lassen sich durch ein rasches Handeln erkennen. Sie sind ungeplant, werden gedanklich kaum kontrolliert, unterliegen einer starken Reizsituation und zeichnen sich meist durch eine emotionale Aufladung aus. Man kann annehmen, dass Impulskäufe besonders häufig auftreten, wenn ausgeprägte Bedürfnisse (zumindest latent) vorliegen, der Konsument durch Reize stark stimuliert wird und keine situativen Hemmnisse die spontanen, kognitiv gering gesteuerten Kaufentscheidungen beeinträchtigen" (Weinberg 1981, S. 14).

Die Grundidee bei der Charakterisierung von Impulskäufen lässt sich anhand der Ergebnisse einer Untersuchung von Rook (1987) illustrieren, bei der insgesamt 133 Auskunftspersonen nach Impulskäufen befragt wurden. Einige charakteristische Antworten seien im Folgenden zitiert (Quelle: Rook 1987, S. 193 ff.):

"Ich sah die Eiscreme und wollte sofort welche."

"Es wird fast zur Zwangsvorstellung. Ich versuche, es zu bekommen. Irgendwie kann ich nicht warten."

"Die Hose schrie mir zu: Kauf mich!"

Zentraler Gesichtspunkt bei der vorstehend skizzierten Typologie von Kaufentscheidungen ist das Ausmaß von deren **kognitiver Steuerung**. Dabei treten natürlich sehr unterschiedliche Abstufungen auf. Die genannten vier Typen stellen in dieser Hinsicht größtenteils Extremfälle dar, die durch die Abbildung 3.5 weiter illustriert werden sollen.

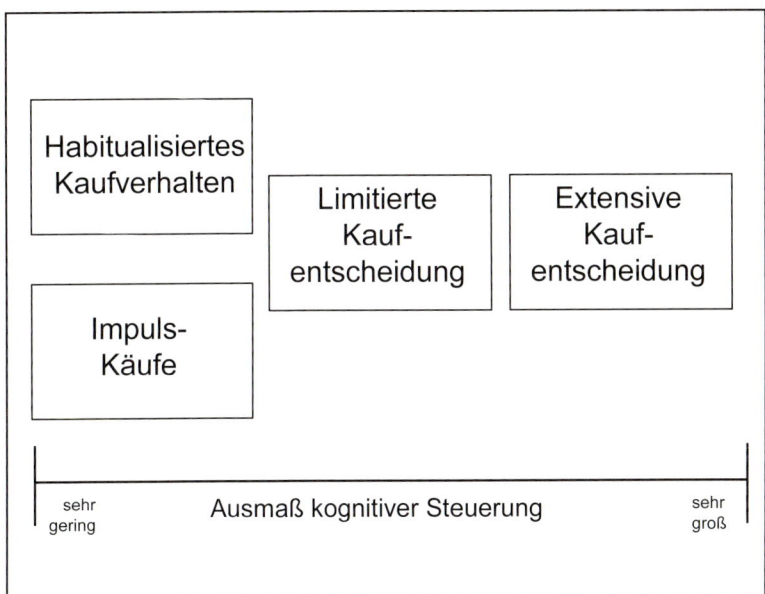

Abbildung 3.5: Ausmaß kognitiver Steuerung bei unterschiedlichen Typen von Kaufentscheidungen

Neben der vor allem auf Katona (1960) und Howard / Sheth (1969) zurückgehenden Typologie existieren in der Literatur einige weitere beachtliche Ansätze. Eine kurze Übersicht dazu findet sich bei Kuß (1987).

3.3.1.2 Eine vereinfachte Typologie

Für die weiteren Erörterungen im vorliegenden Buch reicht eine Konzentration auf zwei sehr unterschiedliche Arten von Kaufentscheidungen. Es wird von einer Gegenüberstellung von **extensiven Kaufentscheidungen** und **Routine-Entscheidungen** im weiteren Sinne (siehe unten) ausgegangen. Auf die genauere Betrachtung von limitierten Entscheidungen wird verzichtet, da deren "Mittelposition" zwischen den vorher genannten Typen durch die Erörterungen dazu hinreichend beleuchtet wird. **Extensive Kaufentscheidungen** kennzeichnen also umfassende, zum großen Teil bewusst ablaufende Problemlösungsprozesse. Abbildung 3.6 enthält eine natürlich stark vereinfachende Darstellung der Phasen eines extensiven Kaufentscheidungsprozesses.

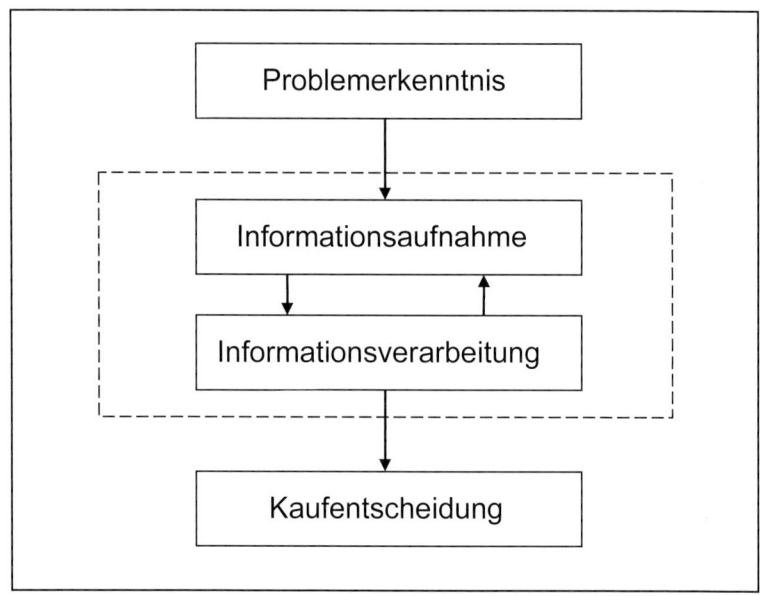

Abbildung 3.6: Phasen eines extensiven Kaufentscheidungsprozesses

Typischerweise steht am Anfang eines solchen Prozesses die **Problemerkenntnis**, hier das Entstehen eines Bedarfs (siehe dazu Abschnitt 3.2). In den nächsten beiden (eng miteinander verflochtenen) Schritten des Kaufentscheidungsprozesses finden **Informationsaufnahme und -verarbeitung** statt. Es können dabei Informationen aus verschiedenen externen Quellen (Werbung, Verkäufer, Freunde etc.) oder aus dem Gedächtnis in den Prozess einfließen. Die externe Informationsaufnahme kann ohne größeren Aufwand aus der unmittelbaren Umgebung (z.B. Packungsaufschriften, zufälliger Kontakt mit Werbung) erfolgen oder mit psychischen bzw. physischen Anstrengungen - z.B. Lektüre von Testberichten oder Besuch von Ausstellungen - verbunden sein (aktive **Informationssuche**). Die **Informationsverarbeitung** besteht vor allem in Bewertung und Vergleich der zur Auswahl stehenden Alternativen anhand der aufgenommenen Informationen. Dadurch wird auch der enge Zusammenhang von Informationsaufnahme und -verarbeitung sofort deutlich: Neue Informationen werden meist in ein Bewertungssystem eingefügt; bei Vergleichen von Produkten kann ein Informationsbedürfnis entstehen, das zu neuer Informationssuche führt. Auf die Prozesse der Informationsaufnahme und -

verarbeitung wird in Abschnitt 3.3.2 detaillierter eingegangen. Am Ende des Informationsverarbeitungsprozesses hat der Konsument Präferenzen entwickelt und trifft eine **Kaufentscheidung**.

Als charakteristisch für **Routine-Entscheidungen** im weiteren Sinne gilt gewohnheitsmäßiges oder unreflektiertes Verhalten. Sie treten vor allem auf, wenn ein Kauf für den Konsumenten keine besondere Bedeutung hat und deswegen nicht mit nennenswertem Problemlösungsaufwand verbunden ist. Der Zusatz "im weiteren Sinne" bezieht sich darauf, dass hier nicht nur wiederholte gleichartige (gleiche Produktgruppe) Entscheidungen gemeint sind, sondern auch das routinierte Verhalten von Konsumenten angesprochen wird, die laufend Kaufentscheidungen (z.B. Kauf von Lebensmitteln oder Tageszeitungen, Auswahl von Speisen in der Kantine) zu treffen haben, bei denen sie nur in relativ seltenen Fällen größeren kognitiven Aufwand treiben. Auf einige Arten von Routine-Entscheidungen, die schon recht umfassend untersucht und diskutiert worden sind, wird im Abschnitt 3.3.3 genauer eingegangen. Aus Gründen der Vereinfachung werden hier auch **Impulskäufe** den Routine-Entscheidungen zugerechnet, obwohl der für impulsives Verhalten zentrale Aspekt der starken Reizsteuerung nicht recht zu der Vorstellung routinierten Verhaltens passt.

Durch welche Faktoren wird nun das Zustandekommen einer extensiven bzw. einer Routine-Entscheidung beeinflusst? Aus der Fülle der dabei möglicherweise relevanten Gesichtspunkte werden hier vier hervorgehoben. Dabei handelt es sich um

- Involvement,
- wahrgenommene Produktunterschiede,
- Häufigkeit gleichartiger Kaufentscheidungen und
- Zeitdruck bei der Kaufentscheidung.

Das **Involvement-Konzept** ist in Abschnitt 2.6 bereits ausführlich diskutiert worden. Hier geht es hauptsächlich um die Wichtigkeit eines Produkts und der entsprechenden Kaufentscheidung für einen Konsumenten. Hohes

Involvement führt tendenziell zu extensiven Entscheidungen, geringes eher zu Routine-Entscheidungen.

Das Ausmaß des kognitiven Aufwandes bei einer Kaufentscheidung wird natürlich auch von der Größe der **wahrgenommenen Unterschiede** zwischen den zur Wahl stehenden Alternativen bestimmt. Geringe Unterschiede machen umfassende Problemlösungsprozesse meist überflüssig; große wahrgenommene Unterschiede können dazu führen, dass über extensive Informationsaufnahme und -verarbeitung eine befriedigende oder optimale Alternative gesucht wird.

Bei Kaufentscheidungen, die im Lauf der Zeit immer wieder dieselbe Produktgruppe betreffen, entsteht oftmals eine gewisse **Habitualisierung**. Man verhält sich dann so, wie man sich vorher in einer ähnlichen Situation auch schon verhalten hat. Eine Form der Habitualisierung kann darin bestehen, immer wieder die gleiche Marke zu kaufen, weil - beispielsweise durch positive Erfahrungen damit - eine Bindung an diese entstanden ist. Man spricht dann von **Markentreue**. Gelegentlich findet man auch eine Ausrichtung auf eine Teilmenge (> 1) der insgesamt angebotenen Marken, unter denen dann jeweils eine, z.B. einem Bedürfnis nach geschmacklicher Abwechslung folgend, ausgewählt wird (**variety seeking**). Eine andere Art weitgehender Habitualisierung ist die Anwendung eines einfachen Entscheidungskriteriums beim Kauf, z.B. Auswahl der jeweils am preisgünstigsten angebotenen aus einer Gruppe bestimmter in Frage kommender Marken. Mit zunehmender Häufigkeit gleichartiger Kaufentscheidungen im Zeitablauf werden tendenziell extensive Kaufentscheidungen weniger bzw. seltener notwendig.

Zeitdruck, verursacht beispielsweise durch ein eng begrenztes Zeitbudget berufstätiger Konsumenten oder durch die jeweilige Kaufsituation (z.B. Ersatzteilkauf bei einer Autopanne), führt in aller Regel zu einer Abkürzung und damit zu einer Vereinfachung des Kaufentscheidungsprozesses.

In Abbildung 3.7 sind die vorstehend erläuterten Einflussfaktoren der Art von Kaufentscheidungen zusammenfassend dargestellt. Recht plausibel ist die Vermutung, dass diese Einflussfaktoren zusammenwirken, dass also die

Wahrscheinlichkeit für das Auftreten extensiver Kaufentscheidungen bei unwichtigen, häufig auftretenden Auswahlen unter Produkten mit geringen Unterschieden bei Zeitdruck besonders niedrig ist und umgekehrt.

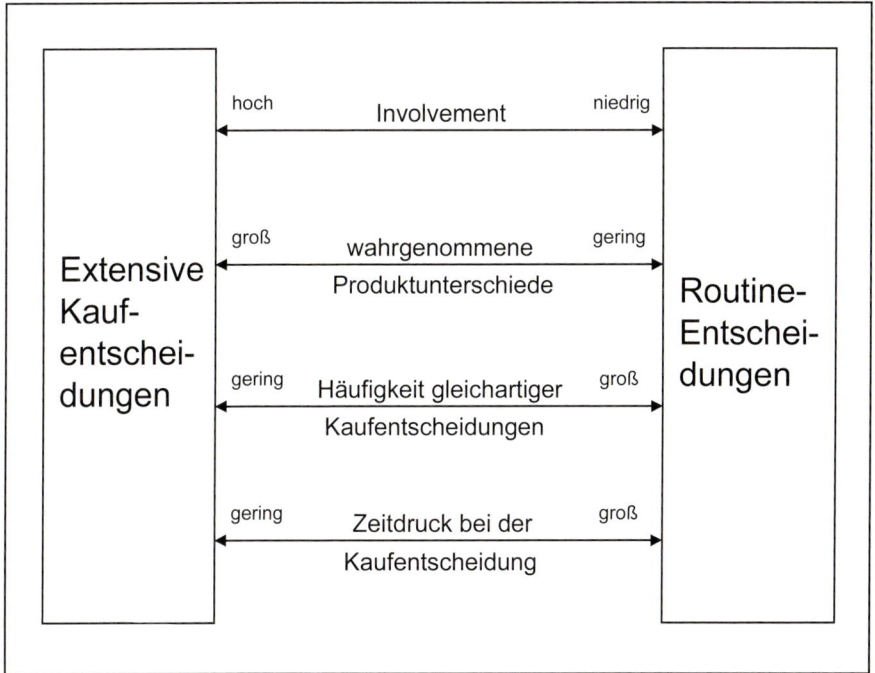

Abbildung 3.7: Einflussfaktoren der Art von Kaufentscheidungen

Das Übergewicht theoretischer und empirischer Untersuchungen liegt bei extensiven Kaufentscheidungen. Dafür dürften u.a. die folgenden Gründe eine Rolle spielen:

-   Extensive Kaufentscheidungen fügen sich besser in das von der ökonomischen Theorie geprägte traditionelle Bild eines **rational handelnden Konsumenten** als Routine-Entscheidungen ein. Der Einfluss z.B. von Emotionen ist dann auch erst in seit den 1980er Jahren in das Blickfeld der Konsumentenforscher gerückt.

- Extensive Kaufentscheidungen, die oftmals mit beobachtbaren Aktivitäten zur externen Informationsaufnahme und mit vom Konsumenten selbst wahrnehmbarer Informationsverarbeitung, über die deshalb auch berichtet werden kann, einhergehen, sind für die **empirische Forschung** eher zugänglich als z.B. Impulskäufe.

Aus der Dominanz publizierter Studien zu extensiven Entscheidungen sollte aber nicht der Schluss gezogen werden, dass sie häufiger vorkommen als andere Konsumentscheidungen oder den größten Teil der Ausgaben von Konsumenten betreffen. Die Ergebnisse zahlreicher Untersuchungen, von denen einige hier referiert seien, sprechen eher für ein relativ **seltenes Auftreten extensiver Kaufentscheidungen**.

Newman (1977) hat einige Ergebnisse zusammengestellt, die die Aufnahme **externer Informationen** (nicht im Gedächtnis gespeicherter Informationen), in Kaufentscheidungsprozessen von Konsumenten betreffen. Danach suchen normalerweise 40 bis 60 % der Konsumenten nur ein Geschäft auf, unabhängig davon, ob sie Gebrauchs- oder Verbrauchsgüter kaufen. Mindestens ein Drittel der Konsumenten nutzt selbst bei großen Anschaffungen nur eine Informationsquelle. Methodisch verschiedenartig angelegte Untersuchungen (Befragungen, Beobachtungen, Laborexperimente) zeigten übereinstimmend, dass meist nur ein kleiner Teil der erhältlichen Information genutzt wird. Häufig ist die Anzahl der in den Entscheidungsprozess einbezogenen Alternativen viel kleiner als die Gesamtzahl der auf dem Markt angebotenen vergleichbaren Produkte.

In drei älteren Untersuchungen (Katona / Mueller 1955; Newman / Staelin 1972 und Claxton / Fry / Portis 1974) zur Informationssuche beim Kauf höherwertiger Güter (Haushaltsgeräte, Automobile, Möbel), bei dem ein relativ starkes Informationsbedürfnis zu erwarten wäre, fand man bei jeweils etwa 40 % der Konsumenten nur "**geringe Informationssuche**". Katona / Mueller (1955, S. 53) fassen zusammen: "Allen Vorstellungen, dass sorgfältige Planung und Auswahl, gründliche Erwägungen der Alternativen und Informationssuche mit jedem größeren Kauf verbunden sind, widersprachen die Daten für jedes der untersuchten Haushaltsgeräte. Eher schien es so, dass große Unterschiede zwischen den Käufern bestehen und dass viele Käufe in einem Zustand der Ignoranz oder zumindest Indifferenz getätigt werden."

Olshavsky (1983) belegt seine Hypothese, dass oftmals (extensive) Entscheidungsprozesse durch **Empfehlungen anderer Personen** substituiert werden, durch verschiedene Untersuchungsergebnisse. Beispielsweise haben sogar bei einer (insbesondere in den USA mit relativ schwach ausgebildeten Systemen der sozialen Sicherung) so wichtigen Entscheidung wie der des Abschlusses einer Lebensversicherung 75 % der Befragten nur Angebote einer einzigen Gesellschaft geprüft und 71 % haben angegeben, den Empfehlungen des Versicherungsvertreters gefolgt zu sein (Formisano / Olshavsky /Tapp 1982).

Aus der Fülle von empirischen Ergebnissen zu typischen **Routine-Entscheidungen** sollen hier - als Kontrast - einige aus einer Untersuchung von Hoyer (1984) zum Kauf von Waschmitteln wiedergegeben werden. Dabei dauerte der entsprechende Auswahlvorgang im Mittel nur etwa 13 Sekunden; 72 % der beobachteten Konsumenten betrachteten nur eine einzige Packung; nur bei 26 % der Konsumenten waren Anhaltspunkte für Vergleiche zwischen verschiedenen Marken erkennbar; Regalaufschriften wurden von 89 % der Käufer überhaupt nicht beachtet.

Besonders kritisch im Hinblick auf umfassende und sorgfältige Entscheidungsvorbereitungen durch Konsumenten äußern sich Olshavsky / Granbois (1979, S. 98) auf der Grundlage einer umfassenden Literaturauswertung: "Einem erheblichen Anteil von Käufen wird vermutlich kein Entscheidungsprozess vorausgehen. Dieser Schluss bestätigt nicht einfach die vertraute Beobachtung, dass Kaufverhalten schnell Gewohnheitscharakter bekommt, indem nach den ersten wenigen Käufen keine oder geringe Anstrengungen vor einem erneuten Kauf unternommen werden. Wir nehmen an, dass für viele Käufe niemals ein Entscheidungsprozess stattfindet, noch nicht einmal beim Erstkauf." Bezeichnend ist der Titel des Artikels von Olshavsky / Granbois (1979): „Consumer Decision Making - Fact or Fiction?"

Immerhin erscheint aber die Vermutung berechtigt, dass **extensive Kauf-entscheidungen** in starkem Maße für den Konsumenten bedeutsame (z.B. wegen hoher Preise oder wegen verschiedener Risiken) oder neuartige Käufe (z.B. zur Deckung neuer Bedürfnisse oder zur Erprobung neuartiger Produkte) betreffen und deswegen eine besondere - nicht zuletzt ökonomische - Bedeutung haben.

3.3.1.3 Eine informationsökonomisch ausgerichtete Typologie

In den 90er Jahren sind in der Marketing-Wissenschaft Ansätze aufgegriffen worden, die in den 70er Jahren in der Volkswirtschaftslehre entwickelt worden sind und die sich u.a. auf Nutzen und Kosten von Informationen im Zusammenhang mit Kaufentscheidungen beziehen. Ausgangspunkt der Überlegungen ist eine Unterscheidung von **Arten der Produktqualität**, die von Nelson (1970) stammt, von Darby / Karni (1973) später erweitert und von Backhaus (1992) für den Problembereich Investitionsgüter-Marketing adaptiert wurde.

Nelson (1970) hat die Unterscheidung in "Suchgüter" und "Erfahrungsgüter" eingeführt. Kennzeichnend für **Suchgüter** ist die Möglichkeit, deren Qualität vor dem Kauf zu überprüfen. Als Beispiel nennt Nelson den Kauf von Kleidungsstücken, wobei es in aller Regel mit vertretbarem Aufwand möglich ist, deren Materialqualität, Passform etc. einzuschätzen. Bei Backhaus (1992) wird diese Güterart auch als "Inspektionsgüter" bezeichnet, weil ihre Qualität vor der Kaufentscheidung inspiziert werden kann. **Erfahrungsgüter** sind dadurch charakterisiert, dass ihre Qualität vor dem Kauf nur schwer beurteilt werden kann, sondern eher durch die Erfahrung, die man bei der Verwendung des Produkts macht, oder dass es sich nicht lohnt (z.B. bei geringwertigen Produkten), vor dem Kauf hinreichende Informationen über die Produktqualität einzuholen. Nelson (1970) nennt als Beispiel dafür den Kauf von Thunfischdosen, wobei ja die Qualitätsbeurteilung vor dem Kauf wahrlich nicht einfach ist. Hier sei es üblich und ökonomisch zweckmäßig, mehrere Sorten auszuprobieren und sich danach für eine bei späteren Käufen zu präferierende zu entscheiden.

Darby / Karni (1973) haben der vorstehend skizzierten Unterteilung eine dritte Kategorie hinzugefügt, die **Vertrauensgüter**. Deren Hauptmerkmal ist es, dass wesentliche Elemente ihrer Qualität weder vor noch nach dem Kauf zu vertretbaren Informationskosten beurteilt werden können. Kaas (1990) nennt als Beispiel dafür "biodynamisch" angebautes Obst und Gemüse, wobei der Käufer normalerweise darauf angewiesen ist, den Angaben des Verkäufers zu vertrauen.

Typisch für real existierende Produkte dürften **Überschneidungen** der drei genannten Qualitätsarten sein. So steht beim Beispiel "biodynamisches Gemüse" wohl die Vertrauensqualität im Vordergrund, die Frische des Gemüses lässt sich aber häufig anhand seines Aussehens vor dem Kauf (Inspektionsqualität) und seines Geschmacks spätestens beim Verzehr (Erfahrungsqualität) beurteilen. Auch beim Inspektionsgut Kleidung können bestimmte Erfahrungen (Haltbarkeit, Waschbarkeit etc.) erst nach dem Kauf gemacht werden.

Deswegen ist es zweckmäßig, nicht **Produkte**, sondern deren verschiedene **Eigenschaften** nach den vorstehend umrissenen Kriterien zu klassifizieren. Die verschiedenen Produkte haben also mit unterschiedlichen Schwerpunkten Sach-, Erfahrungs- und Vertrauens**eigenschaften**. Deren Kennzeichen illustriert die Abbildung 3.8.

		Zeitpunkt der Eigenschaftsbeurteilung	
		vor Kauf	**nach** Kauf
Beurteilbarkeit von Leistungseigenschaften	**möglich**	Sucheigenschaften	Erfahrungseigenschaften
	nicht möglich	Erfahrungs- bzw. Vertrauenseigenschaften	Vertrauenseigenschaften

Abbildung 3.8: Kennzeichnung von Such-, Erfahrungs- und Vertrauenseigenschaften

Quelle: Weiber / Adler 1995a, S. 59

Die Betrachtung und Kategorisierung der verschiedenen Eigenschaften von Produkten hinsichtlich der drei gekennzeichneten Dimensionen erlaubt es dann, Kaufentscheidungen je nach Anteil der drei Eigenschaftsarten differenzierter einzuordnen als es in den ursprünglichen Arbeiten von Nelson (1970) und Darby / Karni (1973) möglich war. Abbildung 3.9 illustriert diese Art der Charakterisierung von Kaufentscheidungen.

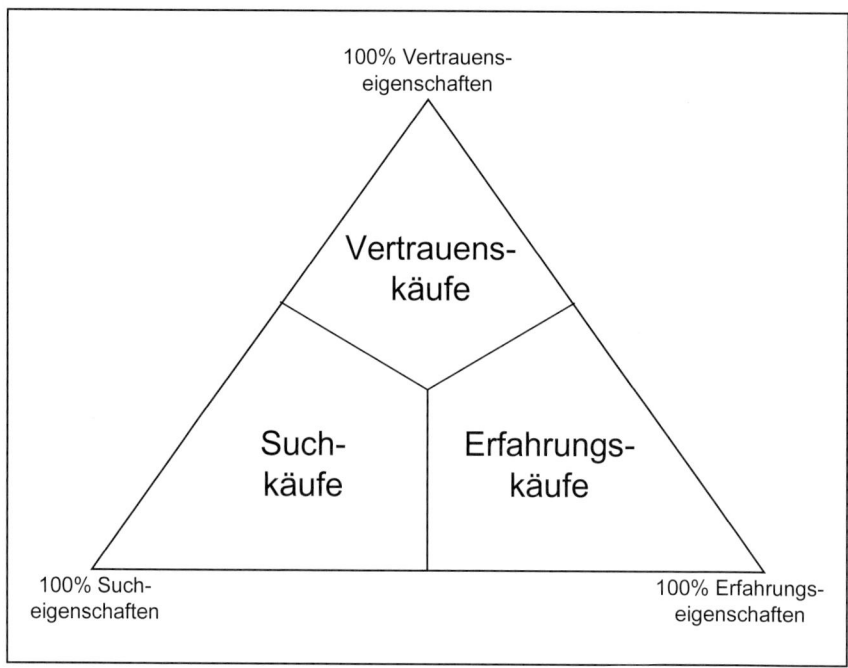

Abbildung 3.9: Positionierung von Kaufentscheidungen im informations-ökonomischen Dreieck
Quelle: nach Weiber / Adler 1995a, S.61 f.

In einer umfassenden empirischen Untersuchung haben Weiber / Adler (1995b) typische Beispiele von Produkten identifiziert, deren Kauf als Such-, Erfahrungs- oder Vertrauenskauf wahrgenommen wird. Als Beispiele seien hier genannt:

-    für **Suchkäufe**: Schuhe, Lebensmittel, Fernseher

- für **Erfahrungskäufe**: Friseurbesuch, Abenteuerurlaub, Restaurantbesuch
- für **Vertrauenskäufe**: Arztbesuch, Rechtsberatung, Medikamente

Der informationsökonomisch orientierte Ansatz hat in der internationalen Konsumentenforschung noch nicht viel Beachtung gefunden. Auf die Relevanz des Konzepts für die - zumindest die deutschsprachige - Business-to-Business-Marketingforschung ist aber schon hingewiesen worden. Darüber hinaus lassen sich aus den Spezifika der drei Arten von Produkteigenschaften direkt Ansatzpunkte für entsprechende Marketingstrategien ableiten (vgl. Adler 1998). Bei Sucheigenschaften steht die **leistungsbezogene Informationssuche** im Vordergrund. Der Kunde braucht also Möglichkeiten zum Anprobieren, zu Probefahrten, zu Kostproben etc. Bei Erfahrungseigenschaften sollte man die entstehenden Unsicherheiten durch **leistungsbezogene Informationssubstitute** (z.B. Garantien, Möglichkeiten zur Rückgabe des Produktes) reduzieren. Hinsichtlich der Vertrauenseigenschaften, wenn man also die Leistung der Produkts weder vor noch nach dem Kauf beurteilen kann, spielen **leistungsübergreifende Informationssubstitute** (z.B. Reputation des Anbieters, Referenzen, Marke) die wesentliche Rolle.

3.3.2 Extensive Kaufentscheidungsprozesse

3.3.2.1 Der Informationsverarbeitungsansatz

In Abschnitt 3.3.1.2 sind extensive Kaufentscheidungen und Routine-Entscheidungen charakterisiert worden. Dabei sollte deutlich werden, dass umfassende Informationsaufnahme und -verarbeitung das wesentliche Merkmal extensiver Entscheidungen sind, während den unterschiedlichen Arten von Routine-Entscheidungen nur in geringem Maße gedankliche Vorbereitung auf der Grundlage von Informationen vorausgeht. Deswegen ist es nahe liegend, dass das **Informationsverhalten** von Konsumenten im Mittelpunkt von Betrachtungen zu extensiven Kaufentscheidungsprozessen steht.

Der entsprechende Informationsverarbeitungsansatz hat über lange Zeit die Konsumentenforschung dominiert und ist nicht zuletzt bedeutsam hinsichtlich einiger der wichtigsten Marketinginstrumente. Besonders offenkundig ist der Zusammenhang mit der **Kommunikationspolitik**, bei der das Käuferverhalten durch vielfältige Arten der Informationsübermittlung beeinflusst werden soll. Für die Entwicklung kommunikationspolitischer Maßnahmen spielt die relative Wichtigkeit einzelner Produkteigenschaften für Kaufentscheidungen eine maßgebliche Rolle, weil sich daraus direkt Ansatzpunkte für die Gestaltung von Anzeigen, Verkaufsförderungsmitteln etc. ableiten lassen.

Der **persönliche Verkauf**, dessen Bedeutung für das Marketing in der Literatur häufig unterschätzt wird, beruht weitestgehend auf dem Austausch von Informationen zwischen Verkäufer und potentiellem Käufer. Weitz (1978) hat in einer wichtigen Untersuchung dazu die plausible Vermutung klar bestätigt, dass Verkäufer, die fähig sind, den Entscheidungsprozess ihrer Kunden besser als andere zu verstehen und durch entsprechende Informationsangebote darauf einzugehen, auch erfolgreicher sein können als andere. Immerhin wurden durch das Verständnis des Verkäufers hinsichtlich des Kaufentscheidungsprozesses des Kunden und die darauf aufbauende Entwicklung einer Verkaufsstrategie (unabhängige Variable) etwa 20 % der Varianz des Erfolgs der Verkäufer (abhängige Variable) erklärt. Schuchert-Güler (2001) kommt in ihrer Untersuchung zur Eindrucksbildung bei Verkäufern zu einem entsprechenden Ergebnis.

Im Rahmen der **Produktpolitik** spielt die Produktinnovation mit allen damit verbundenen Problemen der marktgerechten Gestaltung neuer Produkte eine bedeutende Rolle. Mit "marktgerechter Gestaltung" ist typischerweise eine Anpassung der Produkteigenschaften an die Bedürfnisse potentieller Käufer gemeint. Wenn man also feststellt, dass Informationen über bestimmte Merkmale eines Produkts große Bedeutung beigemessen wird, dann sind diese Merkmale für dessen Markterfolg offenbar besonders wichtig. Umgekehrt spielen Informationen, die weder im Entscheidungsprozess aufgenommen noch im Gedächtnis gespeichert wurden, für die Kaufentscheidung wohl keine Rolle. Die entsprechenden Produktmerkmale dürften also wenig relevant sein.

Hinsichtlich der **Preispolitik** fällt auf, dass der Preis das Produktmerkmal ist, das in den verschiedensten Studien regelmäßig als eines der wichtigsten identifiziert wird. Das verwundert insofern nicht, als der Preis wohl das einzige Merkmal darstellt, das bei allen Kaufentscheidungen eine Rolle spielt. Oftmals wird die Bedeutung des Preises noch dadurch verstärkt, dass er als Indikator für die Qualität des Produktes verwendet wird. Offenbar vereinfachen sich viele Konsumenten die mühsame Verarbeitung von Einzelinformationen hinsichtlich der Produktqualität durch den Schluss vom Preis (als "Schlüsselinformation", siehe Abschnitt 3.3.2.2) auf die Qualität (vgl. Hoyer / MacInnis 2004, S. 218).

Im Abschnitt 3.3.1.2 sind die beiden wesentlichen Komponenten der Informationsverarbeitung bei extensiven Kaufentscheidungen, die **Informationsaufnahme und -verarbeitung**, schon kurz charakterisiert worden. Diese beiden Komponenten sind Gegenstand der folgenden Abschnitte 3.3.2.2 und 3.3.2.3. Zuvor soll noch kurz charakterisiert werden, was man in diesem Zusammenhang unter einer **Information** oder **Informationseinheit** versteht. Weiterhin wird ein kurzer Hinweis auf die spezifischen Methoden bei Untersuchungen zum Informationsverhalten von Konsumenten gegeben.

Die aus der Informationstheorie bekannte Definition einer Informationseinheit ("Bit") bezieht sich auf die Informationsmenge, die nötig ist, um Gewissheit zu erhalten, welche von zwei gleich wahrscheinlichen Möglichkeiten tatsächlich eingetroffen ist. Ein **Bit** reduziert also die Ungewissheit um die Hälfte. Die Übertragung dieses Konzepts auf die Informationsaufnahme und -verarbeitung von Konsumenten erscheint allerdings als wenig aussichtsreich. Dabei ist zunächst daran zu denken, dass Produktinformationen normalerweise nicht als Bits vorliegen, sondern in wesentlich "gehaltvolleren" Einheiten angeboten werden. Beispielsweise verringert die Preisangabe bei einem Produkt die Ungewissheit über den Preis nicht nur um die Hälfte, sondern vollkommen. Daneben vermindert die Information über ein Produktmerkmal oftmals auch die (wahrgenommene) Ungewissheit hinsichtlich anderer Merkmale. Beispielsweise werden die meisten Konsumenten aus der Information, dass ein Auto weniger als € 12.000,-

kostet, schließen können, dass dieses Auto hinsichtlich der Merkmale Sicherheit, Komfort, Fahrleistungen, Lebensdauer etc. nicht zur obersten Kategorie gehört.

Hier soll deshalb ein **Informationsbegriff** verwendet werden, der an die Konzeption von Chaffee / McLeod (1973) direkt anknüpft. Ausgangspunkt der Überlegungen ist eine so genannte **Entscheidungsmatrix**, die zwei Dimensionen aufweist: "Objekte" (Alternativen) und "Attribute" (Eigenschaften). **Objekte** können in diesem Zusammenhang Sachen, Personen, Meinungen etc. sein. Entscheidungen trifft man dann dadurch, dass man z.B. eine von mehreren Personen in ein Amt wählt, sich bei einer Abstimmung einer Meinung anschließt oder, was im vorliegenden Buch natürlich im Vordergrund steht, eines von mehreren zur Auswahl stehenden Produkten kauft.

Im Zusammenhang dieses Buches steht natürlich die Auswahl aus mehreren angebotenen Produkten im Mittelpunkt. Welche bzw. wie viele Alternativen werden bei Kaufentscheidungen betrachtet? Fast immer wird nur eine Teilmenge der angebotenen **Alternativen** in den Entscheidungsprozess einbezogen. Selbst bei wichtigen Kaufentscheidungen kann man sich kaum vorstellen, dass jemand alle in einem Markt angebotenen Pauschalreisen (viele Tausend) oder Autos (mehrere Hundert) vergleicht. Ausgangspunkt ist vielmehr eine Teilmenge von bekannten und als akzeptabel angesehenen Produkten, die als „**evoked set**" bezeichnet wird. Im Prozess der Informationssuche vor der Entscheidung können dann noch weitere in Frage kommende Produkte identifiziert werden. Diese und der evoked set bilden dann den **consideration set**, auf den sich die weitere Informationssuche und -verarbeitung bezieht.

Jedes Objekt ist mit den anderen in den Entscheidungsprozess einbezogenen Objekten im Hinblick auf die jeweils relevanten **Attribute** (bei Bundestagskandidaten z.B. Parteizugehörigkeit, Alter, Geschlecht, soziale Stellung, Meinung zu verschiedenen Fragen; bei Autos z.B. Preis, Benzinverbrauch, Kofferraumgröße) vergleichbar. Jedes Feld dieser Entscheidungsmatrix, also die Information hinsichtlich einer Eigenschaft eines der Objekte, entspricht einer **Informationseinheit**. In einem hypothetischen

Bespiel könnte der Wert "8,5 Liter" also die Information sein, die dem Objekt "VW Golf" und dem Attribut "Benzinverbrauch" zugeordnet ist.

3.3.2.2 Informationsaufnahme

In einen Entscheidungsprozess fließen Informationen aus zwei "Richtungen" ein - intern gespeicherte und extern zugängliche Informationen. Interne Informationen sind aus früheren Entscheidungsprozessen, über Werbung etc. im Gedächtnis gespeichert und stehen als **Konsumenten-Wissen** zur Verfügung. Dazu sei hier auf den Abschnitt 2.2 verwiesen, in dem Wissen von Konsumenten und seine Entstehung durch Informationsverarbeitung (Drei-Speicher-Modell) erörtert wurden. Im Zusammenhang mit dem Drei-Speicher-Modell war auch berücksichtigt worden, dass über den sog. sensorischen Speicher Informationen aus der Umwelt in den Kurzzeitspeicher gelangen. Im Zusammenhang eines Kaufentstehungsprozesses geht es hier um die Suche und Aufnahme von Informationen über Preise, Produkteigenschaften, Marken etc. aus der Werbung, von Packungsaufschriften von Verkäufern usw., also die so genannte **externe Informationsaufnahme**. Diese ist Gegenstand des vorliegenden Abschnitts. Aus der Vielzahl vorliegender Untersuchungsergebnisse werden hier einige typische hervorgehoben. Eine umfassende Übersicht findet sich bei Xia / Monroe (2005).

Bei der Analyse der externen Informationsaufnahme von Konsumenten stehen folgende Fragen im Zentrum des Interesses:

- **Wie viele Informationen** werden aufgenommen?
- **Welche Informationsquellen** werden genutzt?
- **Welche Einzelinformationen** (über welche Eigenschaften welcher Alternativen aus welchen Quellen) werden verwendet?
- **In welcher Reihenfolge** werden die einzelnen Informationen aufgenommen?

Darauf wird im Folgenden eingegangen.

Wie viele Informationen werden im Kaufentscheidungsprozess aufgenommen?

Mit dieser Frage verbunden war eine lang andauernde und heftige Kontroverse der Fachwelt, die so genannte **Information-Overload-Kontroverse**. Dabei wurde eine Gegenposition zu der traditionell (nicht zuletzt in der Verbraucherpolitik) vertretenen These formuliert, dass Entscheidungen durchgängig durch eine Verbreiterung der ihnen zu Grunde liegenden Informationsbasis verbessert werden können. Ausgehend von der schon charakterisierten Begrenzung der menschlichen Informationsverarbeitungskapazität hat vor allem Jacoby (vgl. z.B. Jacoby / Speller / Kohn 1974) vermutet und empirisch belegt, dass durch diese Beschränkung bei zu großem Informationsangebot eine Verringerung der Entscheidungsqualität verursacht werden kann. Insbesondere dann, wenn Konsumenten in kurzer Zeit zu viele Informationen aufnehmen sollen, wenn also **Informationsüberlastung** auftritt, kann es vorkommen, dass sich Verwirrung einstellt oder für die Entscheidung wesentliche Aspekte nicht hinreichend berücksichtigt werden und dass damit die Entscheidungsqualität sinkt.

Diese Hypothese hat zu einer ausgiebigen Diskussion und diversen Folgeuntersuchungen geführt (vgl. dazu die Übersicht bei Payne / Bettman / Johnson 1993, S. 36 f.). Jacoby (1984) fasste die Ergebnisse in zwei Feststellungen zusammen: Die **Möglichkeit** einer Informationsüberlastung von Konsumenten, d.h. einer Verschlechterung von Entscheidungen bei sehr großem Informationsangebot, hat sich klar bestätigt. Bezüglich der Frage, welche Bedeutung Informationsüberlastung für Konsumenten normalerweise hat, verweist er auf die ganz typische Selektivität der Informationsaufnahme. "Können Konsumenten überlastet sein? Ja, sie können. Werden Konsumenten überlastet sein? Allgemein gesagt, nein. Das liegt daran, dass sie sehr selektiv hinsichtlich der Menge und Art der Informationen sind, die sie aufnehmen, und dazu neigen, dabei rechtzeitig vor einer Überlastung aufzuhören" (Jacoby 1984, S. 435). Tatsächliche Informationsüberlastung wird darum im alltäglichen Konsumentenleben nur in Ausnahmefällen auftreten. Auch bei einem zu großen Informationsangebot (z.B. bei Packungsaufschriften) wird eben nur eine kleine Teilmenge dieser Informationen genutzt, so dass keine Überlastung auftritt. Allerdings spricht der Effekt des „**Information-Overload**" deutlich gegen die politisch teilweise vertretene Regel „Je mehr Informationen, desto besser". Auf dem Wege zum umfassend informierten („mündigen") Konsumenten stößt man an die Grenze der menschlichen Informationsverarbeitungskapazität.

Vor allem seit der zweiten Hälfte der 1990er Jahre ist die Betrachtungsweise zur Informationsüberlastung von Konsumenten deutlich ausgeweitet worden und wird jetzt unter dem Begriff der **Konsumentenverwirrtheit** (consumer confusion) diskutiert. Diese wird von Walsh / Wiedmann / Hennig-Thurau (2004, S.93) definiert als „eine durch externe Stimuli ausgelöste bewusste oder unbewusste Störung der Informationsverarbeitung von Konsumenten temporärer Natur, die in ihrer Intensität durch Moderator- und Mediatorvariablen determiniert wird und die zu suboptimalen Kaufentscheidungen führen kann. Wahrgenommene Stimulusähnlichkeit, -überlastung und -unklarheit stellen die drei wichtigsten Ausprägungen von Konsumentenverwirrtheit dar." Darin sind also schon die drei Hauptgründe für Konsumenteverwirrtheit genannt, die hier noch kurz charakterisiert seien:

- *Stimulusähnlichkeit*: Hier geht es darum, dass - wegen deren Ähnlichkeit - zwischen verschiedenen Stimuli (z.B. Marken, Werbebotschaften) nicht unterschieden wird und eine „falsche" Produktbeurteilung oder -wahl daraus folgt.
- *Stimulusüberlastung*: Diese bezieht sich auf eine Informationsfülle, die vom Konsumenten in der verfügbaren Zeit nicht aufgenommen und verarbeitet werden können (siehe dazu Abschnitt 2.2.2). Der Zusammenhang zum vorstehend erörterten „Information Overload" ist bei diesem Aspekt besonders deutlich.
- *Stimulusunklarheit*: Damit wird ein Mangel an Verständnis angesprochen, der durch Komplexität (große Zahl von relevanten Aspekten) oder Unklarheit von Informationen (z.B. Widersprüchlichkeit oder uneinheitliche Verwendung von Begriffen) verursacht wird.

Konsumentenverwirrtheit kann in betriebs- und gesamtwirtschaftlicher Sicht beachtliche Konsequenzen haben. Mitchell / Walsh / Yamin (2005, S.

147 f.) nennen beispielsweise den Aufschub von Kaufentscheidungen oder abnehmende Zufriedenheit von Konsumenten.

Im Abschnitt 3.3.1.2 ist schon durch den Verweis auf diverse Untersuchungsergebnisse illustriert worden, dass die meisten Kaufentscheidungen von Konsumenten nur mit einem geringen Ausmaß externer Informationsaufnahme verbunden sind. Diese Ergebnisse wurden vor allem durch Studien, in denen sog. Prozessverfolgungstechniken zur Anwendung kamen, oftmals bestätigt (vgl. dazu Kuß 1987, S. 132 ff.). Auch dabei zeigte sich also, dass weitgehende oder gar vollständige Nutzung eines Informationsangebots durch Konsumenten den Ausnahmefall darstellt.

Wovon hängt es nun ab, wie viele Informationen bei einer Kaufentscheidung herangezogen werden, wie intensiv die Informationssuche (und -verarbeitung) also ist? Im Abschnitt 3.3.1.2 sind dazu schon Überlegungen angestellt und einige Gesichtspunkte als Einflussfaktoren identifiziert worden. Hier sollen diesen einige weitere Aspekte sowie entsprechende empirische Untersuchungsergebnisse hinzugefügt werden. Dazu wird u.a. auf die umfassende Literaturübersicht von Xia / Monroe (2005) zu diesem Thema Bezug genommen.

-   **Art und Menge bereits im Gedächtnis gespeicherter Informationen**

    Zunächst ist natürlich davon auszugehen, dass Konsumenten mit großem produktbezogenen Wissen für eine entsprechende Kaufentscheidung nur relativ wenig zusätzliche Informationen benötigen (und umgekehrt). Beispielsweise haben Punj / Staelin (1983) eine solche Beziehung für den Anwendungsbereich Automobilkauf empirisch bestätigt. Andererseits fällt es vielen Menschen leichter, zahlreiche und komplexe Informationen zu verarbeiten, wenn sie über entsprechendes Vorwissen und Expertise verfügen. Insofern kann vom Vorwissen auch eine positive Wirkung auf die Informationsnachfrage ausgehen. So ist auch die Hypothese aufgestellt und in einigen Studien empirisch bestätigt worden (z.B. Johnson / Russo 1984), dass Konsumenten mit extrem wenig bzw. extrem viel Vorwissen eher wenig Informationen für eine Kaufentscheidung nachfragen, während dieser Wert bei Konsumenten mit mittlerem Niveau des Vorwissens höher liegt. Die bei Xia / Monroe (2005, S. 110) zusammengestellten entsprechenden Ergebnisse liegen fast durchgehend auf dieser Linie.

- **Involvement, Produktwichtigkeit und wahrgenommenes Kaufrisiko**

Bei der Diskussion des Involvement-Konstrukts (siehe Abschnitt 2.6) ist bereits herausgearbeitet worden, dass eine naheliegende Konsequenz großer Wichtigkeit einer Kaufentscheidung eine entsprechend große Anstrengung bei der Vorbereitung dieser Kaufentscheidung ist. Ähnliches gilt für das **wahrgenommene Risiko** bei einer Kaufentscheidung (übrigens eines der am längsten etablierten Konstrukte der Konsumentenforschung). Wahrgenommenes Risiko wird als Funktion der mit einer Entscheidung möglicherweise verbundenen negativen Konsequenzen (z.B. gesundheitliche Schädigung durch ein Produkt, finanzielle Schädigung durch kurze Lebensdauer eines Produkts) und der Wahrscheinlichkeit für deren Auftreten angesehen. Ein nahe liegender Weg zur Reduktion des Risikos bei einer Entscheidung besteht in der Verringerung der Ungewissheit über die Konsequenzen einer Entscheidung durch Suche nach relevanten Informationen. Während der positive Zusammenhang zwischen Involvement und Informationsnachfrage meist empirisch bestätigt wurde (vgl. Xia / Monroe 2005, S. 114) sind die Ergebnisse bezüglich der Auswirkungen wahrgenommenen Risikos auf die Informationsnachfrage eher uneinheitlich (vgl. Gemünden 1985; Xia / Monroe 2005, S. 109 f.)). Letzteres Ergebnis mag dadurch zu erklären sein, dass es außer der Informationssammlung auch noch andere Möglichkeiten zur Risikoreduktion gibt, beispielsweise die Ausrichtung auf "bewährte" Marken.

Empirische Ergebnisse, die sich auf den Zusammenhang einiger ähnlicher Konstrukte (Produktwichtigkeit, Produktpreis, soziale Sichtbarkeit des Produkts) mit der Menge nachgefragter Informationen beziehen, zeigen wieder einen ziemlich einheitlichen positiven Zusammenhang (vgl. Xia / Monroe 2005, S. 109 f.).

- **Komplexität der Entscheidung (Anzahl betrachteter Alternativen und relevanter Produkteigenschaften, Produktunterschiede)**

  Allgemein steigt die Informationsnachfrage bei Zunahme zur Auswahl stehender Alternativen, größerer Zahl relevanter Produkteigenschaften und/ oder größerer Unterschiede zwischen den Produkten (vgl. Xia / Monroe 2005, S. 106). Andererseits führt aber die Begrenzung der menschlichen Informationsverarbeitungskapazität (vgl. Abschnitt 2.2.2) bei absolut wachsender Informationsnachfrage zu einer Verringerung der Ausschöpfung des Informationsangebots.

- **Kognitive Fähigkeiten des jeweiligen Konsumenten**

  Recht plausibel (und u.a. von Capon / Davis 1984 empirisch bestätigt) ist auch der positive Zusammenhang von kognitiven Fähigkeiten einer Person (z.B. Intelligenz) und Nachfrage nach Informationen. Dazu passt auch der weitgehend bestätigte Zusammenhang zwischen (höherer) Bildung und Informationsnachfrage (vgl. Xia / Monroe 2005, S. 113). Dabei ist aber zu beachten, dass es seit den 1990er Jahren Informationsangebote im Internet gibt, die die Suche nach bestimmten Produkten oder Informationen unterstützen (z.B. durch die Auswahl der preisgünstigsten Anbieter) und somit den Nutzer kognitiv entlasten.

- **Aufwand für die Informationsbeschaffung (Zeit, Geld, Anstrengungen) und deren erwarteter Nutzen**

  Viele Arten der Informationsbeschaffung erfordern verschiedenartigen Aufwand wie Fahrtkosten, Zeit für Beratung, Parkgebühren, Mühe bei der Lektüre von Warentests etc. Andererseits kann der Nutzen von Informationen im Hinblick auf bessere Entscheidungen höchst unterschiedlich sein. Allgemein wird davon ausgegangen, dass Informationsnachfrage stattfindet, wenn der erwartete Nutzen größer ist als der dafür nötige Aufwand, was allerdings schwer zu operationalisieren ist.

Welche Informationsquellen werden genutzt?

Nach der inzwischen schon „klassischen" Untersuchung von Beales u.a. (1981) kann man drei Arten von Informationsquellen für Konsumenten unterscheiden:

- Direkte Betrachtung/ Untersuchung durch den Konsumenten selbst,
- neutrale Dritte, also Personen oder Institutionen, die keine Vor- oder Nachteile von der Entscheidung des Konsumenten haben, sowie
- anbieterbestimmte Informationsquellen, also Personen oder Institutionen, die Vorteile von der Beeinflussung des Konsumenten durch Informationen erwarten.

Die **direkte Betrachtung** angebotener Produkte liefert z.B. dem Autokäufer bei einer Probefahrt Informationen über Fahrleistung oder Sitzkomfort. Bei "**neutralen Dritten**" kann es sich einerseits um Freunde, Kollegen etc., von denen sich der Konsument Produktwissen und -erfahrungen übermitteln lässt, oder andererseits um spezielle Institutionen zur Beratung von Konsumenten handeln. Typische Beispiele für die letztere Kategorie sind die Stiftung Warentest, Verbraucherzentralen oder neutrale Berater im Bereich Finanzen/ Versicherungen. Musterbeispiele **anbieterdominierter Informationsquellen** stellen das Verkaufspersonal oder das Werbematerial von Anbietern dar. Von diesen Quellen werden natürlich in erster Linie Informationen übermittelt, die einzelne Produkte besonders positiv erscheinen lassen, z.B. durch einseitige Darstellung oder Auswahl positiv wirkender Gesichtspunkte. Diese Art von Informationen ist für den Konsumenten normalerweise besonders leicht zugänglich, da sie von den Anbietern an ihn herangetragen werden. In Abbildung 3.10 finden sich Beispiele für die drei genannten Arten von Informationsquellen, die noch zusätzlich nach den Informationswegen (persönlich oder über Medien) unterteilt sind.

Art der Informationsquelle \ Informationsweg	persönlich	über Medien
direkte Betrachtung/ Untersuchung	Probefahrt beim Autokauf, Weinprobe	————
neutrale Dritte	Empfehlung von Bekannten	Bericht der Stiftung Warentest („test")
anbieterbestimmte Informationsquellen	Verkäufer	Werbung, Prospekt

Abbildung 3.10: Beispiele für unterschiedliche Arten von Informationsquellen

Bestimmungsfaktoren für die Auswahl von Informationsquellen können u.a. sein:

- **Art der gewünschten Information**
  Preisinformation bekommt man am präzisesten vom Anbieter, Informationen zur Produktqualität eher von neutralen Quellen.

- **Entwicklungsstufe des Marktes**
  Bei neuartigen Produkten ist man oftmals auf Herstellerinformationen angewiesen; in "älteren" Märkten mit seit längerem etablierten Produkten kann man eher auf den Rat von Bekannten oder in neutralen Quellen publizierte Informationen zugreifen.

- **Vorwissen von Konsumenten**
  Je geringer der Informationsstand von Konsumenten bei (wichtigen) Kaufentscheidungen ist, desto stärker werden Informationen und Empfehlungen von neutralen Dritten in Anspruch genommen (Hoyer / Mac Innis 2004, S. 210)

Durch die weiter zunehmende Bedeutung der Internet-Nutzung ist nicht nur ein zusätzliches Angebot von Konsumenten-Informationen hinzugekommen, bei dem allerdings nicht immer eindeutig erkennbar ist, ob Informationen anbieterbestimmt oder neutral sind, es kommt dadurch auch zu einer qualitativen Veränderung in diesem Bereich. Barwise / Elberse / Hammond (2002) heben in dieser Hinsicht die folgenden Aspekte hervor:

- Schneller, billiger und stärker auf die jeweiligen Bedürfnisse abgestimmter Informationszugang als bei anderen Medien
- Starke Reduzierung der Kosten der Informationssuche (Zeit, Anfahrtswege etc.) und Entscheidungsunterstützung durch entsprechende Software (z.B. Sortierhilfen)
- Grenzenloser Zugang zu weltweit vorhandenem Informationsangebot
- Zugang zu Informationen jederzeit und in fast jeder Situation (zu Hause, am Arbeitsplatz, unterwegs)

Durch das Internet ist auch die Möglichkeit zum Informationsaustausch von Konsumenten untereinander dramatisch gewachsen, was früher am ehesten im persönlichen Umfeld (Kollegen, Freunde etc.) möglich war. Heute gibt es zahlreiche **Online-Communities**, die sich auf unterschiedlichste Themen einschließlich des Interesses für bestimmte Produkte beziehen, und den Teilnehmern einen Ländergrenzen überschreitenden umfassenden Informationsaustausch ermöglichen.

Welche Einzelinformationen werden aufgenommen?

Zur Art der in Kaufentscheidungsprozessen aufgenommenen Informationen lassen sich wenig generelle Aussagen machen, da die jeweils relevanten Informationsarten von der Produktgruppe, innerhalb derer eine Auswahl getroffen wird, in starkem Maße abhängen. Beim Kauf von Zahnpasta spielen eben andere Produkteigenschaften eine Rolle als beim Kauf eines Eigenheims. Zwei Gesichtspunkte haben eine gewisse Allgemeingültigkeit:

Die wohl einzige Art von Informationen, die bei allen Kaufentscheidungen eine Rolle spielen kann und in der Regel auch spielt, ist der **Preis**. Es zeigt sich auch in vielfältigen Untersuchungen, dass der Preis meist zu den am stärksten beachteten Informationen über ein Produkt gehört.

Eine zweite Art von stark nachgefragten Informationen hat etwas allgemeineren Charakter. Es handelt sich um die so genannten **Schlüsselinformationen**. Darunter versteht man eine Art von Informationen, die dadurch als besonders "gehaltvoll" gelten, dass in ihnen mehrere Einzelinformationen zusammengefasst sind. Als typische Beispiele für derartige Schlüsselinformationen seien hier genannt:

- **Markennamen**, mit denen häufig Erfahrungen oder Wissen verbunden werden,
- **Testergebnisse** der Stiftung Warentest (z.B. "sehr gut"), in denen diverse Urteile hinsichtlich einzelner Produkteigenschaften zusammengefasst werden,
- **Produktpreise**, die häufig als Qualitätsindikator angesehen werden, und
- **Herkunftsbezeichnungen**, die Hinweise auf Qualität und sonstige Eigenschaften von Produkten geben (z.B. Messer aus Solingen, Wein aus Burgund).

Derartige verdichtete Informationen ersparen häufig extensivere Informationssuche vor Kaufentscheidungen und kommen insofern der beschränkten menschlichen Informationsverarbeitungskapazität und dem verbreiteten Bedürfnis nach kognitiver Vereinfachung von Entscheidungsprozessen entgegen. Dementsprechend ist in diversen empirischen Untersuchungen bestätigt worden, dass die Informationsnachfrage sinkt, wenn vor einer Entscheidung Schlüsselinformationen zur Verfügung stehen (vgl. Bleicker 1983, S. 17 ff.).

Einige Anhaltspunkte sprechen dafür, dass **negative Informationen** - also Informationen über Nachteile oder Gefahren bestimmter Produkte - besonders wirksam sind, weil Verbraucher dadurch gewarnt und auf mögliche Risiken aufmerksam werden. So haben Jacoby u.a. (2002) an Hand der Beispiele CD-Player, Radiowecker und Kühlschrank festgestellt, dass negative Produktinformationen, die auf positive Informationen folgten, sich etwa fünf Mal stärker auf die Einstellung zu einem Produkt auswirkten als positive Informationen. Bei einer eher positiven Einschätzung eines Produkts haben negative Informationen also besonders starken Einfluss.

Erfahrungen aus Fällen gesundheitsschädlicher oder ökologisch bedenklicher Produkte bestätigen diesen Befund.

In welcher Reihenfolge werden die einzelnen Informationen aufgenommen?

Die Frage nach der Reihenfolge der Informationsaufnahme mag auf den ersten Blick als irrelevant erscheinen, erweist sich aber insbesondere im Hinblick auf die **Informationsverarbeitung** als bedeutsam.

Zunächst ist darauf hinzuweisen, dass neben der Häufigkeit auch die Reihenfolge der Nutzung bestimmter Informationen ein Indikator für deren seitens des Konsumenten **wahrgenommene Wichtigkeit** sein kann. Viele Menschen neigen eben dazu, auf die für sie wichtigsten Produktmerkmale zuerst zu achten. Deswegen können aus derartigen Untersuchungen auch für das Marketing (z.B. Produktgestaltung, Werbung) ganz praktische Konsequenzen abgeleitet werden.

Die Reihenfolge der Informationsaufnahme gibt auch Einblick in den in wissenschaftlicher und anwendungsorientierter Sicht besonders interessanten "Kernbereich" des Entscheidungsprozesses, die Informationsverarbeitung, also die Phase, in der u.a. Alternativen verglichen, Kriterien entwickelt und Bewertungen vorgenommen werden. Vorgehensweisen bei der Informationsverarbeitung spiegeln sich typischerweise in korrespondierenden Strategien der Informationsaufnahme wider. Beispielsweise deutet ein **alternativenweises Vorgehen** bei der Informationsaufnahme, also eine Betrachtung mehrerer Eigenschaften derselben Alternative nacheinander, darauf hin, dass der Betreffende vor einer Entscheidung nacheinander Urteile über die einzelnen Alternativen bildet.

Ein **attributweises Vorgehen** (Betrachtung der gleichen Eigenschaft bei mehreren Alternativen nacheinander) könnte einer Informationsverarbeitungsstrategie zu Grunde liegen, bei der im Hinblick auf wesentliche Eigenschaften nicht in Frage kommende Produkte nach und nach aussortiert werden. Es deutet sich also an, dass die Diskussion der Reihenfolge der Informationsaufnahme in enger Verbindung zur Informationsverarbeitung steht, auf die im folgenden Abschnitt genauer eingegangen werden soll.

3.3.2.3   Informationsverarbeitung

Die Beschränkung der menschlichen Informationsverarbeitungskapazität ist im vorliegenden Buch schon mehrfach hervorgehoben worden. Diese hat zur Konsequenz, dass auch für extensive Kaufentscheidungen selektive Informationsaufnahme und -verarbeitung typisch sind. Allenfalls in seltenen Ausnahmefällen findet eine (annähernd) vollständige Auswertung aller erhältlichen Informationen mit dem Ziel einer optimalen Entscheidung statt. Normalerweise ist auch bei extensiven Entscheidungen eher die Anwendung so genannter **Wahlheuristiken** üblich, die von Bettman (1979, S. 176) auch als "Daumenregeln" bezeichnet werden.

Eine Charakterisierung der verschiedenen Wahlheuristiken anhand bestimmter Kriterien (s.u.) geht auf Wright (1975) zurück und ist von Bettman (1979, S. 176 ff.) und später von Bettman / Johnson / Payne (1991) erweitert worden. Danach lassen sich die verschiedenen Heuristiken durch folgende Merkmale kennzeichnen und abgrenzen:

- **Kompensatorisch oder nichtkompensatorisch**

Kompensatorische Heuristiken basieren auf der Annahme, dass Nachteile einer zur Auswahl stehenden Alternative hinsichtlich einzelner Eigenschaften durch Vorteile bei anderen Eigenschaften kompensiert werden können (Beispiel: "Auto X ist teuer, hat aber einen hohen Wiederverkaufswert"). Dagegen kann bei nichtkompensatorischen Modellen die Schwäche einer Alternative im Hinblick auf eine Eigenschaft schon dazu führen, dass jene nicht gewählt wird (Beispiel: "Auto X hat nur einen kleinen Kofferraum und kommt deswegen nicht in Frage").

- **Alternativenweises oder attributweises Vorgehen**

Bei alternativenweisem Vorgehen werden alle relevanten Eigenschaften einer Alternative (eines Produkts) betrachtet bevor die nächste Alternative mit ihren Eigenschaften herangezogen wird. Attributweises Vorgehen bedeutet dagegen (wie die Bezeichnung ja schon erahnen lässt), dass die in Frage kommenden Alternativen im Hinblick auf ein Attribut (z.B. den Preis) verglichen (und gegebenenfalls aussortiert) werden bevor das nächste Attribut verwendet wird.

- **Quantitative oder qualitative Verarbeitung der Einzel-Informationen**

Als quantitativ werden Heuristiken bezeichnet, bei denen Rechenoperationen unterstellt werden, beispielsweise die additive Zusammenfassung von Einzel-Bewertungen zu einem Gesamturteil über ein Produkt oder die Gewichtung von Einzel-Bewertungen (also deren Multiplikation mit Gewichtungsfaktoren). Mit qualitativer Verarbeitung sind einfache Vergleiche von Informationen gemeint.

- **Bildung eines Gesamturteils über jede Alternative (Ja oder Nein?)**

Bei manchen Heuristiken wird unterstellt, dass jede Alternative bewertet und dann diejenige mit dem günstigsten Ergebnis ausgewählt wird. Andere Heuristiken legen einen (Aus-)Sortiervorgang zugrunde, bei dem einzelne Alternativen aus dem Entscheidungsprozess schon ausgeschieden werden, wenn sie bestimmten Minimalanforderungen bei einem Attribut nicht entsprechen. Hier kommt also kein Gesamturteil zustande und die letztendlich ausgewählte Alternative muss nicht unbedingt die im Hinblick auf alle relevanten Eigenschaften beste sein.

Auf den folgenden Seiten werden die in der Konsumentenforschung gängigsten Entscheidungsheuristiken dargestellt und anhand der vorstehend skizzierten Merkmale gekennzeichnet. Dabei werden (soweit möglich) Beispiele zur Illustration verwendet, die Untersuchungen von John Payne (1976) bzw. Richard Olshavsky (1979) zu Kaufentscheidungen von Konsumenten entnommen sind. Bei Payne (1976) ging es um die Auswahl eines zu mietenden Apartments, bei Olshavsky (1979) ebenfalls um die Auswahl eines Apartments und außerdem die Entscheidung für einen Stereo-Receiver.

Die aufgeführten Beispiele sind Auszüge aus verbalen Protokollen (s.u.), die für diese Untersuchungen angefertigt wurden. Dabei ist jeweils angegeben, von welcher Versuchsperson (Nummer oder Buchstabe) das Protokoll stammt. Auch eine Nummerierung der einzelnen gedanklichen Schritte wurde von den entsprechenden Autoren vorgenommen.

Die hier angewandte Methode der **verbalen Protokolle** wird auch als "Methode des lauten Denkens" bezeichnet, wodurch ihr Wesen schon weitgehend charakterisiert ist. Sie unterscheidet sich von den gängigen Befragungsverfahren vor allem dadurch, dass während eines Entscheidungsprozesses von der jeweiligen Versuchsperson (möglichst) alle verwendeten Informationen, Schlussfolgerungen, Zwischenentscheidungen etc. laut ausgesprochen und (auf Tonband) aufgezeichnet werden.

Die (allerdings recht aufwändige) Auswertung solcher Protokolle liefert umfassende Wiedergaben der untersuchten Entscheidungsprozesse. Weitere Angaben zu verbalen Protokollen findet man u.a. bei Payne / Bettman / Johnson (1993, S. 144 ff.). Zu den anderen bei der Untersuchung von Entscheidungsprozessen häufig verwendeten Methoden, die Information Display Matrix und die Blickregistrierung, wird hier auf Jacoby / Jaccard u.a. (1987) und Kuß (1987, S. 76 ff.) bzw. auf Kroeber-Riel / Weinberg (2003, S. 264 ff.) verwiesen.

Linear kompensatorische Heuristik

Bei der linear kompensatorischen Heuristik werden alle zur Auswahl stehenden Alternativen einzeln (**alternativenweises Vorgehen**) hinsichtlich der relevanten Eigenschaften bewertet. Die Einzelbewertungen werden dann additiv zu einem Gesamturteil über eine Alternative verknüpft (**quantitative Verarbeitung**). Die Alternative, der dabei der höchste Wert zugeordnet wird, gilt als die beste und wird präferiert. Mit dieser Heuristik ist also eine direkte **Bewertung jeder Alternative** verbunden. In der Regel werden die Einzelbewertungen vor der Verknüpfung zu einem Gesamturteil noch entsprechend der subjektiv wahrgenommenen Wichtigkeit der jeweiligen Merkmale gewichtet. Auf die enge Verwandtschaft des linear kompensatorischen Modells mit dem für die Einstellungsforschung (siehe dazu Abschnitt 2.5.1) wichtigen Fishbein-Modell sei hier hingewiesen.

Bettman / Johnson / Payne (1991) merken an, dass man beim linear kompensatorischen Modell (sie nennen es der "Weighted Additive Rule") nicht mehr von einer die Entscheidung vereinfachenden Heuristik sprechen kann, wenn **alle** Alternativen und **alle** relevanten Eigenschaften in den Auswahlprozess einbezogen werden. Diese Autoren weisen auch auf eine Variante des linear kompensatorischen Modells hin, die sog. "Equal Weight Heuristic", bei der auf die Annahme einer Gewichtung der Einzelbewertungen verzichtet wird.

Beispiel für die linear kompensatorische Heuristik

Entscheidung: Miete eines Apartments
A 24: O.K., Die Entscheidung liegt jetzt zwischen den beiden Mietpreisen
A 25: in Übereinstimmung mit den anderen Qualitäten
A 26: Nun hat Apartment A den Vorteil,
A 27: weil der Geräuschpegel dort niedrig liegt
A 28: und die Küchenausstattung gut ist,
A 29: obwohl die Miete $ 30,- höher liegt als bei B.

Quelle: Payne (1976. S. 378); Auszug aus dem verbalen Protokoll von
      Versuchsperson A

Additive Differenzheuristik

Bei der additiven Differenzheuristik werden Paarvergleiche von Alternativen dergestalt durchgeführt, dass die Paare hinsichtlich der verschiedenen relevanten Eigenschaften (**attributweises Vorgehen**) verglichen und die Differenzen der Einzelbewertungen festgehalten werden. Diese Differenzen können mit der subjektiv wahrgenommenen Bedeutung der verschiedenen Eigenschaften gewichtet und dann additiv zusammengefasst werden (**quantitative Verarbeitung**). In Abhängigkeit vom Vorzeichen des Ergebnisses wird die eine oder die andere Alternative präferiert. Da sich Vor- und Nachteile ausgleichen können, handelt es sich um eine **kompensatorische** Heuristik. Die sich ergebenden Gesamturteile sind immer nur relativ, also bezogen auf die jeweils andere Alternative.

Der skizzierte Prozess des Paarvergleichs kann mehrmals nacheinander durchgeführt werden, um aus einer größeren Zahl von Alternativen eine auszuwählen. Dabei wird die in einem Paarvergleich bessere Alternative in einem nächsten Vergleich einer weiteren verbliebenen Alternative gegenübergestellt. Auf diese Weise soll die beste der zur Verfügung stehenden Alternativen ausgewählt werden.

Beispiel für die additive Differenzheuristik

Entscheidung: Miete eines Apartments
B 172: Also, diese beiden (A und B) werden ausgeschieden
B 173: und zwischen diesen beiden (J und H) wird entschieden.
B 174: O.K., die Küchenausstattung bei H ist gut.
B 175: Bei J ist sie recht gut.
B 176: Das ist für mich gleichgültig.
.
B 186: Die Einstellung des Vermieters ist bei J besser als bei H.
B 187: Und das ist wichtig.
.
B 190: Ruhe in den Räumen.
B 191: Bei H ist das gut.
B 192: Bei J ist es recht gut.
B 193: Und das ist in etwa gleich.
B 194: Die Mieten sind gerade etwa gleich.
B 195: In beiden ist die Sauberkeit gering.
B 196: in J sind die Räume größer.
B 197: Also ich glaube, dass J besser sein wird.

Quelle: Payne (1976, S. 379/380); Auszug aus dem verbalen Protokoll von
Versuchsperson B

Attribut-Dominanzheuristik

Die Attribut-Dominanzheuristik kann man sich als Vereinfachung des
additiven Differenzmodels vorstellen. Hier werden nicht Abstände der
betrachteten zwei Alternativen hinsichtlich verschiedener Eigenschaften im
Kalkül verwendet, sondern nur noch ordinale Paarvergleiche vorgenommen. Es wird also lediglich beachtet, ob die eine oder die andere Alternative bezüglich einer Eigenschaft überlegen ist. Ein Weg, auf dieser Grundlage eine Präferenz für eine der Alternativen zu bilden, besteht darin, einfach
abzuzählen, bei welcher die Mehrheit der Vorzüge liegt. Bettman Johnson
/ Payne (1991) sprechen deshalb von der "Majority of Confirming Dimen-

sions Heuristic". Die anderen Merkmale des Attribut-Dominanzmodells entsprechen denen des Additiven Differenzmodells.

Beispiel für die Attribut-Dominanzheuristik

Entscheidung: Auswahl eines Stereo-Receivers

4-14: So jetzt bin ich soweit, Nr. 4 und Nr. 8 zu vergleichen, die beide etwa den gleichen Preis haben. Nur 4 kostet $ 211 und Nr. 8 $ 236

4-15: Beide haben sehr gute Empfindlichkeit

4-16: Mittelwellen-Störunterdrückung ist besser bei Nr. 8

4-17: Trennschärfe ist besser bei Nr. 4, Empfangsleistung ist gleich, Unterdrückung von Störungen durch Flugzeuge ist gleich, Einstellgenauigkeit ist gleich, Verzerrungsfreiheit ist gleich, Sicherheit gegen Überlastung, Frequenzgang ist gleich, es sieht aus, als ob Nr. 8 eine bessere Störfreiheit, aber schlechtere Klangkontrolle hat.

4-18: Nun sehe ich nochmals nach, was Klangkontrolle ist.

4-19: Klangkontrolle wird bei Nr. 8 nur als recht gut eingestuft.

4-20: Das wirkt ziemlich wichtig. Hier wird gesagt, dass es dröhnt, wenn sie nicht funktioniert, wie sie soll. Ich glaube, das wird sehr wichtig sein.

4-21: Aber blicken wir zurück zu den anderen Unterschieden.

4-22: Nr. 8 ist besser beim Mittelwellen-Empfang. Ich weiß nicht, wie wichtig das wirklich ist.

4-23: Es hängt davon ab, ob viele Sender im Empfangsgebiet sind.

4-24: $ 211 für einen ist besser.

4-25: Insgesamt ist Nr. 4 besser als Nr. 8.

Quelle: Olshavsky (1979, S. 309); Auszug aus dem verbalen Protokoll der Versuchsperson 4

Konjunktive Heuristik

Bei der konjunktiven Heuristik wird für jede relevante Eigenschaft ein akzeptables Minimal-Niveau festgelegt. Jede Alternative, die den so bestimmten Anforderungen nicht bei allen Merkmalen entspricht, wird aus dem Entscheidungsprozess ausgeschieden. Deswegen ist diese Heuristik **nicht kompensatorisch**. Es wird auch **kein Gesamturteil** gebildet; das Vorgehen ist **alternativenweise**. Es kann vorkommen, dass nach der Untersuchung aller wichtigen Eigenschaften noch mehrere akzeptable

Alternativen übrigbleiben. Häufig wird angenommen, dass bei einer solchen Vorgehensweise die erste Alternative gewählt wird, die hinsichtlich aller Anforderungen zufriedenstellend ist, und dann der Auswahlprozess abgebrochen wird.

Beispiel für die konjunktive Heuristik

Entscheidung: Miete eines Apartments

.

A 162: Appartement E.
A 163: Die Miete für Appartement E beträgt $ 140,-,
A 164: was ein günstiger Wert ist.
A 165: Der Geräuschpegel bei diesem Appartement ist hoch.
A 166: Das würde mich hier schon fast abschrecken.
A 167: Ah, ich mag nicht, wenn es laut ist.
A 168: Und wenn es laut ist, muss es ziemlich schlimm sein.
A 169: Das heißt, du kannst nicht schlafen.
A 170: Ich werde das jetzt gleich beiseite legen. Ich werde das weiter nicht ansehen,
A 171: obwohl die Miete günstig ist.

Quelle: Payne (1976, S. 374/375); Auszug aus dem verbalen Protokoll der Versuchsperson A

Lexikographische Heuristik

Man geht bei der lexikographischen Heuristik davon aus, dass zunächst alle beachteten Eigenschaften in eine ihrer Bedeutung entsprechenden Rangfolge gebracht werden. Dann beginnt die Beurteilung durch einen Vergleich aller Alternativen bezüglich des ersten (wichtigsten) Merkmals (**attributweises Vorgehen**). Die dabei am besten abschneidende Alternative wird gewählt, unabhängig von den Ausprägungen der anderen (weniger wichtigen) Eigenschaften (**qualitative Verarbeitung, nicht kompensatorisch, kein Gesamturteil**).

Ein Beispiel für diese Vorgehensweise wäre die Entscheidung ausschließlich nach dem Preis ("Kaufe die billigste Marke"). Werden im ersten Schritt mehrere Alternativen gleich bewertet, so wird für eine Auswahl unter diesen die nächstwichtige Eigenschaft herangezogen usw. Das Wahlkriterium lässt sich kaum exakt beschreiben, da man nicht einschätzen kann, ob die am Ende des Entscheidungsprozesses übrig bleibende Alternative die insgesamt (also bezüglich aller Eigenschaften) beste oder insgesamt befriedigend ist.

Beispiel für die lexikographische Heuristik

Entscheidung: Auswahl eines Stereo-Receivers

2-1:   Ich werde wahrscheinlich einen Receiver mit allen diesen vielen Eigenschaften auf hohem Niveau aussuchen, und ich glaube nicht, dass mich der Preis bei diesem hohen Niveau irgendwie beeinflusst.

2-2:   Ich suche nach einem Receiver mit einem Verstärker mit hoher Leistung, 55 oder 65 Watt.

2-3:   Ich würde sofort; ich würde Nr. 9 überhaupt nicht auswählen, wird bei mir dritte Wahl.

.

Quelle: Olshavsky (1979, S. 310); Auszug aus dem verbalen Protokoll der Versuchsperson 2

Sequenzielle Elimination

Bei der sequenziellen Elimination verbinden sich Elemente des konjunktiven und des lexikographischen Modells. Man geht dabei davon aus, dass der Konsument hinsichtlich jeder relevanten Eigenschaft bestimmte Minimal-Niveaus festlegt. Zunächst findet ein Vergleich hinsichtlich einer Eigenschaft statt, bei dem alle Alternativen, die der entsprechenden Anforderung nicht gerecht werden, aussortiert werden (**nichtkompensatorische Heuristik, qualitative Verarbeitung**). Die verbleibenden Alternativen werden dann bezüglich einer anderen Eigenschaft beurteilt und gegebenenfalls aussortiert usw. Die Vorgehensweise orientiert sich also an den **Attributen**; ein **Gesamturteil wird nicht gebildet**. Eine spezielle Form dieser Heuristik stellt die "aspektweise Elimination" (vgl. Tversky 1972) dar, bei der von einer Betrachtung der verschiedenen Eigenschaften in der Reihenfolge ihrer Bedeutung ausgegangen wird.

Beispiel für sequenzielle Elimination

Entscheidung: Miete eines Apartments

D 289: Weil wir hier eine ganz Menge haben,
D 290: fange ich 'mal oben an
D 291: und sehe nach, wo der Lärmpegel hoc hist.
D 292: Wenn da hohe Werte auftreten.
D 293: werde ich die sofort verwerfen.
.
D 297: Gehen wir zu D.
D 298: Es hat einen hohen Geräuschpegel.
D 299: So, wir werden D automatisch aussondern.
.
D 305: So, wir haben hier vier,
D 306: die in Hinsicht auf den Geräuschpegel o.k. sind.
.

Quelle: Payne (1976, S. 375); Auszug aus dem verbalen Protokoll der
   Versuchsperson D

Häufigkeitsheuristik

Eine recht einfache Heuristik, die darauf beruht, dass Konsumenten nur die
Anzahl positiver und negativer Eigenschaften eines Produkts gegeneinan-
der abwägen (**kompensatorisch**) und so zu einem **Gesamturteil** über jede
Alternative gelangen, ist von Alba/Marmorstein (1987) eingeführt und
empirisch bestätigt worden. Voraussetzung dafür ist beim Konsumenten die
Fähigkeit, Ausprägungen von Produkteigenschaften als positiv bzw.
negativ einschätzen zu können, also entsprechende Grenzwerte zu kennen
(z.B. Benzinverbrauch unter oder über 10 Liter). Die Kennzeichnung des
Häufigkeitsmodells hat schon angedeutet, dass **alternativenweises Vorgehen** unterstellt und von **quantitativer Verarbeitung** (Zählung) ausgegangen wird.

In der folgenden Abbildung 3.11 werden die Charakterisierungen der dargestellten Heuristiken anhand der eingangs dieses Abschnitts erläuterten Merkmale zusammengestellt.

Heuristik	Kompensatorisch oder nichtkompensatorisch	Attributweises oder alternativenweises Vorgehen	Quantitative oder qualitative Verarbeitung	Gesamturteil ja oder nein
Linear kompensatorische Heuristik	kompensatorisch	alternativenweise	quantitativ	Ja
Additive Differenzheuristik	kompensatorisch	attributweise	quantitativ	Ja
Attribut-Dominanzheuristik	kompensatorisch	attributweise	quantitativ	Ja
Konjunktive Heuristik	nichtkompensatorisch	alternativenweise	qualitativ	Nein
Lexikographische Heuristik	nichtkompensatorisch	attributweise	qualitativ	Nein
Sequentielle Elimination	nichtkompensatorisch	attributweise	qualitativ	Nein
Häufigkeits-heuristik	kompensatorisch	alternativenweise	quantitativ	Ja

Abbildung 3.11: Merkmale verschiedener Wahlheuristiken
Quelle: in Anlehnung an Bettman / Johnson / Payne 1991, S. 61

Beachtenswert ist noch, dass in vielen Fällen von Konsumenten so genannte **mehrphasige Strategien** angewandt werden, d.h. innerhalb eines Entscheidungsprozesses wird nacheinander nach mehreren Heuristiken verfahren. Insbesondere bei komplexen Aufgaben (zahlreichen Alternativen und Eigenschaften) geht man oftmals so vor, dass mit einer Heuristik (z.B. sequentielle Elimination) zunächst die Anzahl der in Frage kommenden Alternativen auf eine überschaubare Teilmenge reduziert und dann mit einer anderen Heuristik (z.B. linear kompensatorisches Modell) die verbliebenen Alternativen genauer beurteilt werden.

Bettman / Johnson / Payne (1991) und Payne / Bettman / Johnson (1993) haben Einflussfaktoren der Informationsverarbeitung (Entscheidungsverhalten im engeren Sinne) systematisch zusammengefasst und diskutiert. Einige zentrale Ergebnisse seien kurz dargestellt:

- Bei Entscheidungsproblemen mit **großer Zahl von Alternativen** werden eher Vorgehensweisen angewandt, bei denen das Problem (zunächst) durch **Elimination nicht geeigneter Alternativen** vereinfacht wird. Die (komplexeren) kompensatorischen Heuristiken spielen hier eine geringe Rolle.
- **Zeitdruck** bei einer Kaufentscheidung wird u.a. durch die Anwendung **nichtkompensatorischer** - also das Problem vereinfachender - **Heuristiken** anstelle von kompensatorischen begegnet.
- **Übersichtliche** und leicht verständliche ("benutzerfreundliche") **Informationspräsentation** führt zu **intensiverer Informationsnutzung**. So demonstrierte Russo (1977), dass das Angebot von Preis-Informationen in leicht vergleichbarer (sortierter) Listen-Form deren Wirkung signifikant positiv beeinflusste. Durch die seit Ende der 90er Jahre stark gewachsene Internet-Nutzung haben entsprechende Inforationsangebote (z.B. „www.guenstiger.de") erheblich an Bedeutung gewonnen.
- Personen mit besser entwickelten **kognitiven Fähigkeiten** wenden stärker als andere **komplexere Heuristiken** an (was nicht sonderlich überrascht).

Aus derartigen Ergebnissen lassen sich oftmals direkt Schlüsse für Marketing-Anwendungen ziehen. So weisen die beiden ersten Gesichtspunkte darauf hin, dass ein Produkt bei Eigenschaften, die zu Beginn eines Entscheidungsprozesses betrachtet werden, den üblichen Anforderungen entsprechen muss, damit das Produkt die erste Phase eines Entscheidungsprozesses "übersteht" und im Verlauf dieses Prozesses weiter in Betracht gezogen wird. Vorteile, die ein Produkt bei anderen Eigenschaften hat, können erst entscheidungsrelevant werden, wenn der Entscheidungsprozess die entsprechende Phase erreicht.

Hier sei daran erinnert, dass der im Abschnitt 2.5.1 diskutierte Prozess der Einstellungsbildung auch im Rahmen von Kaufentscheidungsprozessen insofern eine Rolle spielt als Einstellungsbildung und -veränderung Gegenstand eines solchen Prozesses sein kann. Das Ergebnis beeinflusst dann das Kaufverhalten entsprechend.

Ausblick: Consumer Neuroscience

Beim Komplex Informationsverarbeitung von Konsumenten ist wohl deutlich geworden, dass man hier bisher oft von der Beobachtung bestimmter Aktivitäten der Informationssuche auf die Art der Verarbeitung dieser Informationen schließen musste. Hier deutet sich ein Wandel bzw. eine wesentliche Erweiterung der Forschungsmethodik an: es gibt in jüngster Zeit technische und wissenschaftliche Entwicklungen, die es erlauben, durch so genannte neurophysiologische Techniken tiefer gehende Einblicke in kognitive und emotionale Prozesse zu gewinnen. Allerdings erfordern diese Methoden spezifische Fachkenntnisse und Erfahrungen, die auch beim verhaltenswissenschaftlich und empirisch geschulten Betriebswirt nicht vorhanden sind, abgesehen von dem meist sehr großen apparativen Aufwand. Immerhin liegen erste Ergebnisse vor. Einen knappen Überblick zu Methoden und Ergebnissen bieten Kenning / Plassmann / Ahlert (2007), eine umfassendere praxisorientierte Abhandlung, die insgesamt recht optimistisch gehalten ist, stammt von Häuser (2004).

3.3.3 Routine-Entscheidungen

Routine-Kaufentscheidungen sind in Abgrenzung zu extensiven Kaufentscheidungen im Abschnitt 3.3.1.2 schon kurz charakterisiert worden. Festzuhalten bzw. in die Erinnerung zurückzurufen sind aus diesem Teil zwei wesentliche Gesichtspunkte die für die folgende Diskussion eine Rolle spielen.

- Der Begriff Routine-Entscheidungen bezieht sich keineswegs nur auf in häufiger Wiederholung vorkommende Entscheidungen. Er bildet eher den Gegenpol zur extensiven Entscheidung, für die umfassende, weitgehend bewusst ablaufende Problemlösungsprozesse charakteristisch sind. Insofern werden hier unter Routine-Entscheidungen die zahlreichen und vielfältigen **Kaufentscheidungen** verstanden, **bei denen kognitive Aktivitäten nicht oder nur in äußerst geringem Ausmaß stattfinden.**

- Die im Vergleich zur Diskussion extensiver Entscheidungen (nicht nur) hier recht knappe Darstellung von Routine-Entscheidungen sollte nicht zu der irrigen Einschätzung führen, dass letzteren vergleichsweise geringe Bedeutung zukommt. Vielmehr hat der Überblick über einschlägige empirische Untersuchungen am Ende des Abschnitts 3.3.1.2 gezeigt, dass **Routine-Entscheidungen** im Konsumentenverhalten zumindest **zahlenmäßig dominieren.**

Im vorliegenden Abschnitt sollen Arten von Routine-Entscheidungen erörtert werden, zu denen schon einiges theoretische Wissen angesammelt und empirisch überprüft wurde. Es sind dies **habitualisierte Käufe** (Gewohnheitskäufe) und **Impulskäufe**. Im engen Zusammenhang mit der Habitualisierung von Kaufverhalten steht der Begriff der **Markentreue**, der deswegen auch hier behandelt wird. Es lässt sich wohl leicht nachvollziehen, dass Markentreue für die Praxis des Marketing eine wichtige Rolle spielt.

Habitualisiertes Kaufverhalten

Zunächst also zur Habitualisierung von Kaufverhalten. Wie und warum entstehen Kaufgewohnheiten? Wie laufen habitualisierte Kaufentscheidungen ab? Durch welche Einflüsse kann habitualisiertes Kaufverhalten durchbrochen werden?
Es leuchtet unmittelbar ein, dass sich die Entwicklung gewohnheitsmäßigen Verhaltens auf (häufig) wiederholte Käufe bezieht. **Kaufgewohnheiten** können vor allem durch die
- **Sammlung positiver Erfahrungen** mit Produkten und
- **Übernahme von Verhaltensmustern** von anderen Personen
entstehen (vgl. Kroeber-Riel / Weinberg 2003, S. 403 f.).

Der erstgenannte Weg ist der wohl häufiger auftretende und wird deshalb hier etwas genauer betrachtet. Auf einige für die Übernahme von Verhaltensmustern wichtige Aspekte wird im Abschnitt 4.3.3 unter dem Stichwort "Konsumentensozialisation" kurz eingegangen. Gründe für die Entstehung von Kaufgewohnheiten lassen sich teilweise direkt aus den Ausführungen in den vorangegangenen Abschnitten dieses Buches ableiten. Zunächst ist natürlich an die fast immer dominierende Tendenz zur **kognitiven Vereinfachung** von Kaufentscheidungen zu denken. Wenn sich ein früher gekauftes Produkt bewährt hat, warum sollte man dann Informationen über andere Produkte suchen, nachdenken, Präferenzen entwickeln? Es lässt sich sogar vermuten, dass der Konsument nur dadurch, dass ein Großteil der Kaufentscheidungen habitualisiert vollzogen wird, die Zeit und Energie gewinnt, um wenigstens bei besonders wichtigen oder neuartigen Käufen extensive Entscheidungsprozesse durchführen zu können. Weiterhin spielt die **Verminderung des** mit Käufen verbundenen **Risikos** durch wiederholten Kauf zufriedenstellender Produkte eine Rolle.

Zwei zentrale Aspekte kennzeichnen also habitualisiertes (Wiederholungs-) Kaufverhalten:

- **Wenig Informationssuche vor dem Kauf**, weil kaum noch eine Abwägung zwischen verschiedenen Produkten stattfindet, und daraus resultierende geringe Entscheidungszeit
- Vereinfachung von Kaufentscheidungen und Verminderung von Risiken durch **wiederholten Kauf "bewährter" Produkte**

Der **Ablauf habitualisierter Käufe** lässt sich mit Hilfe eines in Anlehnung an Assael (1995, S. 125) entworfenen Schaubildes (Abb. 3.12) verstehen. Am Anfang stehen Erfahrungen, Wissen, Motive etc. des Konsumenten, die es nahe legen, bei einem erneuten Kauf in einer Produktgruppe dieselbe Marke wie bisher zu wählen. Vor diesem Hintergrund kann ein Bedarf auftreten. Beispiele dafür sind aufgebrauchte Vorräte oder physiologische Bedürfnisse wie Hunger (vgl. dazu Abschnitt 3.2). Im Normalfall gewohnheitsmäßigen Kaufverhaltens folgt dann der Wahrnehmung eines Bedarfs sofort die Kaufabsicht für das in früheren Kaufsituationen auch schon gewählte Produkt. Bei nächster Gelegenheit wird ein Kauf getätigt. Sind die Erfahrungen mit dem Produkt wieder positiv, so erfolgt eine Verstärkung bzw. Verfestigung der Habitualisierung, die bei späteren Kaufentscheidungen in dieser Produktkategorie wirksam werden kann.

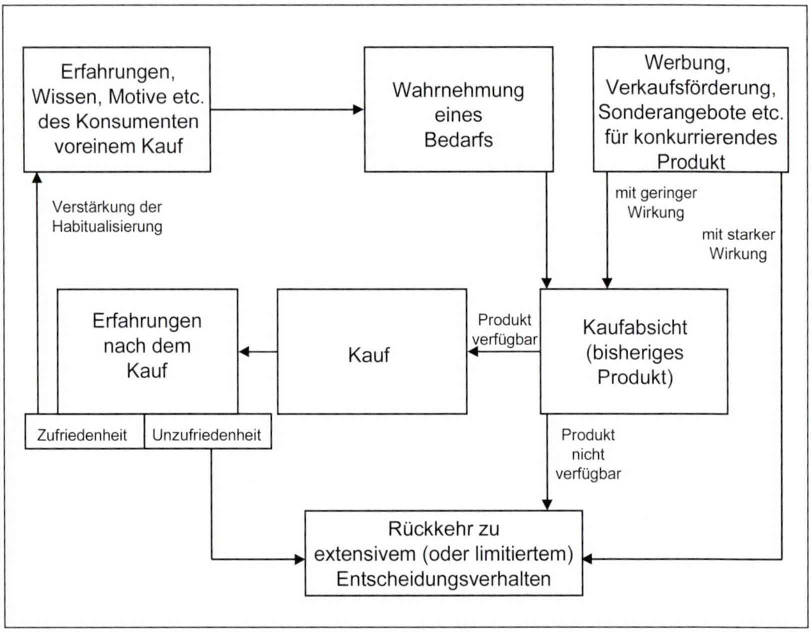

```
┌──────────────────┐      ┌──────────────┐      ┌──────────────────┐
│   Erfahrungen,   │      │  Wahrnehmung │      │     Werbung,     │
│ Wissen, Motive etc.│ ──►  │    eines     │      │ Verkaufsförderung,│
│  des Konsumenten │      │   Bedarfs    │      │ Sonderangebote etc.│
│   voreinem Kauf  │      │              │      │ für konkurrierendes│
└──────────────────┘      └──────────────┘      │     Produkt      │
                                                 └──────────────────┘
```

Verstärkung der Habitualisierung

mit geringer Wirkung

mit starker Wirkung

Erfahrungen nach dem Kauf

Kauf

Produkt verfügbar

Kaufabsicht (bisheriges Produkt)

Zufriedenheit Unzufriedenheit

Produkt nicht verfügbar

Rückkehr zu extensivem (oder limitiertem) Entscheidungsverhalten

Abbildung 3.12: Ein Modell für Verstärkung oder Beendigung habitualisierten Kaufverhaltens
Quelle: in Anlehnung an Assael 1995, S. 125

Weiterhin sind in Abbildung 3.12 drei mögliche Auslöser für eine **Beendigung habitualisierten Kaufverhaltens** und eine Rückkehr zu extensivem Entscheidungsverhalten gekennzeichnet. Eine solche "Störung" kann beim Übergang von der Kaufabsicht für das gewohnte Produkt zum entsprechenden Kauf auftreten, wenn dieses Produkt nicht verfügbar ist und der Konsument ein alternatives aussuchen muss. Sofern die Erwartungen des Konsumenten hinsichtlich der Produktqualität nicht bestätigt werden, entsteht nach dem Kauf Unzufriedenheit (siehe Abschnitt 3.5.2), die wiederum (bei hinreichender Stärke) einen Suchprozess nach anderen (besseren) Produkten auslöst. Letztlich ist auch habitualisiertes Kaufverhalten durch Marketing-Aktivitäten konkurrierender Anbieter beeinflussbar. Wenn deren Wirkung stark ist (z.B. intensive Werbung mit besseren Produkteigenschaften, attraktive Sonderpreise), können sie die Vorteile habitualisierten Verhaltens (Bequemlichkeit, Vermeidung von Risiko) überstrahlen und die Rückkehr zu extensivem Entscheidungsverhalten verursachen.

Aus den vorstehenden Überlegungen lassen sich drei Grundsätze ableiten, die von Markenartikel-Anbietern, die typischerweise bestrebt sind, **Kundenbindungen** zur eigenen Marke aufzubauen und die Bindungen an konkurrierende Marken zu verringern, eine wichtige Rolle spielen:

- Das Produkt muss möglichst umfassend und jederzeit **verfügbar** sein, damit Konsumenten nicht auf Konkurrenzprodukte ausweichen müssen und das habitualisierte Verhalten "gestört" wird.

- Die **Produktqualität** muss dauerhaft und einschränkungslos **gesichert** sein, damit nicht eine langfristig entwickelte Kundenbindung durch vereinzelte Unzufriedenheit zerstört wird.

- Für die Infragestellung habitualisierten Verhaltens bedarf es relativ **starker Anreize** (z.B. Produktproben, Sonderpreise).

Wichtige Ziele der Marketing-Praxis bei der Entwicklung und Festlegung von Markenbindungen liegen nach Jacoby / Chestnut (1978, S. 2) vor allem in der "Umwandlung" gelegentlicher in regelmäßige Käufer eines Produkts, der Steigerung der von den regelmäßigen Käufern der Marke gekauften Menge sowie der Erhaltung eines hohen Anteils von Wiederholungskäufen für die eigene Marke durch "Immunisierung" der Käufer gegen den Wechsel zu anderen Marken. Zum einen werden diese Überlegungen bekräftigt durch empirische Untersuchungen, die für diverse Branchen zeigen, dass die Profitabilität einer Geschäftsbeziehung mit deren Dauer tendenziell steigt bzw. dass die Gewinnung eines neuen Kunden um eine Vielfaches teurer ist als der Erhalt eines bisherigen Kunden (vgl. z.B. Reichheld / Sasser, 1991). Zum anderen sei auf die aktuelle Diskussion zum Wert von Marken, der z.B. bei einer international starken Marke wie Coca Cola oder SONY viele Milliarden Dollar betragen kann, verwiesen. Der Markenwert beruht eben nicht zuletzt darauf, dass aus der Bindung vieler Konsumenten an bestimmte Marken dauerhaft Absatzerwartungen für diese Marken resultieren (vgl. z.B. Esch 2005, S. 540 ff.). In diesem Zusammenhang sei erneut auf die Diskussion von Kundenzufriedenheit und -bindung in Abschnitt 3.5.2 verwiesen.

Aus den vorstehenden Überlegungen wird schon erkennbar, dass die für die Praxis weitaus wichtigere Form habitualisierten Kaufverhaltens sich auf den wiederholten Kauf des gleichen Produkts bezieht, was unter bestimmten Voraussetzungen (s.u.) als **Markentreue** bezeichnet wird. Angesichts dessen ist es etwas erstaunlich, dass über lange Zeit keine ausreichende Klarheit über Wesen und Messung von Markentreue herrschte. Jacoby und Chestnut (1978) haben in ihrer Literaturanalyse immerhin 42 (!) verschiedene Definitionen und 53 (!) verschiedene Messverfahren identifiziert. Dieses Ergebnis weist auch darauf hin, welche Schwierigkeiten manchmal bestehen, auch einfach und klar erscheinende Konzepte zu definieren, und wie wenig ausgereift ein Teil der entsprechenden Messverfahren ist.

In der Literatur dominieren drei verschiedene Ansätze zur **Definition von Markentreue**. Diese sind orientiert an
- beobachtbarem Verhalten,
- Einstellungen oder
- einer Kombination von Verhalten und Einstellungen.

Beispiele für die Orientierung an **beobachtbarem Verhalten** sind die Betrachtung von Anteilen einer Marke bei mehreren Käufen einer Person bzw. eines Haushalts oder der Reihenfolge, in der Marken gekauft werden. Dem erstgenannten Kriterium folgend, könnte man einen Konsumenten dann als markentreu einstufen, wenn er bei allen (oder z.B. mindestens 50 %, 66,6 % von allen) Käufen in einer Produktgruppe eine bestimmte Marke bevorzugt. Anknüpfend an die Reihenfolge von Käufen könnte man, wenn Marken A und B zur Auswahl stehen, beim Auftreten einer Folge ABABABAB... von geteilter Markentreue oder bei einer Folge AAAABBB... von instabiler Markentreue sprechen.

Einstellungsorientierten Markentreue-Konzepten liegt der Gedanke zugrunde, dass Verhaltensbeobachtungen dem wesentlichen Inhalt des Begriffs Markentreue nicht gerecht werden können. Es soll vielmehr über die Untersuchung von Einstellungen festgestellt werden, ob eine stabile **Bindung** an eine Marke existiert.

Bei der dritten Art von Markentreue-Konzepten wird versucht, die Verhaltens- und die Einstellungsdimension zusammenzufassen. Die Bedeutung dieses **Zusammenwirkens von Einstellungen und** (Wiederholungskauf-) **Verhalten** bei der Markentreue kann anhand eines Untersuchungsergebnisses von Day (1969) illustriert werden (siehe Tabelle 3.2). Bei der Befragung von 148 Konsumenten zeigte sich, dass 73 % wiederholt die gleiche

Marke kauften während 27 % zum Markenwechsel tendierten. Nun wäre es aber voreilig, die erstgenannten 73 % als markentreu einzustufen, da nur 51 % auch eine positive Einstellung zu dem Produkt hatten. Die restlichen 22 % haben das Produkt trotz eher negativer Einstellung wiederholt gekauft, weil eben kein anderes angeboten wurde. Offenbar sind hier keine Bindungen vorhanden und diese Konsumenten würden auch zu anderen Marken wechseln, wenn diese in ihrer Einkaufsstätte im Angebot wären. Der Begriff Marken**treue** deutet ja auch schon an, dass Bindungen, die über den reinen Wiederholungskauf hinausgehen, unterstellt werden.

Tabelle 3.2: Ein Untersuchungsergebnis zur Rolle von Einstellungen und Verhalten bei der Markentreue

Kaufverhalten	**Einstellung zu dem gekauften Produkt**	
	Günstig	Ungünstig
Gleiche Marke wiederholt (73 %)	Echte Markentreue (51 %)	"Scheinbare" Markentreue (22 %)
Markenwechsel (27 %)	Keine Markentreue	

Quelle: Day 1969

Die wohl präziseste und umfassendste **Definition von Markentreue** geht auf Jacoby / Chestnut (1978, S. 80 f.) zurück: "Die Definition wird ausgedrückt durch eine Menge von sechs notwendigen und gemeinsam hinreichenden Bedingungen. Diese besagen, Markentreue ist

1. das tendenziell (nicht zufällige)
2. Verhalten (z.B. Kauf)
3. im Zeitablauf
4. einer Entscheidungseinheit
5. hinsichtlich einer oder mehrerer alternativer Marken aus einer Menge vergleichbarer Marken,
6. das sich als eine Funktion psychologischer Prozesse (Entscheidungen, Bewertungen) ergibt."

Die einzelnen **Elemente dieser Definition** bedürfen einiger Erläuterungen:

1. Wenn der Markentreue keine **systematische Verhaltenstendenz** zugrunde liegt, wäre die Betrachtung dieses Phänomens für Theorie und Praxis unergiebig, weil eben kein Verhalten prognostiziert werden könnte.

2. Markentreue muss mit **tatsächlichem Verhalten** konsistent sein. Bei einem Konsumenten, der Präferenzen gegenüber Marke A äußert, aber nur die Marken B, C und D kauft, würde man sicher nicht von Markentreue sprechen.

3. Der Begriffsteil "Treue" bezieht sich eindeutig auf einen **Zeitaspekt**.

4. Eine "Entscheidungseinheit" kann im Konsumentenbereich vor allem eine einzelne **Person oder ein Haushalt** sein. Wichtig ist, wer die Markenwahlentscheidung trifft, nicht unbedingt, wer den Einkauf dann tätigt.

5. Markentreue kann sich, wie man es in der Realität häufig findet, auf **mehrere Marken** beziehen bzw. verteilen. Daneben wird vorausgesetzt, dass der Konsument überhaupt eine Auswahl aus mehreren Marken haben muss, um Markentreue entwickeln und zeigen zu können.

6. Entscheidungsprozesse und Bewertungen von Alternativen werden als **Voraussetzung** dafür angesehen, dass gewisse Bindungen (Loyalität) hinsichtlich einzelner Marken entstehen.

Hinsichtlich der Ausbreitung von Markentreue gibt es manche Hinweise auf einen längerfristig rückläufigen Trend (vgl. z.B. Howard 1994, S. 131 f.). Als Einflussfaktoren dafür sind größere Preissensibilität ($\rightarrow$ Sonderangebote) der Konsumenten in wirtschaftlich schwächeren Zeiten sowie die Ausbreitung von Handelsmarken und No-Name-Produkten zu nennen. Wichtiger als ein (vermeintlicher) allgemeiner Trend ist aber die Differenzierung nach Produktarten und Kundengruppen. Dazu einige Einschätzungen:

- Markentreue ist eher groß bei Käufen mit großem wahrgenommenen Risiko - nach dem Motto "keine Experimente" (vgl. Kroeber-Riel / Weinberg 2003, S. 407)

- Markentreue ist eher gering bei selten gekauften Gütern (z.B. Kühlschränke oder Fernseher alle 5 bis 10 Jahre), weil dann wegen des technischen Fortschritts jeweils neue Entscheidungsprozesse stattfinden (vgl. Howard 1994, S. 131 f.)

- Markentreue ist relativ groß bei älteren Personen mit langer Kauferfahrung auf der einen und einer gewissen Risikoscheu sowie geringerer Flexibilität auf der anderen Seite (vgl. Kroeber-Riel / Weinberg 2003, S. 407).

Ein spezielles Phänomen des Konsumentenverhaltens, das im Zusammenhang mit der Habitualisierung kurz gekennzeichnet werden soll, ist das **Variety Seeking**. Man versteht darunter ein Verhalten des Markenwechsels, das trotz Zufriedenheit mit und Bindung an bisher verwendete(n) Produkte(n) stattfindet und durch den Wunsch nach Abwechslung, Neugier und Langeweile beim bisherigen Konsumverhalten verursacht wird. Variety Seeking tritt vor allem beim Kauf von Produkten auf, bei denen das Risiko einer "falschen" Entscheidung gering ist und bei denen geschmackliche Aspekte (im weiteren Sinne) eine große Rolle spielen. Hier ist z.B. an Genussmittel oder Unterhaltungsangebote zu denken.

Impulskäufe

Vielfach (nicht zuletzt in den vorigen Abschnitten) wird von der Vorstellung ausgegangen, dass Käufe und die entsprechende Markenwahl festgelegt sind bevor ein Geschäft aufgesucht und der Einkauf getätigt wird. Dagegen hat es jeder schon erlebt, dass Einkäufe auch ungeplant stattfinden, d.h. dass erst im Geschäft die Anregung zum Kauf und die Markenwahl erfolgen. Assael (1995, S. 155) unterscheidet u.a. folgende Arten **ungeplanter Käufe**:

- "**Erinnerungseffekt**": Die Präsentation von Produkten im Geschäft erinnert den Konsumenten daran, dass er dieses Produkt braucht und führt zum Kauf.
- "**Geplanter Impuls**": Damit ist das verbreitete Verhalten gemeint, zum "Shopping" zu gehen, ohne dass schon eine konkrete Kaufabsicht (Produktkategorien, Marke) vorliegt.
- "**Empfehlungseffekt**": Die Präsentation eines für den Konsumenten neuen Produkts im Geschäft (z.B. mit Vorführung oder Kostproben) überzeugt diesen und führt zum Kauf.

- **Reiner Impulskauf**: Diese Art von Käufen ist durch große Spontaneität gekennzeichnet und wird im Folgenden näher erläutert.

Kroeber-Riel / Weinberg (2003, S. 415) schätzen, dass 40-50 % aller Käufe ungeplant erfolgen und etwa 10-20 % als Impulskäufe einzuschätzen sind. Die bei den meisten Konsumenten inzwischen gegebene ständige Verfügbarkeit von Zahlungsmitteln (Kreditkarten, Geldautomaten) erleichtert ungeplante und impulsive Käufe. Weinberg (1981, S. 165) hat schon frühzeitig wesentliche **Merkmale von Impulskäufen** herausgearbeitet. Diese werden durch starke **emotionale Aufladung**, **geringe kognitive Kontrolle** der Kaufentscheidung sowie durch die **Wirkung einer starken Reizsituation** (z.B. Warenpräsentation, Ladengestaltung) gekennzeichnet. Rook (1987) hat in einer explorativen Untersuchung diese Gesichtspunkte etwas konkretisiert und erweitert. Dabei nennt er u.a. die folgenden Kennzeichen, die hier durch Zitate aus den von Rook durchgeführten Interviews illustriert werden. Im Hinblick auf den eher spontanen Charakter der Äußerungen werden diese in der Originalsprache wiedergegeben:

- **Spontaneität**

Kauf-Impulse entstehen unerwartet und schnell.

"I saw the ice cream and immediately wanted some."

"I was in the Pottery Barn (US-Einzelhandelsunternehmen, das Geschirr, Hausrat etc. anbietet Anm. d Verf.) and saw the crystal candle holder. It came over me instantly."

- **Intensität und Macht**

Kauf-Impulse haben starke Wirkung in Richtung auf sofortiges (entsprechendes) Verhalten.

"It's the feeling of, I want that, and by God I'm gonna get it!"

"It becomes almost an obsession. I start looking for ways to get it. Somehow I feel I can't wait."

- **Wirkung des Produkts**

Das Produkt und seine Darstellung zieht die Aufmerksamkeit des Konsumenten auf sich und bestimmt sein Verhalten.

"I was standing in the grocery checkout line, and the candy bar was staring there at me."

"The pants were shrieking 'buy me'."

- **Konflikt zwischen Nachgiebigkeit und kontrolliertem Verhalten**

Im Konflikt zwischen Abwägung und kontrolliertem Verhalten auf der einen Seite und Nachgiebigkeit gegenüber spontanem Verlangen andererseits neigen viele letzterem zu.

"There is no stopping me. The urge just comes over me all at once and seems to take control. It is such an overwhelming feeling that I just have to go along with it." "A wave of irrationality comes over you."

- **Ignorierung von Konsequenzen**

Der Impuls zu sofortigem (Kauf-)Handeln überlagert Bedenken hinsichtlich möglicher negativer Konsequenzen (finanzielle Belastung, Produktmängel) des Kaufs.

"I feel like I'm doing something I'm not supposed to be doing, but am doing it any way."

"To hell with everything else. I want it and I'm going to get it."

Der sehr schnelle und gedanklich wenig kontrollierte Ablauf von Impulskäufen erschwert natürlich entsprechende empirische Forschung. Immerhin gibt es Anhaltspunkte zum Ablauf von Impulskäufen (vgl. Rook 1987) und zu deren Gegenständen. So berichten Kroeber-Riel / Weinberg (2003, S. 414) über eine Untersuchung des SPIEGEL, bei der eine repräsentative Stichprobe der deutschen Bevölkerung 1983 gefragt wurde: "Ist hier auf der Liste etwas dabei, was Sie öfter mal ganz spontan kaufen...?". Die entsprechenden Ergebnisse sind in Tabelle 3.3 wiedergegeben.

Tabelle 3.3: Impulskäufe bei verschiedenen Produktkategorien

"Ist auf der Liste etwas dabei, was Sie öfter mal ganz spontan kaufen...?"			
Kleidung	45 %	Spirituosen	17 %
Blumen	38 %	Autozubehör	15 %
Schuhe	30 %	Spielsachen	10 %
Bücher	28 %		

Quelle: SPIEGEL-Dokumentation "Persönlichkeitsstärke" 1983; zitiert nach Kroeber-Riel / Weinberg 2003, S. 414

3.4 Kaufabsichten und Einkaufsverhalten

In den vorigen Abschnitten dieses Kapitels sind gängige Arten von Kaufentscheidungen dargestellt worden. Dabei wurden auch Gesichtspunkte angesprochen, die - natürlich in stark vereinfachender Weise - den Ablauf von Kaufentscheidungsprozessen kennzeichnen. In vielen Fällen (natürlich mit Ausnahme von ungeplanten Käufen einschl. Impulskäufen) endet ein solcher Prozess mit der Festlegung des Konsumenten auf ein bestimmtes Produkt (eine Marke), manchmal auch auf einige in Frage kommende Produkte. Meist kann der Kaufvorgang nicht sofort vollzogen werden. Die Schritte zwischen Kaufentscheidung und tatsächlichem Einkaufsvorgang, also insbesondere die Bildung von **Kaufabsichten** und die **Einkaufsstättenwahl**, sollen im vorliegenden Abschnitt kurz beleuchtet werden.

Zwischen der Auswahl eines Produkts (als Ergebnis eines Entscheidungsprozesses) und der Realisierung eines entsprechenden Kaufs kann also einige Zeit vergehen. Das mag z.B. daran liegen, dass jemand sich zwar für ein bestimmtes Produkt entscheidet, aber erst einige Tage später zu Geschäften fährt, wo das Produkt angeboten wird, oder dass nach der Auswahl eines Produkts noch die Finanzierung des Kaufs (z.B. beim Auto-Kauf) gesichert werden muss. Wenn die Entscheidung für ein Produkt gefallen ist, aber diese Entscheidung noch nicht realisiert ist, dann besteht bei dem betreffenden Konsumenten eine **Kaufabsicht**. Howard (1994, S. 41) definiert eine Kaufabsicht als "geistigen Zustand, der den **Plan** eines Kunden reflektiert, eine festgelegte Menge einer bestimmten Marke in einem festgelegten Zeitraum zu kaufen." Etwas weniger konkret ist die Kennzeichnung von Kaufabsichten durch Blackwell / Miniard / Engel (2001, S. 283): „Absichten sind subjektive Einschätzungen unseres zukünftigen Verhaltens. ......Kaufabsichten stellen unser Gedanken über unsere zukünftigen Käufe dar." Gemäß Howard könnte eine Kaufabsicht beispielsweise so formuliert sein: "Morgen werde ich zwei Pakete Jacobs-Kaffee kaufen." Man kann unterschiedlicher Meinung sein, ob für eine Kaufabsicht die Festlegung auf eine bestimmte Marke notwendig ist. Gelegentlich kann es vorkommen, dass man sich auf eine geringe Zahl von Marken festlegt und die letztendliche Entscheidung erst im Geschäft trifft (z.B. nach Maßgabe verfügbarer Produkte oder anhand des Preises). Für manche Problemstellungen (z.B. im Zusammenhang mit der Messung des Konsumklimas, vgl. Abschnitt 4.2.4) ist die Markenwahl auch unbedeutend und es steht vielmehr die Frage im Vordergrund, ob eine bestimmte Produktart (z.B. ein Auto) gekauft werden soll.

Für viele anwendungsorientierte Fragestellungen ist es wichtig zu wissen, wie stark der **Zusammenhang** zwischen (geäußerten) **Kaufabsichten** und **tatsächlichen Käufen** ist. Assael (1995, S. 288 f.) gibt einen Überblick über Ergebnisse entsprechender Studien. Danach zeigte sich, dass die Messung von Kaufabsichten nur bedingt zur Prognose von Kaufverhalten geeignet ist, da einerseits ein Teil von Kaufabsichten nicht realisiert wird und andererseits ein erheblicher Anteil von Käufen ohne vorherige Kaufabsicht getätigt wird. In der Studie von Banks (1950, zitiert nach Assael 1995, S. 288) lagen die entsprechenden Prozentsätze bei 38 % (nicht realisierte Kaufabsichten) bzw. bei 28 % (Käufe ohne vorherige Kaufabsicht). Besonders umfassend ist die Aussagekraft von Kaufabsichten im Zusammenhang mit diversen amerikanischen Studien untersucht worden, bei denen das Interesse vor allem deren Eignung für die Prognose konjktureller Auswirkungen von Konsumverhalten galt (vgl. McNeil 1974; siehe dazu auch Abschnitt 4.2.3). Dieses Forschungsprogramm, das vor allem vom US Census Bureau getragen wurde, ist Anfang der 70er Jahre eingestellt worden, weil die aggregierten Ergebnisse (z.B. Prognose der Gesamtnachfrage nach Automobilen) zu stark von der Realität abwichen, da ungeplante (also bei den entsprechenden Befragungen nicht erfasste) Käufe in großem Umfang auftraten.

Das heißt natürlich nicht, dass **Kaufabsichten** kein brauchbarer - allerdings selbstverständlich fehlerbehafteter - **Indikator für zukünftiges individuelles Kaufverhalten** sind. Je besser die Korrespondenz zwischen der Messung der Absichten (z.B. bezogen auf eine bestimmte Marke) und dem Verhalten (z.B. Kauf dieser Marke) und je geringer der zeitliche Abstand zwischen Absichtsmessung und Verhalten ist, desto besser sind Kaufabsichten als Indikator für Kaufverhalten geeignet (vgl. Blackwell / Miniard / Engel 2001, S. 284 ff.). Unabhängig davon können z.B. Veränderungen von Bedürfnissen, Veränderung der äußeren (z.B. finanziellen) Umstände oder neue Informationen über Produkte dazu führen, dass Kaufabsichten später nicht realisiert werden.

Mit der Realisierung einer Kaufabsicht ist typischerweise die **Wahl einer** entsprechenden **Einkaufsstätte** verbunden. Allerdings erlebt man schon seit Beginn der 90er Jahre einen Trend zu anderen Formen des Einkaufs, die nicht an den Besuch von Ladengeschäften gebunden sind. So haben sich über den traditionellen Versandhandel hinaus der Verkauf per Telefon und der TV-Verkauf (Bestellung nach Präsentation von Produkten im Werbe-Fernsehen) stark entwickelt. Seit Ende der 90er Jahre zeigte sich - zumindest in einigen Branchen (z.B. bei Büchern) - ein hohes Wachstum (verbunden mit entsprechenden Zukunftserwartungen) beim Einkauf über das Internet. Die folgende Abbildung 3.13 vermittelt einen Eindruck über die Einkaufsaktivitäten in Online-Medien.

Abbildung 3.13: Schwerpunkte des Online-Einkaufs nach Produktbereichen
Quelle: AC Nielsen 2005

Welches sind nun **Einflussfaktoren**, die die Einkaufstättenwahl bestimmen? Zentrale Gesichtspunkte lassen sich leicht aus der eigenen Erfahrung ableiten:

- **Standort** und Erreichbarkeit des Geschäfts
- **Sortiment** (Breite = Zahl der angebotenen Produktarten; Tiefe = Zahl der angebotenen Artikel pro Produktart; Schwerpunkte im Angebot)
- **Preisniveau**
- Angebot von persönlicher **Beratung und Service**
- **Atmosphäre des Geschäfts**, die geprägt ist durch Gestaltungsmerkmale (z.B. Farben, Musik), die sich auf Emotionen und Kognitionen der Konsumenten beim Einkauf auswirken, ohne dass dieses immer bewusst wird (vgl. Peter / Olson 1999, S. 456 f.).

Auch hier gilt, dass die subjektiv geprägte Wahrnehmung der Eigenschaften von Geschäften die Einkaufsstättenwahl maßgeblich bestimmt. Insofern verwundert es nicht, dass man sich in Wissenschaft und Praxis mit der Kennzeichnung und Messung von **Einkaufsstätten-Images** befasst. Peter / Olson (1999, S. 521) verstehen darunter "die Menge von Eigenschaften, die Konsumenten mit einem bestimmten Geschäft assoziieren."

In den meisten Fällen bezieht sich die Einkaufsstättenwahl nicht nur auf einen einzelnen Einkaufsvorgang, sondern es entstehen **Bindungen** an bestimmte Geschäfte (z.B. wegen der Bequemlichkeit des Einkaufs, wegen deren Preiswürdigkeit oder wegen persönlicher Kontakte), die bei Wiederholungskäufen wirksam werden. Analog zum Bestreben vieler Markenartikel-Hersteller, Markentreue beim Kunden zu erreichen (siehe dazu Abschnitt 3.3.3), ist der Handel an **Einkaufsstättentreue** der Kunden und dem daraus resultierenden dauerhaften Umsatzvolumen interessiert. Peter / Olson (1999, S. 521) definieren Einkaufsstättentreue als "den Grad, in dem ein Konsument zum Einkauf bestimmter Produktarten immer wieder das gleiche Geschäft aufsucht."

Kroeber-Riel / Weinberg (2003, S. 436) geben einige wichtige Ergebnisse zum Einfluss der **Ladenatmosphäre** auf das Verhalten von Kunden wieder. Danach haben hinsichtlich der dadurch ausgelösten Emotionen Vergnügen und Erregung die größte Bedeutung. Mit zunehmendem Vergnügen steigen tendenziell die Aufenthaltsdauer im Laden und die Tendenz, mehr Geld auszugeben. Die Aufenthaltsdauer wird ferner durch zunehmende Aktivierung und die wahrgenommene Ladengröße positiv beeinflusst. Gröppel-Klein / Baun (2001) geben einen Überblick über einige einschlägige empirische Ergebnisse und berichten über eine eigene Studie dazu.

Wohl jeder Konsument hat schon die Erfahrung gemacht, dass Läden im Hinblick auf Grundrisse und Sortimentsaufteilung häufig wesentliche Gemeinsamkeiten haben. So befindet sich in Warenhäusern die Lebensmittelabteilung häufig im unteren Geschoss, in Supermärkten ist die Fleischabteilung meist im hinteren Ladenbereich. Für Supermärkte ist es auch typisch, dass sich die Kassen links vom Eingangsbereich befinden und die Kunden somit einen Weg entgegen dem Uhrzeigersinn durch den Supermarkt machen. Derartige Gemeinsamkeiten sind natürlich nicht zufällig, sondern beruhen auf Beobachtungen des Kundenverhaltens und natürlich dem Bestreben, eine große Verweildauer im Laden sowie den Kontakt mit vielen Bereichen des Geschäfts zu erreichen. Entsprechende Untersuchungsergebnisse fasst Gröppel (1991) zusammen. Dabei zeigte sich u.a. auch, dass Kunden die Außengänge von Läden stärker frequentieren und die Blickrichtung eher zur rechten Seite des Ganges geht.

Zum Abschluss dieses Abschnitts sei noch darauf verwiesen, dass die Realisierung von Käufen keineswegs der einzige Grund sein muss, um ein Geschäft aufzusuchen. Tauber (1972) hat in einer grundlegenden Untersuchung diverse **Gründe für Ladenbesuche** identifiziert, die sich nicht auf den Zweck der Bedarfsdeckung beziehen. Die folgenden Gesichtspunkte mögen zur Illustration genügen:

- Suche nach Abwechslung oder Zerstreuung im Alltag
- Neue (Mode-)Trends kennen lernen
- Sinnliche Stimulierung in einer schönen und anregenden Atmosphäre (z.B. bei Douglas)
- Kontakt mit anderen Menschen
- Status und Anerkennung genießen, weil man vom Verkaufspersonal zuvorkommend behandelt wird.

3.5 Nachkauf-Prozesse

3.5.1 Produktnutzung und -entsorgung

Wenn man sich mit der wissenschaftlichen und auch der praxisorientierten Literatur zum Konsumentenverhalten beschäftigt, fällt auf, dass der eigentlich doch wesentliche Aspekt des Konsums "im engeren Sinne", also der **Ver- oder Gebrauch von Produkten**, kaum behandelt wird. Das liegt sicher nicht zuletzt an der im ersten Kapitel dieses Buches angesprochenen Ausrichtung großer Teile der Käuferverhaltensforschung an Problemstellungen des Marketing, wo die Beeinflussung des Kaufverhaltens (Produkt- und Markenwahl) viel größere Bedeutung hat als die Analyse der Verwendung von Produkten. Dementsprechend sind die Ausführungen im vorliegenden Abschnitt recht knapp und skizzenhaft. Wesentlich ergiebiger ist aber die dem folgenden Abschnitt (3.5.2) vorbehaltene Betrachtung von **Kundenzufriedenheit und -bindungen**. Daran ist das Interesse von Marketing-Wissenschaft und -Praxis wesentlich größer, weil diese Faktoren entsprechendes Verhalten bei Wiederholungskäufen maßgeblich beeinflussen.

Wilkie (1994, S. 531 ff.) gibt einen Überblick über Tätigkeiten und Prozesse nach dem Kauf eines Produkts. An den Kauf schließt sich bei manchen Käufen (z.B. Möbel, Haushaltsgeräte, Heizöl) der Schritt der **Lieferung** an. Vielfach erfolgt eine **Einlagerung** im Haushalt bis zum Ge- /Verbrauch (z.B. bei Lebensmitteln verschiedener Art, Ersatz-Glühlampen). Bei zahlreichen Produkten geht dem Konsum eine gewisse **Vorbereitung** voraus. So müssen Nahrungsmittel zubereitet oder elektrische Geräte installiert werden. Wenn ein Produkt nicht mehr verwendbar ist oder durch ein neues ersetzt wird, folgt die **Entsorgung**. Gängige Formen der Entsorgung sind Wegwerfen, Recycling oder der Weiterverkauf (z.B. eines gebrauchten Autos). Probleme der Entsorgung von Produkten wurden über lange Zeit wenig beachtet, haben aber im Zusammenhang mit ökologischen Fragestellungen stark an Bedeutung gewonnen. Zwischen Inbetriebnahme eines Produkts und seiner Entsorgung können noch (z.B. bei Autos) weitere konsumrelevante Faktoren wie **Wartung**, **Reparaturen** und **Kosten des**

Gebrauchs (für Energie etc.) eine Rolle spielen. Abbildung 3.14 gibt einen Überblick über die angesprochenen Gesichtspunkte.

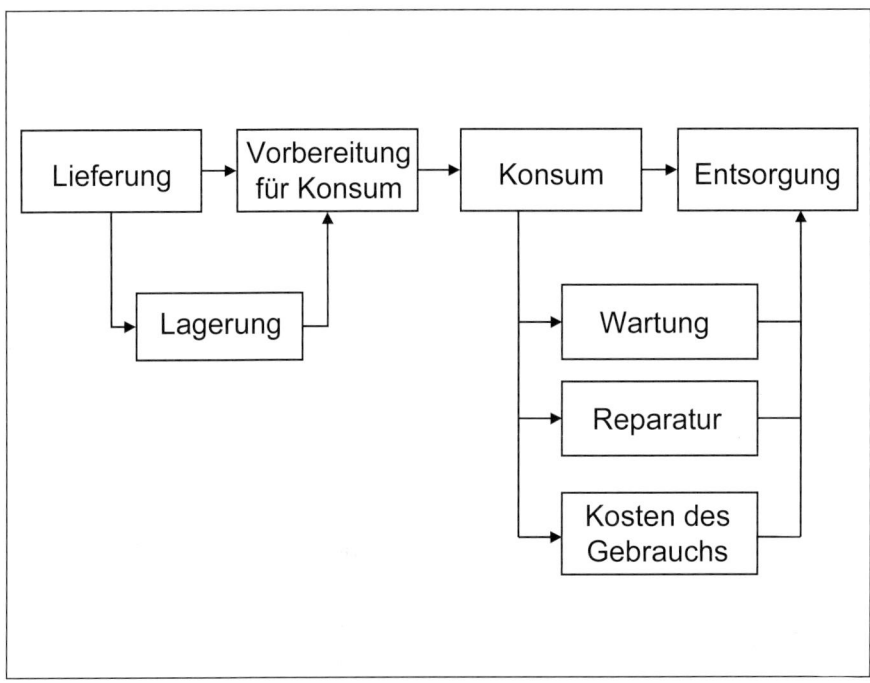

Abbildung 3.14:Tätigkeiten und Prozesse zwischen Kauf und Entsorgung
eines Produkts im Überblick
Quelle: nach Wilkie 1994, S. 531

Wie schon erwähnt, ist der Konsum selbst lange Zeit in der Literatur zum
Konsumentenverhalten kaum beachtet worden. Für praxisorientierte
Untersuchungen im Marketing-Kontext standen Fragen im Vordergrund,
die mit der Nachfrage-Entwicklung und mit der Gestaltung von Produkten
zu tun haben, beispielsweise nach

• konsumierten Mengen,
• Häufigkeit des Konsums (regelmäßig, gelegentlich),
• Konsum-Situationen und -Anlässen und nach
• Problemen beim Gebrauch von Produkten.

In den 80er Jahren ist diese Perspektive aber vor allem durch eine "postmo-
derne" Forschungsrichtung in den USA erweitert worden. Die maßgeblichen Vertreter dieser Richtung (Belk, Holbrook, Hirschman u.a.) haben den
Anspruch, Konsumverhalten unabhängig von Verwertungsinteressen des

Marketing zu betrachten. Daraus resultieren Untersuchungen, die z.B. die Bedeutung von Produkten als Erinnerungsstücke zum Gegenstand haben.

Wesentlich für die Etablierung und die weitere Entwicklung dieser Forschungsrichtung war die im Jahre 1986 durchgeführte "Consumer Behavior Odyssey" (vgl. Belk 1991). Dabei hat eine Forschergruppe, der führende Vertreter dieser Ausrichtung angehörten, in einem Wohnmobil die USA (von Küste zu Küste) durchquert und mit unterschiedlichsten Methoden (freie Interviews, Photos, Video-Aufzeichnungen etc.) vielfältige Arten von Konsumverhalten (z.B. auf Flohmärkten oder in den Wohnungen von Amerikanern) beobachtet und aufgezeichnet. Forschungsziele und Forschungsmethoden unterschieden sich deutlich vom "mainstream" der Konsumentenforschung: Es ging um **Aspekte des Konsumverhaltens**, die nicht unbedingt für das Marketing relevant sind. Die **Methoden** waren eher auf die Entdeckung der Verhaltensweisen von Konsumenten (z.B. das - rein ökonomisch schwer erklärbare - Verhalten von Sammlern) und eine ganzheitliche Sicht des Konsumverhaltens gerichtet als auf die exakte Messung einzelner (isolierter) Verhaltensmerkmale. Einige Beispiele von Fragestellungen, mit denen man sich bei der "Consumer Behavior Odyssey" beschäftigt hat, mögen die vorstehenden Bemerkungen illustrieren:

- Konsum von Ferien- und Freizeit-Aktivitäten
- "Heilige" und "profane" Dimensionen des Konsumentenverhaltens
- Funktionen von Produkten bei der Erinnerung an die Vergangenheit
- Zwanghaftes Konsumverhalten
- Bedeutung von Prominenten für das Leben amerikanischer Konsumenten

Beispiele, die jeder kennt, zur Bedeutung von Produkten, die über den rein sachlichen und ökonomischen („profanen") Nutzen hinausgeht, sind so genannte **„meaningful objects"** (Hoyer / MacInnis 2004, S. 293 f.). Damit sind in erster Linie Produkte gemeint, mit denen ein Konsument starke Emotionen und/ oder Erinnerungen verbindet. Typische Beispiele dafür sind Erinnerungsstücke an Personen (z.B. Erbstücke), Lebensphasen (z.B. Hochzeitskleid) oder Ereignisse (z.B. Urlaubs-Souvenirs), die man behält, obwohl sie kaum noch Nutzen stiften. Andererseits kann man auch beobachten, dass sin Personen von an sich noch nützlichen Gegenständen trennen, wenn sie sich dadurch auch von bestimmten Erinnerungen trennen wollen (z.B. nach einer Scheidung).

Vor dem Hintergrund der allgemeinen gesellschaftlichen Entwicklung hat die Frage der **Nachhaltigkeit des Konsums**, und dabei insbesondere das Umweltbewusstsein von Konsumenten, in den letzten 20 Jahren erhebliche Beachtung gefunden. Balderjahn (2004, S. 136) definiert: „Nachhaltig zu konsumieren bedeutet, die eigenen Bedürfnisse zu befriedigen, ohne die Lebens- und Konsummöglichkeiten anderer Menschen (Prinzip der intra-generativen Gerechtigkeit) und zukünftiger Generationen (Prinzip der intergenerativen Gerechtigkeit) zu gefährden. Als ein Aspekt sozialen Handelns richtet sich nachhaltiger Konsum (sustainable consumption) nicht nur auf die Befriedigung persönlicher Bedürfnisse, sondern berücksichtigt auch den Umweltschutz sowie Bedürfnisse und Erwartungen anderer Menschen." Im Mittelpunkt stehen hier - wie allgemein bekannt - Fragen der Umweltbelastung durch Herstellung, Transport, Gebrauch und Entsorgung von Produkten sowie Aspekte des Energieverbrauchs, des Naturschutzes und des Tierschutzes. Trotz deutlich gestiegenen Bewusstseins von Konsumenten hinsichtlich nachhaltigen Konsums und zunehmendem entsprechenden Verhalten ist immer noch die so genannte **Verhaltenslücke** (Balderjahn 2004, S. 152) zu beobachten, die besagt, dass erhebliche Unterschiede zwischen verbal geäußertem Umweltbewusstsein und realem - mehr oder weniger umweltgerechtem - Verhalten bestehen, vor allem weil dieses Verhalten meist mit mehr Kosten oder Mühe verbunden ist.

3.5.2 Kundenzufriedenheit und -bindung

Die Kundenzufriedenheit wird als zentrale unternehmerische Zielgröße angesehen. In zahlreichen Marketingdefinitionen stellt die Ausrichtung der Produkte und Dienstleistungen an den Bedürfnissen und Wünschen der Konsumenten und damit die Steigerung der Kundenzufriedenheit das oberste Ziel dar. In der Marketingpraxis hat sich die Erkenntnis durchgesetzt, dass zufriedene Kunden sich tendenziell gegenüber dem Anbieter **loyaler** verhalten und **höhere Umsätze** generieren. Dies spiegelt sich in den Unternehmensgrundsätzen und Visionen zahlreicher Unternehmen wider, was die folgenden Beispiele verdeutlichen: "The Ritz Carlton Hotel is a place where the genuine care and comfort of our guests is our highest mission." (Ritz Carlton) "Der Kunde bestimmt unser Handeln. Herausragender Kundennutzen ist unser Ziel. Unser Erfolg hängt von der Zufriedenheit der Kunden ab. Mit unseren Lösungen erreichen sie ihre Ziele schneller, besser und einfacher." (Siemens). Den Zusammenhang von Kundenzufriedenheit auf der einen Seite und Unternehmenserfolg und -wert auf der anderen Seite haben Anderson / Fornell / Mazvancheryl (2004) empirisch bestätigt. Die wichtigsten und umfassendsten Darstellungen zu Grundlagen, Gestaltung, Messung, und Relevanz von Kundenzufriedenheit haben Oliver (1996) und Homburg (2006) vorgelegt.

Die **Entstehung von Kunden(un-)zufriedenheit** zählt zu den Nachkaufprozessen. Im Folgenden wird dargestellt, wie es zum (Un-)zufriedenheitsurteil des Kunden kommt (vgl. Abbildung 3.15).

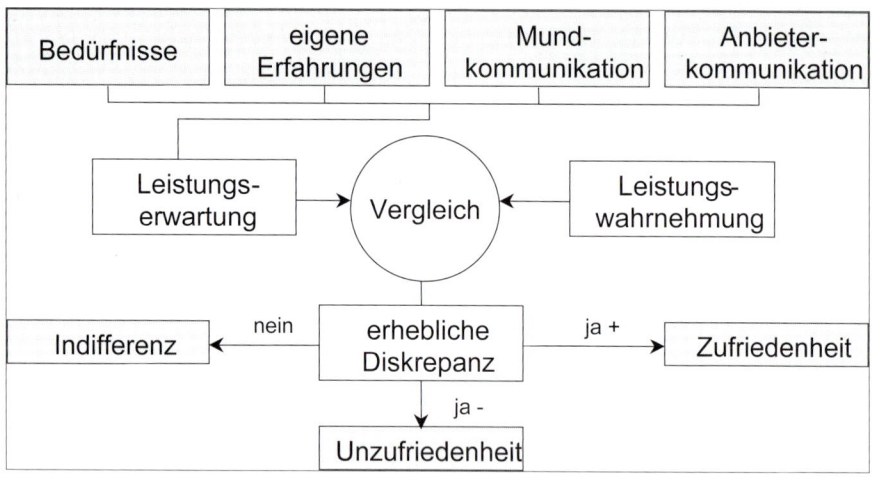

Abbildung 3.15: Entstehung von Kunden(un)zufriedenheit
Quelle: in Anlehnung an Stauss / Seidel 1998, S. 41

Generell geht man davon aus, dass der Vergleich des Konsumenten zwischen der erwarteten und der wahrgenommenen Leistung zu (Un-)Zufriedenheit führt (**"confirmation/disconfirmation paradigm"**). Stimmen erwartete und erlebte Leistung gerade überein, so ist der Konsument weder besonders zufrieden noch unzufrieden, sondern **indifferent**. Werden seine Erwartungen an einen Leistung noch übertroffen, führt dies zu **Zufriedenheit**. Tritt hingegen eine negative Diskrepanz zwischen der erwarteten und der wahrgenommenen Leistung auf, so ist der Kunde **unzufrieden**.

Bei der **Bildung der Erwartungshaltung** spielen vier Gruppen von Einflussfaktoren eine Rolle:

Die **Bedürfnisse** des Kunden beeinflussen wesentlich seine Erwartungen. So hat beispielsweise bei einer Flugreise ein Geschäftsreisender ganz unterschiedliche Bedürfnisse im Vergleich zu einem Passagier, der in den Urlaub fliegt. Beim Geschäftsreisenden steht z. B. der Wunsch nach Pünktlichkeit und nach Arbeitsmöglichkeiten an Bord (Laptop-Anschluss etc.) im Vordergrund. Dagegen wünscht ein Tourist z. B. ein interessantes Unterhaltungsprogramm (Filme etc.) und die Möglichkeit, Sportgeräte (z. B. Mountainbike, Surfboard) als Gepäck mitnehmen zu können.

Verfügt der Kunde bereits über **eigene Erfahrungen** mit der betreffenden Leistung oder ähnlichen Produkten, so prägen diese seine Erwartungshaltung bei einem erneuten Kauf.

Insbesondere bei Dienstleistungen, die aufgrund ihres intangiblen Charakters vorab schlechter beurteilt werden können, sind die **Meinungen anderer Kunden** wichtig für die Bildung der eigenen Erwartungen an eine Leistung. Die Berichte von Freunden, Bekannten und Kollegen werden häufig als besonders glaubwürdig angesehen.

Schließlich beeinflusst die **Kommunikation des Anbieters** (z. B. Direktwerbung) die Erwartungen der (potentiellen) Käufer an eine Leistung.

Zur **Messung der Kundenzufriedenheit** wurden in Wissenschaft und Praxis unterschiedliche Verfahren entwickelt. Grundsätzlich unterscheidet man zwischen merkmals- und ereignisorientierten Verfahren (vgl. Homburg 2006). Die **merkmalsorientierten Verfahren oder multiattributive Ansätze** gehen von der Annahme aus, dass Konsumenten bei der Beurteilung der Güte einer Leistung zunächst einzelne Komponenten (z. B. in Bezug auf eine Rechtsberatung die Zuverlässigkeit des juristischen Urteils und das Verständnis für den individuellen Fall des Mandanten) bewerten und dann durch Aggregation dieser Teilurteile zu einem **Gesamtqualitätsurteil** gelangen. Bei der Messung geht man so vor, dass den Probanden eine Liste von Attributen, so genannten "Items", vorgelegt wird, welche diese auf einer in der Regel fünfstufigen Skala (von "trifft völlig zu" bis "trifft überhaupt nicht zu") bewerten. Zusätzlich wird in Bezug auf jedes Merkmal die erwartete oder gewünschte Leistung erhoben, so dass im Zuge der Auswertung Abweichungen zwischen den Ist- und den Sollwerten als Defizite identifiziert werden und gezielt verbessert werden können (vgl. Parasuraman / Zeithaml / Berry 1988).

Zur Messung der **Dienstleistungsqualität** wurde von Parasuraman, Zeithaml und Berry das SERVQUAL-Verfahren entwickelt, das auf dem so genannten GAP-Modell basiert (vgl. ausführlich Parasuraman / Zeithaml / Berry 1988). Als **Kritik** (vgl. Stauss / Hentschel 1990, S. 236f.; Hentschel 1992, S. 143f.) an den merkmalsorientierten Verfahren lässt sich anführen, dass durch das Vorlegen einer Liste dem Probanden Probleme vorgegeben werden, die dieser möglicherweise gar nicht als relevant erachtet, während die Liste andererseits vielleicht einige Probleme, die aus seiner Sicht gravierend sind, nicht enthält. Zudem entspricht die Formulierung in Form abstrakter Statements nicht der Kundenperspektive. Konsumenten machen ihr Qualitätsurteil meist an sehr konkreten, individuellen Erfahrungen mit einem Produkt bzw. einer Dienstleistung oder einem Anbieter fest. Merkmalsorientierte Verfahren erfassen dieses Erleben nicht in seiner Detailliertheit, sondern abstrahiert, so dass wesentliche Qualitätsinformationen bei der Erhebung verloren gehen.

Ziel der **ereignisorientierten Verfahren** ist es, diese Schwächen zu vermeiden (vgl. Hentschel 1992, S. 154 f.). Diesem Ansatz liegt die Annahme zugrunde, dass Konsumenten die Qualität einer Leistung anhand subjektiv wahrgenommener Ereignisse beurteilen. Ereignisse sind "alle vom Nachfrager aufgrund eines Kontaktes zu einem Anbieter wahrgenommene Vorfälle, die die Zweckmäßigkeit und/oder Güte der erlebten Leistung beispielhaft unterstreichen bzw. in Frage stellen" (Hentschel 1992, S. 155). Häufig beeinflusst somit nicht nur die betreffende Leistung das Qualitätsurteil des Konsumenten, sondern insbesondere auch situationsspezifische Faktoren. Um diese sehr spezifischen, kundenindividuellen Informationen zu erfassen, werden bei den ereignisorientierten Verfahren keine Qualitätsmerkmale oder Statements vorgegeben, sondern offene Fragen gestellt. Die Aussagen der Probanden werden im Originalton festgehalten (z. B. durch Tonbandaufzeichnung). Basierend auf einer Inhaltsanalyse lassen sich die geschilderten Ereignisse zu Kategorien verdichten. Diese Vorgehensweise liefert somit unverfälschte, sehr konkrete und häufig unmittelbar handlungsrelevante Qualitätsinformationen. Als **Kritik** ist der hohe Aufwand für die Erhebung und Auswertung der Daten anzuführen. Zudem sind die Daten im Zeitablauf schwer vergleichbar.

Die unterschiedlichen Ansätze zur Messung der Kundenzufriedenheit sind somit meist nicht als Alternativen anzusehen, sondern als komplementäre Verfahren. Die Anwendung mehrerer Messansätze trägt dazu bei, das (Un-)zufriedenheitsurteil der Kunden umfassender abzubilden.

Kundenzufriedenheit ist die zentrale Voraussetzung für **Kundenbindung**, d. h. dass Kunden wiederholt beim selben Anbieter kaufen. Jedoch führt eine hohe Kundenzufriedenheit nicht zwangsläufig zu Kundenbindung (und umgekehrt). (vgl. Jones / Sasser 1995, S. 91 ff.; Stauss 1997).

In zahlreichen Branchen wird die Bedeutung der **Kundenbindung** zunehmend erkannt (vgl. zum Thema Kundenbindung insbesondere Bruhn / Homburg 1998; Diller 1996; Tomczak / Dittrich 1997). Dies führt dazu, dass Marketingmaßnahmen nicht mehr primär auf die Vorkaufphase konzentriert werden, sondern der gesamte **Buying Cycle** des Kunden betrachtet wird, wobei insbesondere auch die Nachkaufprozesse des Kunden im Mittelpunkt stehen (vgl. Abbildung 3.16). Loyale Kunden kaufen vermehrt bei einem Anbieter und weisen ein höheres Cross-Selling-Potenzial (Kauf anderer Produkte beim gleichen Anbieter) auf. Zudem hat sich in vielen Fällen gezeigt, dass die Kosten zur Gewinnung eines Neukunden die Kosten zur Erhaltung und Pflege einer bereits bestehenden Kundenbeziehung um ein Vielfaches übersteigen (vgl. Reichheld / Sasser 1990). **Kundenbindungsmaßnahmen** verfolgen zum einen das Ziel, die Zufriedenheit und Loyalität zu erhöhen, zum anderen soll die Kaufhäufigkeit bzw. im Einzelhandel die Besuchshäufigkeit der Kunden gesteigert werden. Im Rahmen des aufgabenorientierten Ansatzes wird **Kundenbindung** neben Kundenakquisition, Leistungsinnovation und Leistungspflege als eine der vier Kernaufgaben im Marketing identifiziert (Tomczak /

Reinecke 1996, S. 6). Unter Kundenbindung sind sämtliche Maßnahmen zu verstehen, "(...) die zu kontinuierlichen oder vermehrten Wieder- und Folgekäufen führen bzw. verhindern, dass Kunden abwandern" (Tomczak / Reinecke 1998, S. 11).

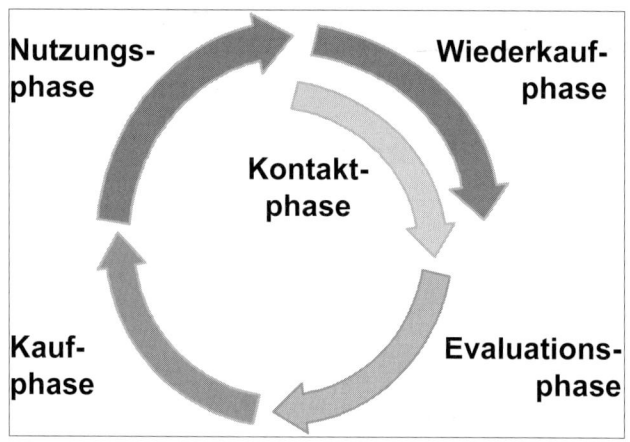

Abbildung 3.16: Buying Cycle des Kunden

Kundenbindungsmaßnahmen sollen sowohl effizient als auch effektiv sein. Es gilt also, einerseits die **richtigen Kunden** zu **binden**, andererseits die **Kunden richtig** zu **binden** (vgl. Tomczak / Dittrich 1997, S. 9). Zur Auswahl der Kunden, die das Unternehmen binden möchte, sind neben ökonomischen Größen wie Umsätzen und Deckungsbeiträgen auch vor-ökonomische Größen wie z. B. Cross-Selling-Potenzial und Referenzpotenzial (Weiterempfehlungen, die die Gewinnung neuer Kunden fördern) heranzuziehen. Kundenbindung berücksichtigt sowohl faktische als auch psychologische Bindungen (vgl. Abb. 3.17).

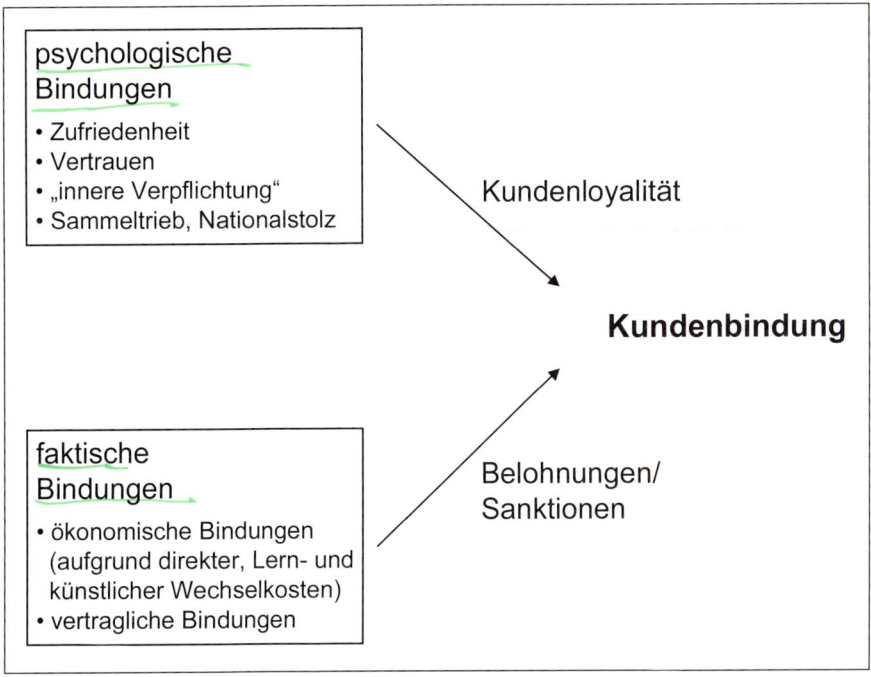

Abbildung 3.17: Psychologische und faktische Bindungsfaktoren
Quelle: in Anlehnung an Tomczak / Dittrich 1997, S. 14

Nach der Auswahl der richtigen Kunden, geht es darum, die Kunden richtig, das heißt mit Hilfe geeigneter Maßnahmen zu binden. Nach ihrer primären Zielsetzung lassen sich die Instrumente der Kundenbindung danach einteilen, ob sie vor allem darauf abzielen, Kundenpotenziale zu erhalten oder Kundenpotenziale auszubauen (vgl. Abb. 3.18).

Kundenpotenziale erhalten

Die Bedeutung der Kundenzufriedenheit und die Messverfahren wurden bereits beschrieben. Im Rahmen des **Kundenzufriedenheitsmanagements** werden die Ergebnisse nun ausgewertet und interpretiert. Auf dieser Basis lassen sich Verbesserungsmöglichkeiten ableiten, die längerfristig die Kundenzufriedenheit steigern und kontinuierliche Wiederkäufe fördern. Das **Beschwerdemanagement** (vgl. Stauss / Seidel 1998) umfasst alle unternehmerischen Aktivitäten der Planung, Realisation und Kontrolle von

Maßnahmen, die sich mit Äußerungen unzufriedener Kunden befassen. Ziel ist es, das vom Kunden vorgebrachte Problem schnell und angemessen zu lösen, um die Kundenzufriedenheit wiederherzustellen und so zu vermeiden, dass der Kunde zu einem anderen Anbieter wechselt. Ziel des **Rückgewinnungsmanagements** (vgl. Stauss 1997) ist es, unzufriedene Kunden, die die Geschäftsbeziehung zu einem Anbieter bereits beendet haben, für das Unternehmen zurückzugewinnen.

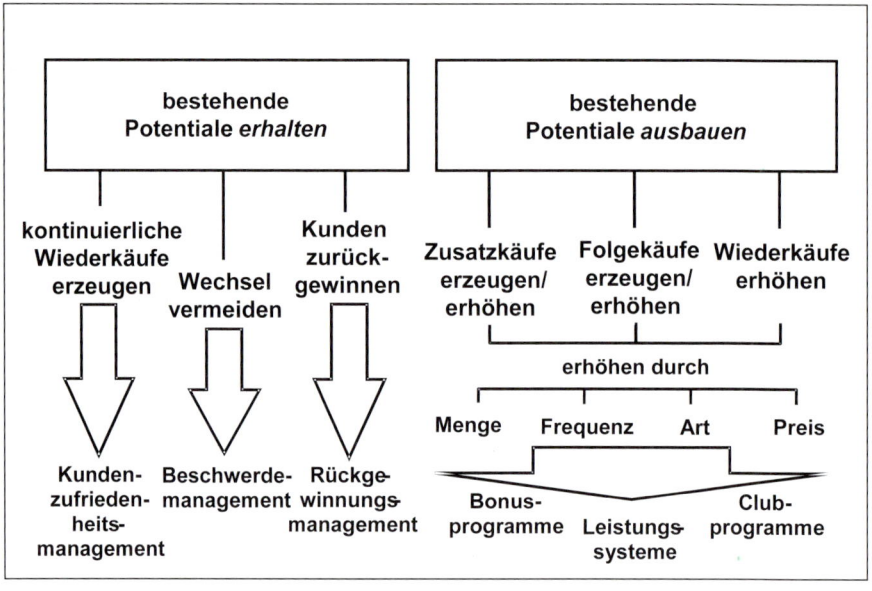

Abbildung 3.18: Erhalt und Ausbau von Kundenpotenzialen
Quelle: Tomczak / Dittrich 1999

Kundenpotenziale ausbauen

Bonussysteme dienen ebenso wie Leistungssysteme und Clubprogramme dazu, dass Kunden die gleiche Leistung wieder beim selben Anbieter beziehen, dass sie das Leistungspaket beim Anbieter ergänzen (z. B. Wartung, Ersatzteile) und dass sie weitere Produkte kaufen (vgl. Abb. 3.18).

Die Abgrenzungen zwischen Kundenkarten, Bonussystemen und Kunden-clubs sind häufig nicht trennscharf. So ist beispielsweise "IKEA Family" gleichzeitig ein Kundenclub und eine Karte mit Zahlungsfunktion, während der "UBS Key Club" eine Kombination aus einem Bonussystem und einem Kundenclub darstellt. Die einzelnen Instrumenten lassen sich jedoch nach ihren primären Zielsetzungen differenzieren: Bei einem **Kundenclub** steht die persönliche Kommunikation - zwischen den Clubmitgliedern unterein-ander einerseits und zwischen dem Unternehmen und den einzelnen Clubmitgliedern andererseits - im Mittelpunkt.

Darüber hinaus verschafft die Clubmitgliedschaft Zugang zu exklusiven Leistungen. **Kundenkarten** haben in erster Linie den Zweck, Informatio-nen über die Kunden zu gewinnen und zu systematisieren. Zudem stiftet die Karte für den Kunden einen Zusatznutzen, z.B. die Demonstration der Zugehörigkeit zu einer bestimmten Gruppe oder die Möglichkeit des bargeldlosen Einkaufs. Hauptzielsetzung von **Bonussystemen** ist es, Wiederholungskäufe systematisch zu belohnen und Anreize dafür zu schaffen, dass die Kunden die betreffende Einkaufsstätte häufiger besu-chen.

3.6 Exkurs: Käuferverhalten in virtuellen Welten

Im vorliegenden Kapitel wurde vor allem der Kaufprozess - von der Entstehung von Bedarf über Kaufentscheidungen bis zu Nachkauf-Prozessen - behandelt. Die einzelnen Phasen des Kaufprozesses werden zunehmend durch die vermehrte Nutzung elektronischer Kommunikati-onsmöglichkeiten beeinflusst. Aufgrund der anhaltenden und ungeheuren Dynamik bei der Entwicklung neuer Informations- und Kommunikations-technologien liegen in diesem Feld noch keine gesicherten und abschlie-ßenden Erkenntnisse vor. Im Folgenden sollen daher lediglich Erschei-nungsformen des Käuferverhaltens in virtuellen Welten und deren Auswir-kungen auf das Marketing von Unternehmen kurz dargestellt und diskutiert werden.

Unter einer **virtuellen Welt** wird die Darstellung und Wahrnehmung der Wirklichkeit in einer in Echtzeit computergenerierten Umgebung verstanden (vgl. hierzu und zum Folgenden Tomczak et al. 2006). Mit einer selbst geschaffenen Spielfigur, einem Avatar, können sich Spieler durch diese Welt bewegen. Über das Internet erreichbare virtuelle Welten besitzen dabei meist verschiedene thematische Schwerpunkte (Fantasy / Realitätsnähe, Kampf-Orientierung / soziale Interaktion) und sprechen damit auch unterschiedliche Zielgruppen an. Während sich z.B. "There, the Sims Online" und "Habbo Hotel" vorwiegend an Teens richtet, sprechen "Second Life" und "Entropia Universe" auch ältere Generationen an.

Nach Schätzungen gab es 2006 mehr als 10 Millionen Menschen, die zwischen 10 und 15 US$ für die Teilnahme in einer der Online-Welten bezahlen und ihre Zahl verdoppelt sich jedes Jahr. Millionen mehr agieren in gebührenfreien Spielen. **"Second Life"** ist eine der immer populärer werdenden Online-Welten. Im Gegensatz zu anderen MMORPGs (Massively Multiplayer Online Role-Playing Games) wie der Fantasywelt "World of Warcraft" ist "Second Life" kein Spiel im eigentlichen Sinne, denn ein definiertes Ende oder zu verfolgendes Ziel fehlt. Es ist vielmehr eine Internet-Plattform, in der Menschen kommunizieren, flirten, Geschäfte unter Verwendung von sogenannten Lindendollars treiben sowie mit Werkzeugen Häuser, Gegenstände oder ihr eigenes Königreich erschaffen können.

Im September 2006 eröffnete der Sportartikelhersteller Adidas in "Second Life" einen virtuellen Adidas-Shop, in dem zunächst ein einziges neues Produkt präsentiert wurde, der neue "a3 Microride"-Schuh. Der reale Sneaker wurde nicht nur in ein 3D-Modell umgesetzt, sondern es wurde versucht, dem Produkt auch in der virtuellen Welt einen added value zu geben. Wie der Schuh im realen Shop bietet a3 Microride "the ultimate blend of bounce and flexibility with minimum weight". In der virtuellen Welt verleiht der Schuh seinem Träger die Fähigkeit, sich in langen, gleitenden Sprüngen fortzubewegen. Auf verschiedenen Testflächen kann der Käufer den Effekt des 50 Lindendollar teuren - und damit für jeden SL-Bewohner erschwinglichen - Sneaker ausprobieren. Im Oktober 2006 erweiterte Adidas - dieses Mal gemeinsam mit der Schwesterfirma Reebok

- das bisherige Konzept. Direkt in der Nachbarschaft des gegründeten Adidas Shops wurde mit "Reebok Island" eine Art eigener "Stadtteil" geschaffen.

Durch ihren Schritt in die virtuelle Welt profitieren Adidas und Reebok in vielerlei Hinsicht. Klassische Werbung kann im Zeitalter der Informations- und Reizüberflutung oft nur noch Aufmerksamkeitsspannen im Sekundenbereich bewirken. Die virtuelle Welt "Second Life" hingegen, in der Werbemaßnahmen weitgehend noch Neuland bedeuten, lässt Adidas und Reebok eine Präsenz ausschöpfen, die derzeit mit klassischen Medien nicht mehr zu erreichen ist. Durch die Augen seines Avatars wird der Spieler am Bildschirm direkt mit den virtuellen Werbemaßnahmen der beiden Sportartikelhersteller konfrontiert: Neben dem Einsatz gewohnter Werbeflächen sind z.b. auf "Reebok Island" auch Basketball-Courts gebranded. In ihren virtuellen Shops machen Adidas und Reebok schließlich die Produkte durch die 3D-Umgebung für den Kunden erlebbar. Ihre Präsenz in "Second Life" spricht dabei insbesondere die Zielgruppe junger Menschen an.

Darüber hinaus besteht die Absicht, durch den Verkauf der Schuhe in der virtuellen Welt auch Käufe in der realen Welt anzuregen. Ein Käufer, der sich bereits im Spiel mit dem Produkt auseinandergesetzt hat und hier aktiv die Entscheidung getroffen hat, seinem synthetischen Ebenbild einen bestimmten Schuh zu kaufen, verspürt vermutlich auch im wirklichen Leben eher den Wunsch, sich selbst den gleichen Sneaker zu beschaffen. Last but not least verfolgen Adidas und Reebok das Ziel, ihre Konsumenten besser kennen zu lernen. Daher wird versucht, die Community- und Feedback-Möglichkeiten der virtuellen Welt "Second Life" wirksam einzusetzen. Es sollen beispielsweise Erkenntnisse darüber gewonnen werden, was der Adidas-Slogan "Impossible is nothing" für das Second Life-Marktsegment bedeutet.

Die Bemühungen der Marktforschung beschränken sich aber nicht nur auf diesen Slogan. Denn die Avatare sind zwar - rein optisch - nicht das Ebenbild des Konsumenten, sie gewähren jedoch wichtige Einblicke in die versteckten Träume und Präferenzen seines Erschaffers. "Marketing depends on soliciting people's dreams. (…) And here those dreams are on overt display" (Henry Jenkins, Leiter des MIT Comparative Media Studies Programms). Adidas kann hier die Chance nutzen zu beobachten, wie ihr virtuelles Produkt genutzt wird oder welche Produkteigenschaften präferiert werden. Profile potenzieller Kundensegmente können so erstellt werden. Selbst Informationen über das Verhalten der Avatare sind speicher- und auswertbar. Jede Bewegung, jede Diskussion über ihr Produkt kann als Informationsquelle für die Optimierung des Marketing genutzt werden.

4 Externe Einflussfaktoren des Konsumentenverhaltens

4.1 Überblick

In den Kapiteln 2 und 3 wurden Ausgangsbedingungen (z.B. Wissen von Konsumenten) und Ablauf von Kaufprozessen diskutiert. Dabei sind externe Faktoren, die das Verhalten von Konsumenten beeinflussen können, zunächst ausgeklammert worden. Als externe Einflussfaktoren werden hier Wirkungen bezeichnet, die von ökonomischen Bedingungen (einzel- und gesamtwirtschaftlicher Art), vom sozialen Umfeld und von den Besonderheiten der jeweiligen Kaufsituation ausgehen. Dem entsprechend ist das vorliegende 4. Kapitel strukturiert.

Der direkteste und wohl stärkste **ökonomische Einfluss** auf das Konsumentenverhalten geht vom Einsatz der Instrumente des **Marketing** (Werbung, persönlicher Verkauf etc.) aus. Demgegenüber versucht die **Verbraucherpolitik**, die Position des Konsumenten durch bessere Information (z.B. Warentests) oder Schutzmaßnahmen (z.B. Einwirkung auf das Lebensmittelrecht) zu stärken. Ergebnisse der **Wirtschaftspolitik,** die sich beispielsweise in Einkommens- oder Zinsänderungen niederschlagen, bestimmen natürlich den ökonomischen Rahmen für die Aktionsmöglichkeiten der Konsumenten. Daneben beeinflussen ökonomische und politische Rahmenbedingungen über das so genannte "**Konsumklima**" grundlegende Verhaltenstendenzen wie die Neigung zu größeren Anschaffungen bzw. deren Aufschub.

Von **sozialen Einflussfaktoren** gehen Wirkungen in zweierlei Richtung aus. Einerseits werden z.B. durch die Sozialisation innerhalb der **Familie** oder das **kulturelle Umfeld** Werte oder Präferenzen vermittelt. Konsumentenverhalten wird also - bewusst oder unbewusst - aktiv vom sozialen Umfeld beeinflusst. Andererseits passen sich Konsumenten an Erwartungen, Normen etc. ihrer **sozialen Umgebung** an, um Dissens zu vermeiden, Akzeptanz zu erreichen o.ä.

Letztlich kann noch die jeweilige **Situation** beim Einkauf oder bei der Produktverwendung Konsumentenverhalten beeinflussen. So ist leicht nachvollziehbar, dass die herrschende Außentemperatur den Einkauf von Erfrischungsgetränken oder die Erwartung von Gästen den Kauf von Lebensmitteln maßgeblich bestimmen können.

4.2 Ökonomisch geprägte Einflussfaktoren

4.2.1 Beeinflussung durch Anbieter

Eingangs ist schon erwähnt worden, dass das Kaufverhalten der Konsumenten wesentlich durch Maßnahmen der Anbieter beeinflusst wird. Beispielsweise regt eine auffällige Plakatwerbung zum Kauf einer bestimmten Zigarettenmarke an (Kommunikationspolitik) oder Snacks der Marke X werden bevorzugt von den Konsumenten nachgefragt, da sie an Tankstellen erhältlich sind (Distribution). Daher investieren Unternehmen hohe Beträge, um gezielt Präferenzen bei den Konsumenten für die eigenen Produkte zu schaffen und deren Absatz zu fördern. Hierzu dienen die Instrumente und die konkrete Ausgestaltung des **Marketing-Mix**.

Um die im Rahmen der Marketingplanung festgelegten Marketingziele zu erreichen und die jeweilige Marketingstrategie umzusetzen, setzen Marketing-Manager den so genannten Marketing-Mix ein. In der Regel wird der Marketing-Mix in die folgenden vier Instrumentalbereiche eingeteilt:

- Produktpolitik bzw. Marktleistungsgestaltung
- Preisgestaltung bzw. Preis- und Kontrahierungspolitik
- Kommunikationspolitik bzw. Marktbearbeitung
- Distributionspolitik bzw. Vertriebspolitik.

Marktleistungs-gestaltung bzw. Produktpolitik	Preisgestaltung	Markt-bearbeitung bzw. Kommunika-tionspolitik	Distribution
• Qualität • Ausstattung/ Verpackung • Programm/ Sortiment • Markierung • Service/ Kundendienst	• (Listen-)Preis • Rabatte/ Konditionen • Absatz-finanzierung	• Werbung • Verkaufs-förderung • (Produkt-)PR	• Gebiet • Kanäle • Organe • Logistik
Angebotspolitik			

Abbildung 4.1: Überblick über das Marketinginstrumentarium
Quelle: Kuß / Tomczak 2004, S. 216

Dabei geht es nicht nur um die konkrete Ausgestaltung der einzelnen Instrumente. Von besonderer Bedeutung für den Erfolg des eingesetzten Marketing-Mix sind zudem das **Zusammenwirken** und die **Abstimmung** der einzelnen Maßnahmen sowohl innerhalb eines Instrumentalbereichs (z. B. Werbung, Verkaufsförderung, Sponsoring etc. innerhalb des Kommunikationsmix) als auch der Instrumentalbereiche untereinander, d. h. des gesamten Marketing-Mix. Wie die jeweilige Leistung von den Konsumenten wahrgenommen wird, hängt nicht nur von der Kommunikationspolitik ab, sondern wird in hohem Maße auch von den übrigen Marketing-Mix-Instrumenten beeinflusst.

So spielt beispielsweise bei Sportbekleidung nicht nur die funktionelle Verarbeitung, die Strapazierfähigkeit sowie der Tragekomfort eine Rolle für den Konsumenten; der vom Kunden wahrgenommene Wert dieser Artikel hängt auch ganz entscheidend vom **Image** der jeweiligen Marke ab. Zudem beeinflussen häufig weitere Faktoren wie z. B. die Ladengestaltung und persönliche Erlebnisse während des Kaufprozesses (Beratungskompetenz und Freundlichkeit des Verkaufspersonals etc.) das Urteil der Konsumenten. Somit ist festzustellen, dass obwohl das Instrument der Werbung die nach außen hin am deutlichsten sichtbare Form der Kommunikation eines Anbieters ist, auch nahezu alle übrigen Elemente des Marketing-Mix den Konsumenten etwas kommunizieren (Robertson/Zielinski/Ward 1984, S. 215). Der wahrgenommene Wert einer Leistung aus Kundensicht setzt sich somit aus den Wirkungen **aller** Marketing-Mix-Instrumente zusammen.

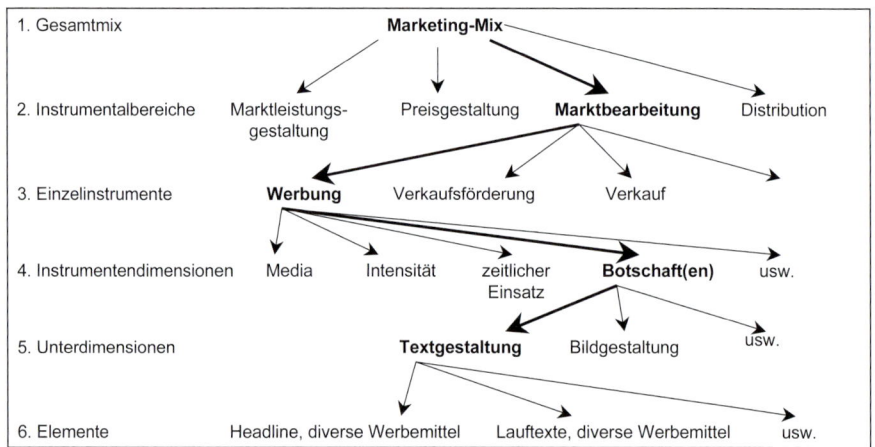

Abbildung 4.2:   Beispiel einer Instrumentehierarchie
Quelle: in Anlehnung an Kühn 1995, S. 13

Innerhalb der einzelnen Bereiche des Marketing-Mix lässt sich eine Strukturierung in Einzelinstrumente vornehmen. Diese gliedern sich wiederum anhand mehrerer Dimensionen und Unterdimensionen in einzelne Elemente (vgl. Abb. 4.2). Diese Darstellung macht deutlich, dass den Marketing-Managern eine große Anzahl von Kombinationsmöglichkeiten der Marketing Mix-Instrumente zur Verfügung steht. Die Herausforderung besteht somit darin, geeignete Kombinationen an Maßnahmen auszuwählen, um das Verhalten der Konsumenten wirksam zu beeinflussen.

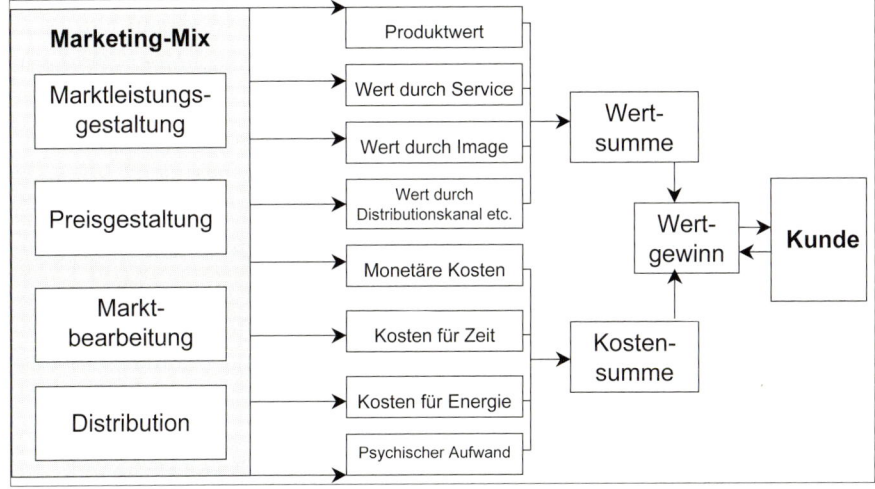

Abbildung 4.3: Wertgewinn des Kunden
Quelle: in Anlehnung an Kotler / Bliemel 2006, S. 58

Der **Wertgewinn** aus Sicht des Kunden (vgl. Abb. 4.3) in Bezug auf eine spezifische Leistung spielt bei Kaufentscheidungen eine zentrale Rolle (vgl. Kotler / Bliemel 2006, S. 57 ff.). Die Differenz zwischen Wertsumme und Kostensumme ergibt den Wertgewinn, d.h. ein Konsument trifft die Wahl für eine bestimmte Leistung, wenn deren wahrgenommene Wertsumme die wahrgenommene Kostensumme übersteigt. Wie in Abb. 4.3 dargestellt, beeinflusst der gesamte Marketing-Mix sowohl die einzelnen Komponenten der wahrgenommenen Wertsumme als auch die der Kostensumme. In Bezug auf die Wertsumme lassen sich in diesem Zusammenhang folgende Faktoren nennen:

- **Produktwert** (Konsumenten beurteilen ein Produkt nicht nur nach seiner Funktionalität, sondern z. B. auch aufgrund unterschiedlicher Ausstattungen und verschiedener Verpackungsarten und -designs.)
- **Wert durch Service** (Hierbei sind Anreicherungen der Produkte durch Angebote von Zusatzdienstleistungen wie z. B. Wartungsverträge, Schulungen, Beratung zu berücksichtigen.)

- **Wert durch Image** (Das Image eines Anbieters generell sowie die Markenstärke bei Markenartikeln bzw. das Prestige eines Produkts - insbesondere bei Luxusgütern wie Uhren, Autos etc. - kann zu unterschiedlichen Wahrnehmungen weitgehend austauschbarer Produkte führen.)
- **Wert durch Distributionskanal** (Konsumenten beurteilen möglicherweise dasselbe Produkt besser oder schlechter, je nachdem wo es erhältlich ist, z. B. Vertrieb über exklusive Boutiquen, und je nachdem, wie kompetent und freundlich das Verkaufspersonal auftritt.)

Im Folgenden wird für die verschiedenen Marketinginstrumente anhand je eines Beispiels dargestellt, wie einzelne Maßnahmen die Kaufentscheidungen der Konsumenten beeinflussen.

Generell betreffen Entscheidungen im Rahmen der **Produktpolitik** alle Aspekte des Designs, der verwendeten Materialien und der Qualitätskontrolle, die auf ein bestimmtes Produkt bzw. eine Dienstleistung angewendet werden. Unternehmen bieten in der Regel ein Produktportfolio an, d.h. eine Palette mehrerer Angebote, die die unterschiedlichen Präferenzen der Konsumenten im betreffenden Markt ansprechen sollen. Zudem werden laufend neue Produkte entwickelt, während bestehende Produkte aus dem Sortiment genommen werden, wenn sie den Bedürfnissen der Konsumenten nicht mehr entsprechen.

Das folgende Beispiel für eine Entscheidung im Rahmen der Produktpolitik demonstriert, wie sich mit Hilfe bestimmter Maßnahmen das Kaufverhalten der Konsumenten beeinflussen lässt: Die Verjüngung bzw. Neugestaltung des Logos und Schriftzugs - insbesondere bei Markenartikeln - trägt dazu bei, die Akzeptanz der Konsumenten für das eigene Produkt zu sichern bzw. neu zu beleben. So lässt sich bei bekannten Markenartikeln wie z. B. Coca-Cola, Milka und Persil, die sich bereits seit Jahrzehnten am Markt befinden, feststellen, dass die jeweiligen Logos und Schriftzüge im Laufe der Jahre immer wieder verändert wurden. Dabei wurde stets darauf geachtet, das Logo nicht zu stark zu verändern, um auch weiterhin dem gelernten Markenbild zu entsprechen und dessen Wiedererkennung bei den Konsumenten zu sichern. Dennoch sind regelmäßige Aktualisierungen notwendig, um den Trends der Zeit Rechnung zu tragen und nicht antiquiert zu wirken sowie um die Konsumenten erneut auf das Produkt aufmerksam zu machen.

Aus der Produktpolitik heraus hat sich die **Markenpolitik** bzw. **Markenführung** entwickelt, die inzwischen im Marketing eine herausragende Bedeutung hat. Esch (2005, S. 23) definiert eine **Marke** in folgender Weise: „Marken sind Vorstellungsbilder in den Köpfen der Konsumenten, die eine Identifikations- und Differenzierungsfunktion übernehmen und das Wahlverhalten prägen." Damit wird der Bezug zu den im vorliegenden Buch behandelten verhaltenswissenschaftlichen Konzepten sowie den Überlegungen zu Kaufprozessen (siehe Kapitel 3) sofort deutlich. Auch die im Zusammenhang mit der Markenführung gängigen Begriffe wie Markenimage oder Markenbindung weisen in die gleiche Richtung. Typischerweise geht es darum, Marken bekannt zu machen, mit ihnen bestimmte Vorstellungsbilder, Qualitätserwartungen und Emotionen zu verbinden (→ Konsumenten-Wissen, Lernprozesse) und dadurch Bindungen an die Marke und Wiederholungskäufe (→ Markentreue, Habitualisierung) zu erreichen. Für Einzelheiten muss hier auf die umfangreiche Spezialliteratur, insbesondere auf die führenden Lehrbücher Esch (2005), Keller (2003) und Meffert / Burmann / Koers (2005) verwiesen werden.

Bei der **Preispolitik** legen Marketing-Manager fest, welcher Preis von den Kunden für ein Produkt bzw. eine Dienstleistung zu bezahlen ist. Hinzu kommen Entscheidungen über Rabatte, Skonti, Boni etc. Die Festlegung des Preises stellt eine sehr komplexe Entscheidung dar, die stets unter einem gewissen Maß an Unsicherheit stattfindet, da vorab nicht genau prognostiziert werden kann, wie die Konsumenten auf bestimmte Preise reagieren werden. Bei der Bestimmung des Preises spielen unter anderem die Herstellungs- und Vertriebskosten sowie die Nachfragestruktur im betreffenden Markt eine Rolle, um nur einige Faktoren herauszugreifen. Als eine Maßnahme im Rahmen der Preispolitik ist das Beispiel der so genannten gebrochenen Preise zu nennen. Preise, die knapp unter einem glatten Preis liegen, sollen den Konsumenten einen niedrigen Preis suggerieren (z. B. 0,49 € bei Tafelschokolade). In welcher Höhe Preise als „gebrochen" bzw. „glatt" bezeichnet werden, hängt von der jeweiligen

Produktgruppe ab. So definiert man beispielsweise im Lebensmittel-einzelhandel Preise, die mit der Ziffer 1 bis 9 enden, als gebrochen (z. B. 1,99 €), während Preise, die auf volle €-Beträge (20 €) enden, als glatt bezeichnet werden. Empirische Untersuchungen (vgl. ausführlich Diller / Brielmaier 1996) haben allerdings ergeben, dass sich das Aufrunden gebrochener Preise häufig nicht negativ auf den Umsatz auswirkt: Die Konsumenten nehmen runde Preise als „ehrlicher" wahr und haben ein entsprechend positiveres Preisimage der betreffenden Einkaufsstätte. Einen Überblick über Aspekte der Preiswahrnehmung gibt Diller (2003).

Entscheidungen im Rahmen der **Distributionspolitik** beziehen sich auf die Wege und die Beteiligten, mit Hilfe derer das Produkt bzw. die Dienstleistung zum Endkunden gelangt. Eine wichtige Entscheidung dabei ist, welche Vertriebs- bzw. Handelspartner gewählt werden und in welchem Ausmaß diese dazu beitragen können, das Interesse und die Einkäufe der Konsumenten anzuziehen. In diesem Zusammenhang ist auch auf die zunehmende Bedeutung neuer Vertriebswege - Stichwort E-Commerce - hinzuweisen (s. Abschnitt 3.6). Als Beispiel für Entscheidungen über die Distribution von Produkten soll im Folgenden der Vertriebskanal Tankstelle betrachtet werden. Die Funktionen der Tankstellen als Vertriebsweg haben sich in den letzten Jahren deutlich gewandelt. Früher steuerten Konsumenten Tankstellen ausschließlich an, um zu tanken sowie weitere Dienstleistungen wie Autowäsche, Ölwechsel oder kleinere Reparaturen in Anspruch zu nehmen. Heute nutzen immer mehr Konsumenten Tankstellen nicht nur für den Einkauf von Reiseproviant, sondern auch, um den Bedarf an zahlreichen Gütern des täglichen Gebrauchs zu decken. Als Gründe hierfür sind zum einen die bis zur weitgehenden Freigabe der Ladenschlusszeiten in Deutschland deutlich längeren Öffnungszeiten, zum anderen die Tatsache zu nennen, dass sich Tankstellen häufig an Standorten befinden, die von den Konsumenten ohnehin frequentiert werden (Hauptverkehrsstraßen etc.), so dass keine Umwege notwendig werden, um Güter des täglichen Bedarfs einzukaufen.

Die Instrumente der Produkt-, Preis- und Distributionspolitik haben insgesamt die Aufgabe, die Voraussetzungen dafür zu schaffen, dass eine Transaktion stattfindet, d.h. dass die Konsumenten das betreffende Produkt des Anbieters nachfragen. Demgegenüber ist es Gegenstand der **Kommunikationspolitik**, potenzielle Konsumenten über das Produkt zu informieren und sie dahingehend positiv zu beeinflussen, dass sie einen Kauf des Produkts des Anbieters in Erwägung ziehen. Generell wird (klassische) Werbung in erster Linie eingesetzt, um den Absatz von Produkten bzw. Dienstleistungen in größeren Märkten zu fördern, die durch die Massenmedien sehr effektiv erreicht werden können, und wenn Produktinformationen und das Markenimage über diese Medien kommuniziert werden können. Hierfür lassen sich zahlreiche Beispiele anführen, die jeder kennt, etwa die TV-Spots bekannter Markenartikelfirmen wie Procter & Gamble und Coca-Cola. Demgegenüber spielt der persönliche Verkauf bei der Kommunikationspolitik für Industriegüter eine größere Rolle, da die Anzahl der potenziellen Kunden, die angesprochen werden sollen, kleiner ist und die Produktinformationen gezielt auf die Bedürfnisse einzelner Unternehmen abgestimmt werden müssen.

Gegenüber einzelnen Maßnahmen des Marketing Mix, insbesondere im Bereich der Kommunikationspolitik und dort vor allem bei der Werbung, wird gelegentlich der **Vorwurf der Manipulation** zum Nachteil der Konsumenten erhoben. Den Unternehmen, die für die betreffende Maßnahme, z. B. den Einsatz bestimmter Werbetechniken in einem TV-Spot, verantwortlich sind, wird zur Last gelegt, das Kaufverhalten der Konsumenten im Hinblick auf das beworbene Produkt so beeinflussen, dass sich die Konsumenten dieser Wirkung nicht bewusst werden und deswegen ihre Reaktionen darauf nur begrenzt kontrollieren können. Kritisiert wird in diesem Zusammenhang vielfach die so genannte **unterschwellige Werbung**, eine Werbetechnik, bei der eine Werbebotschaft so kurzzeitig präsentiert wird, dass sie kognitiv nicht wahrgenommen werden kann. Der Vorwurf lautet, dass dadurch die gedankliche Verarbeitung „ausgeschaltet" wird und eine besonders starke Wirkung auf das Kaufverhalten erfolgt (vgl. dazu Kroeber-Riel / Weinberg 2003, S. 275 ff.). Auf diese Werbetechnik wird im Zusammenhang mit der Kritik an den „geheimen Verführern" besonders oft verwiesen. Es gibt aber erhebliche Zweifel an den (angeblichen ?) wissenschaftlichen Belegen für die Wirksamkeit dieser Technik (vgl. Brand 1978).

Wesentlich solider ist das Wissen bezüglich der klassischen und **emotionalen Konditionierung** (vgl. ausführlich Kroeber-Riel / Weinberg 2003, S. 129 ff.; siehe auch Abschnitt 2.2.3), wobei man feststellen kann, dass hier wesentlich Vorgänge für die Konsumenten kognitiv nicht mehr kontrollierbar sind. Weiterhin ist in diesem Zusammenhang an den „Mere-Exposure-Effekt" zu erinnern, der im Abschnitt 2.5.1.4 skizziert worden ist.

4.2.2 Wirtschafts- und Verbraucherpolitik

Durch wirtschaftspolitische Maßnahmen werden vor allem die Rahmenbedingungen des Konsums geprägt, aber auch spezifische Verhaltensweisen von Konsumenten gezielt beeinflusst. Beide Aspekte seien hier durch einige Beispiele illustriert.

Zunächst zu den **Rahmenbedingungen,** durch die bestimmt wird, in welchem Maße überhaupt konsumiert werden kann. Selbstverständlich sind die Höhe und Entwicklung der **Einkommen** sowie die Höhe von Steuern und sozialen Abgaben mit ihren Wirkungen auf die Netto-Einkommen dafür maßgeblich. Aus der Höhe der Einkommen ergeben sich auch indirekt Wirkungen auf die Aufteilung der Mittel auf verschiedene Güterarten. So ist seit langem bekannt und leicht nachvollziehbar, dass mit steigendem Einkommen der Anteil der Ausgaben für Nahrungsmittel abnimmt ("Engelsches Gesetz"). Zu den Rahmenbedingungen zählt auch der jeweils marktübliche **Zins**. Er bestimmt einerseits die Stärke des Anreizes zum Sparen (und damit zum Verzicht auf Konsum) und andererseits Attraktivität der Finanzierung von Konsum durch Kredite (z.B. beim Erwerb von Wohneigentum).

Gezielte Beeinflussung von Konsumverhalten erfolgt durch spezielle **Verbrauchssteuern** oder **Vergünstigungen**. So sollen wohl Alkohol- und Tabaksteuer nicht nur die Staatskassen füllen, sondern auch den gesundheitlich problematischen entsprechenden Konsum einschränken. Ein weiteres Beispiel sind die seit Ende der 90er Jahre in Deutschland eingeführten Öko-Steuern, durch die der Energieverbrauch reduziert werden soll. Ein Beispiel für die positive Beeinflussung bestimmter Konsumentscheidungen sind die diversen Formen der in Deutschland über Jahrzehnte praktizierten Eigenheimförderung. Aktuelle Bedeutung haben Förderungen der individuellen Altersvorsorge erlangt. Indirekte Wirkungen auf Konsum gehen von bestimmten Infrastruktur-Maßnahmen aus. Hier sei nur an den Zusammenhang zwischen Straßenbau und Autoverkehr (und damit indirekt der Attraktivität von Auto-Käufen) erinnert.

Die **Verbraucherpolitik** lässt sich als Instrument der Wirtschaftspolitik verstehen, das dazu dient, leistungsorientierten Anbieter-Wettbewerb durch Stärkung der Position der Nachfrager zu stimulieren, aber auch als Gegengewicht zu den durch die Instrumente des Marketing (siehe Abschnitt 4.2.1) ausgeübten Einflüssen der Anbieter auf die Konsumenten. Abbildung 4.1 illustriert die Einschränkungen, denen die Marketing-Praxis bei der Beeinflussung von Konsumenten ausgesetzt ist, und die Rolle der Verbraucherpolitik dabei. Dort sind aufgeführt:

- **Gesetzliche Regelungen**, z.B. Lebensmittelrecht, Produkthaftungsrecht, Preisangabenverordnung
- **Kontrolle und Überwachung** durch Organisationen wie Verbraucherverbände, ADAC, Greenpeace
- **Wettbewerber**, die bessere Leistungen anbieten, einseitige Informationen relativieren oder gegen unlautere Vorgehensweisen rechtliche Schritte unternehmen
- **Ethik** der beteiligten Manager und Einflüsse, die von Selbstkontroll-Organisationen (z.B. Deutscher Werberat) ausgehen.

Letztlich finden Marketing-Praktiken ihre Beschränkungen auch durch die (begrenzte) **Akzeptanz bei den Konsumenten**. Die Verbraucherpolitik hat ihre Schwerpunkte bei der Beeinflussung gesetzlicher Regelungen durch Lobbyismus, bei der Kontrolle der Anbieter und entsprechender Öffentlichkeitsarbeit sowie bei der Information, Beratung und Bildung der Konsumenten. Darauf wird im Folgenden näher eingegangen.

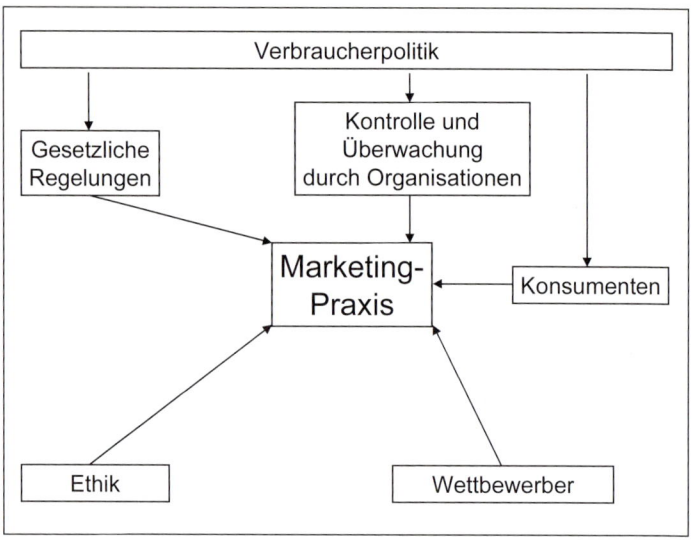

Abbildung 4.4: Beeinflussung der Marketing-Praxis zugunsten von Konsumenten

Die nachstehend umrissenen Aufgaben der Verbraucherpolitik werden hauptsächlich von entsprechenden Organisationen wahrgenommen. Diese **Verbraucherorganisationen** sind dadurch gekennzeichnet, dass die Wahrnehmung von Konsumenteninteressen im Mittelpunkt ihres Wirkens steht. Dabei werden Selbst- und Fremdorganisationen unterschieden (vgl. z.B. Kuhlmann 1990, S. 416 ff.). Von **Selbstorganisationen** spricht man, wenn sich Konsumenten selbst zusammenschließen und in dieser oder durch diese Organisation ihre Interessen vertreten.

Derartige Organisationen spielen im deutschsprachigen Raum derzeit nur eine geringe Rolle. Das liegt wohl vor allem daran, dass Verbraucherinteressen außerordentlich vielfältig sein können und der Nutzen von Aktivitäten der Mitglieder solcher Organisationen für diese selbst kaum erkennbar ist. Deswegen findet man heute Selbstorganisationen am ehesten dort, wo es um spezielle für die Mitglieder bedeutsame Aspekte des Konsums geht (z.B. Mietervereine, Automobilclubs). Früher hatten hinsichtlich einer breiter angelegten Wahrnehmung von Verbraucherinteressen die Konsumgenossenschaften, deren Hauptaufgabe in der preiswerten Güterversorgung ihrer Mitglieder bestand, eine große Bedeutung, die inzwischen durch die allgemeine Entwicklung des Einzelhandels (Handelskonzentration, Preiswettbewerb, Handelsmarketing) stark reduziert worden ist. Neuerdings haben sich die Möglichkeiten der Konsumenten zur Artikulation ihrer Interessen wieder verstärkt, weil sich im **Internet** entsprechende Plattformen entwickelt haben. Viele Unternehmen bieten ihren Kunden auf diesem Weg auch Möglichkeiten zur direkten Kommunikation.

Im Blickfeld der Verbraucherpolitik in der Bundesrepublik stehen heute hauptsächlich **Fremdorganisationen**. Das sind Organisationen, deren Aufgaben sich auf die Wahrnehmung von Konsumenteninteressen konzentrieren und die nicht von Verbrauchern, sondern von Dritten, insbesondere von staatlicher Seite, getragen und zum großen Teil auch finanziert werden. In der Öffentlichkeit der Bundesrepublik Deutschland am stärksten beachtet wird die **Stiftung Warentest**, deren Tätigkeitsschwerpunkte bei der Durchführung vergleichender Warentests und der Publikation der entsprechenden Testergebnisse (Zeitschriften "Test" und "Finanztest") liegen.

Die in den Ländern der Bundesrepublik Deutschland bestehenden **Verbraucherzentralen** konzentrieren sich auf die Beratung und Information von Konsumenten in besonderen Beratungsstellen sowie auf die Öffentlichkeitsarbeit. Seit dem 1. November 2000 sind im „Verbraucherzentrale Bundesverband e.V." (vzbv) die Verbraucherzentralen und die früher existierenden Arbeitsgemeinschaft der Verbraucherverbände (AgV), Verbraucherschutzverein und Stiftung Verbraucherinstitut organisatorisch zusammen gefasst (Quelle: www.vzbv.de). Das Wirken des vzbv wird am deutlichsten sichtbar im Zusammenhang mit der Beeinflussung verbraucherpolitisch relevanter staatlicher Maßnahmen (Lobbyarbeit) und durch entsprechende Öffentlichkeitsarbeit. Weiterhin wird Verbraucherrechtsschutz sowie entsprechende Aus- und Weiterbildung angeboten.

Neben der Tätigkeit von Verbraucherorganisationen hat in Deutschland aktuell der direkte staatliche Einfluss auf Verbraucherfragen deutlich an Bedeutung gewonnen. Das zeigt sich bei Aktivitäten der EU (z.B. Einschränkungen der Tabakwerbung) und der durch diverse Lebensmittelskandale ausgelösten stärkeren Betonung des Verbraucherschutzes in der

Politik der Bundesregierung und wird besonders sichtbar in der Einrichtung eines Bundesministeriums für Ernährung, Landwirtschaft und **Verbraucherschutz**.

Die Art der Tätigkeit von Verbraucherorganisationen ist vorstehend schon angeklungen. Die Schwerpunkte liegen bei der Information, Beratung und Bildung von Konsumenten. Hinzu kommen die Interessenvertretung gegenüber anderen Organisationen, der Öffentlichkeit und staatlichen Institutionen sowie die Aktivierung von Verbrauchern für die Wahrnehmung von deren eigenen Interessen. Letztlich wird durch Verbraucherorganisationen auch entsprechende Forschung angeregt (vgl. Ölander 2005; Reisch 2005), deren Umfang und Intensität aber hinter der auf kommerzielle Interessen ausgerichteten empirischen Marketing- und Konsumentenforschung weit zurückbleibt.

Hinsichtlich der Tätigkeit von Verbraucherorganisationen zeigt sich die Bedeutung der Käuferverhaltensforschung sehr deutlich, schließlich geht es darum, Käuferverhalten zu beeinflussen. Deshalb sollen im Folgenden Aspekte der Verbraucherinformationen und -beratung sowie der Verbraucherbildung erörtert werden.

Die Verbraucherinformation und -beratung wurden lange Zeit als "Königsweg" zur Stärkung der Position der Konsumenten gegenüber (vermeintlich) übermächtigen Anbietern angesehen. Man ging dabei davon aus, dass umfassende konsumbezogene Informationen den Verbrauchern die Möglichkeit eröffnen, Kaufentscheidungen zu treffen, die ihren Bedürfnissen möglichst weitgehend entsprechen. Dadurch sollen wiederum Industrie und Handel gezwungen werden, bedarfsgerechte und preiswerte Produkte anzubieten, um im Wettbewerb bestehen zu können.

Natürlich überlappt sich der Inhalt der Begriffe Verbraucherinformation und Verbraucherberatung, wobei dennoch beide schwerpunktmäßig charakterisiert werden können. **Verbraucherinformation** geschieht hauptsächlich durch Medien (z.B. Testzeitschriften, Pressemitteilungen, Internet-Angebote) und ist nicht auf die speziellen Probleme eines einzelnen Konsumenten in einer bestimmten Kaufsituation bezogen. Die

Verbraucherberatung vollzieht sich dagegen typischerweise im direkten Kontakt z.b. mit Mitarbeitern einer Verbraucherzentrale und ist deswegen eher geeignet, den besonderen Problemen eines Einzelfalls gerecht zu werden (z.b. bei der Mieter- oder Schuldnerberatung).

Auf Kuhlmann (1990, S. 317 f.) geht eine Strukturierung von Formen der **Verbraucherberatung** zurück, die in Abbildung 4.5 wiedergegeben ist. Die erste Unterscheidung hinsichtlich der Frage, ob Beratung ein Mittel oder einen Zweck darstellt, bezieht sich darauf, dass im Marketing insbesondere in den Instrumentalbereichen Distributionspolitik (persönlicher Verkauf) und Öffentlichkeitsarbeit (z.b. bei Energieversorgungsunternehmen) Beratungsleistungen bei potentiellen Kunden als Mittel zum Zweck der dauerhaften Sicherung des eigenen Absatzes erbracht werden, während im anderen Fall die Beratungsleistungen selbst und der damit verbundene Nutzen des Konsumenten im Vordergrund stehen. Die zweite Art der Beratung wird teilweise auf kommerzieller Basis (z.b. durch Rechtsanwälte, Vermögensberater) erbracht oder von öffentlichen Institutionen (z.b. Verbraucherzentralen) unentgeltlich oder gegen geringe Gebühren angeboten. Die letztgenannte Form der Beratung spielt im Rahmen der Verbraucherpolitik die wichtigste Rolle.

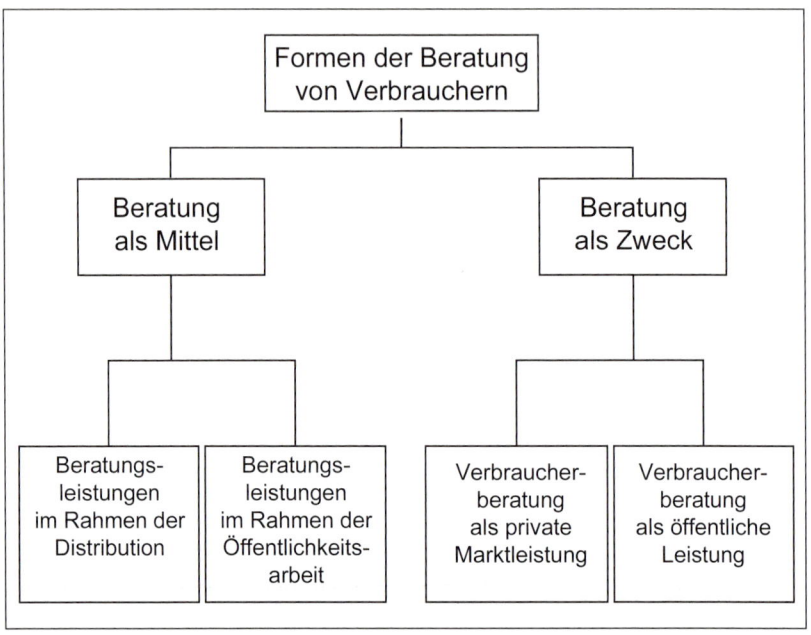

Abbildung 4.5: Formen der Beratung von Verbrauchern
Quelle: Kuhlmann 1990, S. 317

Hinsichtlich der Effizienz des von den verschiedenen verbraucherpolitischen Organisationen und Institutionen getragenen **Informations-
und Beratungsangebots** werden vor allem zwei kritische Argumente
vorgebracht:

- Man erreicht - zumindest mit dem bisherigen Angebot - die "**falsche**"
  Zielgruppe.
- Diesem Bereich der Verbraucherpolitik liegt ein **unzutreffendes
  Menschenbild** zugrunde.

Zunächst zum ersten Kritikpunkt. Verschiedene Untersuchungen (vgl. dazu
die Übersicht bei Kuhlmann 1990, S. 337 ff.) weisen mit großer Übereinstimmung darauf hin, dass die Nutzer von Verbraucherinformationen am
ehesten mittleren und gehobenen sozialen Schichten angehören. Entsprechende Daten erhält man vor allem durch Strukturuntersuchungen der
Leserschaft von Verbraucherzeitschriften. Der Kritikpunkt besteht darin,
dass offenbar die Bevölkerungsgruppen, die wegen ihres geringen Ein-

kommens oder wegen ihrer geringen Bildung am stärksten der Verbraucherinformation und -beratung bedürfen, durch die entsprechenden Medien schlecht erreicht werden.

Im Zusammenhang damit zu sehen sind auch die insgesamt relativ geringe Nutzung von Warentestergebnissen (vgl. Silberer 1979) und die eher seltene Inanspruchnahme von Verbraucherberatungsstellen (vgl. Silberer 1981) durch Konsumenten. Dieser Aspekt leitet über zu der Kritik, die von Kroeber-Riel / Weinberg (2003, S. 692 ff.) mit gewichtigen Gründen an den gängigen Praktiken der Verbraucherpolitik geäußert wird. Das zentrale Argument besteht darin, dass diese sich **einseitig** am Bild des rational handelnden Konsumenten orientiert und deswegen wenig wirkungsvoll ist.

Kroeber-Riel / Weinberg (2003, S. 695) kennzeichnen das Problem in plastischer Weise: "Der Konsument wird in der verbraucherpolitischen Kommunikation oft wie ein Computer behandelt". Sie stellen dem das durch vielfältige Ergebnisse der Konsumentenforschung begründete Bild eines hilfsbedürftigen Konsumenten gegenüber, das den Beschränkungen der menschlichen Informationsverarbeitungskapazität, dem begrenzten Zeitbudget von Verbrauchern bei der Vorbereitung von Kaufentscheidungen und der teilweise geringen Bedeutung von Einkäufen für den Konsumenten eher entspricht. Daraus abgeleitet wird ein Ansatz der Verbraucherpolitik, bei dem die Verbraucher nicht durch einen Schwerpunkt beim Informations- und Beratungsangebot überfordert werden, sondern vor allem Hilfe in Richtung **Vereinfachung von Kaufentscheidungen** erhalten.

Während sich Verbraucherinformationen auf spezielle Facetten des Käuferverhaltens (z.B. Kauf einer bestimmten Produktart) und Verbraucherberatung sogar auf individuelle Situationen beziehen, ist die **Verbraucherbildung** wesentlich breiter angelegt. Hier geht es darum, die Fähigkeiten von Konsumenten zur Gestaltung der ökonomischen Aspekte ihres Lebens oder bestimmte allgemein als nützlich angesehene Verhaltensweisen (z.B. Energie sparen, gesunde Ernährung) mit längerfristig angelegten Programmen zu beeinflussen. Von einigen Autoren werden vor allem Kinder und Jugendliche als Zielgruppe der Verbraucherbildung (Verbrauchererziehung) angesehen (vgl. z.B. Kuhlmann 1990; Biervert / Fischer-Winkelmann / Rock 1977). In dieser Perspektive hätte die Verbraucherbildung eine enge Verbindung zur Konsumentensozialisation (vgl. Abschnitt 4.3.3).

4.2.3 Konsumklima

Im vorigen Abschnitt sind wirtschafts- und verbraucherpolitische Einflüsse auf das Kaufverhalten von Individuen bzw. Haushalten betrachtet worden. Im Zusammenhang mit dem Konsumklima stehen dagegen Einflussfaktoren und Auswirkungen des Konsumverhaltens in **gesamtwirtschaftlicher** Sicht im Mittelpunkt des Interesses. Der Hintergrund für diese Erörterungen ist darin zu sehen, dass in den entwickelten Industrieländern in der Vergangenheit der Anteil der privaten Ausgaben für Güter und Dienstleistungen, die nicht ausschließlich für die notwendige Befriedigung menschlicher Grundbedürfnisse dienen, gestiegen ist. Damit wuchs auch der Entscheidungsspielraum der Konsumenten hinsichtlich ihrer Einkommensverwendung. Bei der Analyse, Prognose und politischen Beeinflussung gesamtwirtschaftlicher Prozesse muss man angesichts des hohen Anteils des privaten Verbrauchs an der Verwendung des Bruttoinlandsprodukts also in erhöhtem Maße das Verhalten der Konsumenten, das immer weniger durch nackte Notwendigkeiten determiniert wird, und seine Ursachen beachten. Abbildung 4.6 illustriert diesen Zusammenhang.

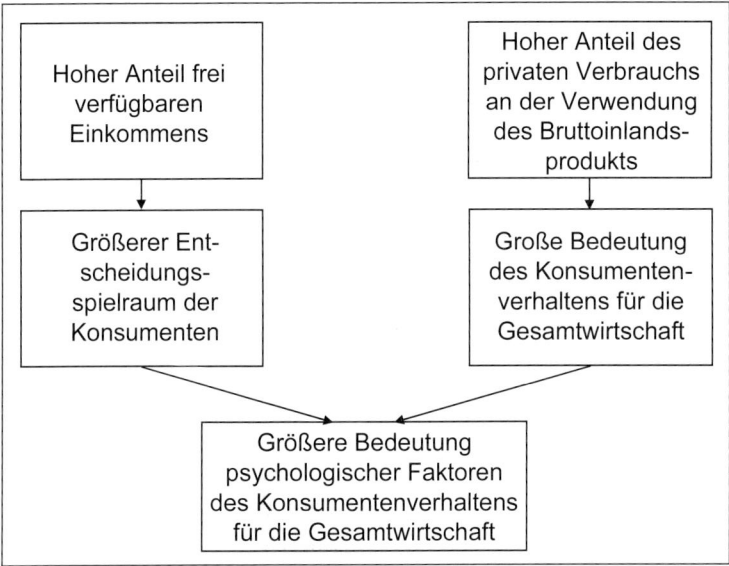

Abbildung 4.6: Bedeutung psychologischer Faktoren des Konsumentenverhaltens für die Gesamtwirtschaft

Hauptsächlich durch George Katona (vgl. Katona 1960 und 1975) ist nach dem Zweiten Weltkrieg die Verbindung von Nationalökonomie und Psychologie hergestellt und ein bedeutender Beitrag zur empirischen Überprüfung von Verhaltenshypothesen der ökonomischen Theorie geleistet worden. Katona geht davon aus, dass die Reaktionen von Personen auf bestimmte (hier: ökonomische) Reize **situationsabhängig** sind, also inter- und intrapersonell verschieden ausfallen können.

Beispielsweise kann auf eine inflationäre Entwicklung in Abhängigkeit von individuellen Präferenzen, Ausmaß der Inflation, Vertrauen zur Regierung usw. unterschiedlich reagiert werden: Möglicherweise werden Anschaffungen in Erwartung größerer Preissteigerungen vorgezogen; es könnte aber auch sein, dass in einer für die Gesamtwirtschaft als bedrohlich empfundenen Inflationsperiode Anschaffungen aufgeschoben werden, weil man im Hinblick auf erwartete Krisenzeiten sparen will (vgl. Katona 1974, S. 2 f.). Mit der Aussage, dass Verhalten allgemein, also auch ökonomisches Verhalten, situationsabhängig ist, werden die Annahmen der älteren volkswirtschaftlichen Theorie über einheitliche, determinierte Reaktionen auf ökonomische Stimuli (z.B. Einkommensänderungen) aufgegeben.

Die jeweilige Situation, die die individuelle, zeitpunktbezogene Reaktion der Wirtschaftssubjekte auf ökonomische Tatbestände (z.B. Einkommensänderung) beeinflusst, wird durch eine Vielzahl von Faktoren (z.B. Arbeitsmarktlage, Inflation) charakterisiert. Die Messung der Wirkung dieser häufig schlecht operationalisierbaren Teilaspekte des wirtschaftlichen Umfelds auf Kaufverhalten ist kaum möglich, zumal ja hier vor allem deren Zusammenwirken interessiert, wodurch die Komplexität des Messproblems noch vergrößert wird. Man beschränkt sich deshalb auf **indirekte Messungen**, indem man die durch die verschiedenen Einflussfaktoren zustande gekommenen bzw. veränderten Einstellungen und Erwartungen der Konsumenten ermittelt.

Ökonomisches Verhalten ist das Ergebnis des Zusammenwirkens dieser - mehr oder minder subjektiv wahrgenommenen - intervenierenden Variablen mit objektiven wirtschaftlichen Daten. Dieser Zusammenhang sei mit Hilfe einer schematischen Darstellung illustriert (vgl. Abb. 4.7). Die Zusammenfassung der für den privaten Verbrauch besonders wichtigen Einstellungen und Erwartungen von Konsumenten (in einem Land) wird als **Konsumklima** bezeichnet.

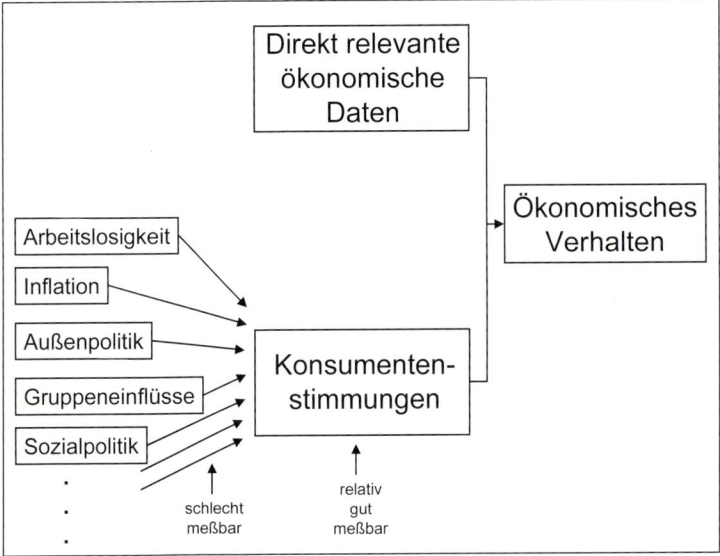

Abbildung 4.7: Zusammenhang von Konsumentenstimmungen und ökonomischen Daten

Die Einstellungen und Erwartungen der Verbraucher spielen eine besonders große Rolle, wenn eine Entscheidung mit bewussten Problemlösungsprozessen verbunden ist, also eine (in der Terminologie Katonas) "echte Entscheidung" vorliegt. Den Gegenpol bildet habituelles Verhalten.

Echte Entscheidungen finden vor allem im Zusammenhang mit seltener auftretenden, weit reichenden Problemen (z.B. größeren Anschaffungen) statt, während **habituelles Verhalten** hauptsächlich bei sich oft wiederholenden Käufen geringerer Bedeutung (z.B. Einkäufen für den täglichen Bedarf) entsteht (siehe dazu auch Abschnitt 3.3.3). Von besonderem Interesse im Hinblick auf die gesamtwirtschaftliche Relevanz des Konsumentenverhaltens sind zwei Arten von Entscheidungen:

- Entscheidungen über den Anteil des Einkommens, der **gespart** werden soll.
  Diese haben langfristige Auswirkungen, da sie häufig vertraglich fixiert werden (Bausparverträge usw.) und nach einiger Zeit größere Konsumausgaben ermöglichen.

- Entscheidungen über **größere Ausgaben** (Kauf von Eigenheimen, Automobilen, Reisen usw.)
  Diese stellen nicht nur eine gebündelte Verwendung des Einkommens aus früheren (Ersparnissen) und zukünftigen (Kredite) Perioden bei meist mittel- bis langfristiger Nutzungsdauer der erworbenen Güter dar, sondern berühren häufig auch so genannte Schlüsselindustrien.

In beiden Situationen werden typischerweise **echte Entscheidungen** vorgenommen: Die Einstellungen und Erwartungen der Konsumenten haben in diesen wichtigen Bereichen also eine relativ große Wirkung. Ergänzend kommt hinzu, dass derartige Ausgaben häufig aufschiebbar und damit besonders stimmungsabhängig sind. Es ist deshalb sinnvoll, zur Analyse und Prognose gesamtwirtschaftlicher Entwicklungen Daten über die Entwicklung des Konsumklimas heranzuziehen. Die jahrzehntelange Bewährung (s.u.) dieses Ansatzes in zahlreichen Ländern spricht für sich.

Messverfahren

Die methodischen Grundlagen zur Messung des Konsumklimas wurden am Survey Research Center (SRC) des Institute for Social Research (ISR) der University of Michigan unter der Leitung von George Katona gelegt und bis heute in den Grundzügen unverändert angewendet. Dort werden seit 1946 (!) regelmäßig - jetzt monatlich - Konsumentenbefragungen durchgeführt, bei denen einige wichtige Fragen in jeder Umfrage unverändert bleiben, so dass Schwankungen des Konsumklimas im Zeitablauf beobachtet werden können. Das am SRC entwickelte Instrumentarium ist dann seit den 1970er Jahren mit einigen nicht sehr gravierenden Änderungen von der Europäischen Union für entsprechende Erhebungen in ihren Mitgliedstaaten übernommen worden. Von den in jeder Erhebung in den USA gestellten Fragen beziehen sich einige ausdrücklich auf Konsumentenstimmungen (Quelle: www.sca.isr.umich.edu; März 2007):

- „Wir interessieren uns dafür, wie Leute in diesen Zeiten finanziell zurechtkommen. Würden Sie sagen, dass es Ihnen (und ihrer hier lebenden Familie) jetzt finanziell besser oder schlechter geht als vor einem Jahr?"

- „Jetzt der Blick nach vorn - glauben Sie, dass es Ihnen (und Ihrer hier lebenden Familie) in einem Jahr finanziell besser, schlechter oder etwa gleich gehen wird?"

- „Nun geht es um die wirtschaftliche Lage des Landes insgesamt - Glauben Sie, dass wir in den kommenden 12 Monaten wirtschaftlich gute oder schlechte Zeiten haben werden oder was sonst?"

- „Wenn Sie an die Zukunft denken, was ist nach Ihrer Einschätzung eher wahrscheinlich - dass wir im Land insgesamt durchgehend wirtschaftlich gute Zeiten während der kommenden ca. 5 Jahre haben oder dass wir Zeiten mit großer Arbeitslosigkeit oder wirtschaftlichem Rückgang haben oder was sonst?"

- „Nun zu den großen Sachen, die die Leute für ihre Einrichtung kaufen, Möbel, Kühlschränke, Herde, Fernseher und dergleichen. Allgemein gesagt, glauben Sie, dass es jetzt eine gute oder eine schlechte Zeit für die Leute ist, um große Anschaffungen für den Haushalt zu machen?"

Die Antwortverteilung bei den einzelnen Fragen wird durch eine Saldierung positiver und negativer Antworten zu einzelnen Werten zusammengefasst. Zusätzlich wird noch - hier etwas vereinfacht dargestellt - durch die Berechnung des Mittelwerts der so aggregierten Antworten auf diese Fragen ein Index der Konsumentenstimmung (**Index of Consumer Sentiment** -ICS-; in der Literatur auch bezeichnet als **Konsumklima-Index** bzw. als Index des Verbrauchervertrauens) ermittelt. Man nimmt an, dass die in den Index einfließenden Variablen den wichtigsten Teil des für Konsumentenentscheidungen relevanten psychologischen Feldes abdecken. In Deutschland werden entsprechende Befragungen vom Marktforschungsinstitut GfK (Nürnberg) monatlich durchgeführt (s.u.).

Wenn hinreichend viele Messungen vorliegen, lassen sich die Ergebnisse zu den einzelnen Fragen sowie der Index als Zeitreihe darstellen und im Zusammenhang mit anderen ökonomischen Reihen analysieren. Dabei können die Daten aus den Verbraucherbefragungen sowohl als unabhängige (Beispiel: Auswirkungen des Konsumklimas auf die Nachfrage nach Automobilen) als auch als abhängige Variable (Beispiel: Auswirkungen inflationärer Entwicklung auf das Konsumklima) verwendet werden.

In Abbildung 4.8 findet sich eine Darstellung des von der GfK (Nürnberg) erhobenen Konsumklima-Index im Zeitablauf (1996-Anfang 2007). Darin ist der enge Zusammenhang zwischen Konsumklima und realer Entwicklung des privaten Konsums deutlich erkennbar. Die Konsumklima-Messung der GfK unterscheidet sich von der Messung des ICS in den USA insofern etwas, als bei der GfK der entsprechende Indikator schwerpunktmäßig auf Angaben der Konsumenten zur Anschaffungs- und Spareigung sowie zur Einkommenserwartung beruhen (Quelle: www.gfk.com, März 2007).

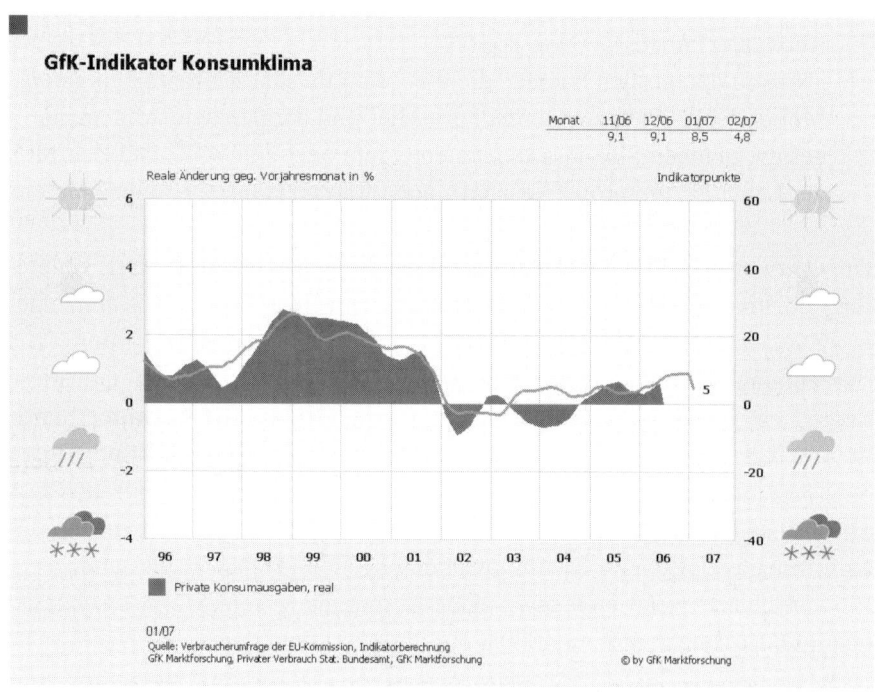

Abbildung 4.8:   Entwicklung des Konsumklimas in Deutschland 1996-2007

Quelle: Verbraucherumfrage der EU-Kommission / Indikatorberechnung GfK Marktforschung / Privater Verbrauch Statistisches Bundesamt / GfK Marktforschung

Erfahrungen mit Konsumklimadaten

Erfahrungen mit der Aussagekraft von Konsumklimamessungen sind vor allem in den USA gesammelt worden, da dort besonders lange Zeitreihen entsprechender Daten vorliegen. Im Hinblick auf die oben skizzierten theoretischen Grundlagen liegt es nahe zu untersuchen, ob tatsächlich die Entscheidungen über Ausgaben für größere Anschaffungen in erheblichem Maße von Konsumentenstimmungen beeinflusst werden.

Bei der praktischen Bearbeitung dieser Fragestellung betrachtet man bisher besonders häufig den Zusammenhang zwischen Neuzulassungen von Automobilen als abhängiger Variablen und dem Index der Konsumentenstimmungen als einer der unabhängigen Variablen. In den Autozulassungszahlen besitzt man leicht zugängliche aktuelle Daten für einen wichtigen Teil von Konsumausgaben für größere Anschaffungen; der ICS ist eine bewährte Maßgröße für das Konsumklima. Empirische Untersuchungen (vgl. www.sca.isr.umich.edu, März 2007) zeigen u.a. den wesentlichen Beitrag des ICS Erklärung der Verkaufszahlen von Autos und Einfamilienhäusern.

Weiterhin ist ein für die Verwendung von Messwerten des Konsumklimas zur Prognose ökonomischer Entwicklungen höchst willkommener **zeitlicher Vorlauf des ICS** gegenüber abhängigen Variablen feststellbar. Der Grund dafür ist vor allem darin zu sehen, dass Ausgaben für größere Anschaffungen meist relativ lang vorausschauend (mehrere Monate) geplant werden. Die Eignung von Konsumklimadaten als "leading indicator" wird zusätzlich dadurch wirksam, dass diese Daten im Gegensatz zu vielen anderen statistischen Erhebungen bereits kurze Zeit nach Durchführung der einzelnen Umfragen verfügbar sind.
Die vorliegenden, insgesamt positiven Erfahrungen mit Konsumklimadaten beschränken sich auf die Makro-Ebene; die Erklärung und Prognose **individuellen Verhaltens** mit Hilfe dieser Daten waren dagegen bisher **wenig erfolgreich.** Das liegt vor allem daran, dass bei individuellen Kaufentscheidungen neben den gemessenen (Konsumklima-) Variablen noch zahlreiche andere Faktoren, etwa der Ersatzbedarf bei langlebigen Konsumgütern, von Bedeutung sind, die aber nicht erhoben werden.

4.3 Soziale Einflussfaktoren

4.3.1 Kultur, Subkultur und soziale Schicht

In diesem Abschnitt werden drei Einflussfaktoren des Konsumenten-verhaltens angesprochen, die einen relativ hohen Allgemeinheitsgrad haben. Diese Faktoren sollen hier charakterisiert und durch Beispiele illustriert werden. Dabei wird jeweils auch auf deren Relevanz für das Konsumentenverhalten und damit für das Marketing eingegangen. Schon hier sei darauf hingewiesen, dass eine exakte Trennung zwischen Kultur und Subkultur bzw. zwischen Subkultur und sozialer Schichtung kaum möglich ist.

Kultur

Was versteht man unter Kultur? Hat Kultur hauptsächlich mit Literatur, Malerei, klassischer Musik etc. zu tun? Beispielsweise würden die in den Medien oft erscheinenden Begriffe der „Kulturhauptstadt Europas", des „Kultur-Tourismus" oder des „Kultur-Teils" einer Zeitung eine solch enge Sichtweise nahe legen. Andererseits deuten Begriffe wie „Ess- oder Tisch-kultur" oder auch der etwas antiquierte Begriff des „Kulturbeutels" auf die Möglichkeit einer umfassenderen Sichtweise hin. Natürlich wird hier von dem weiter gefassten Kulturbegriff ausgegangen, denn sonst wäre eine Relevanz für das Konsumentenverhalten ja kaum erkennbar. Einige **Definitionen** sollen umreißen, was hier unter Kultur verstanden wird:

- "Kultur ist die Zusammenfassung Bedeutungsinhalten, Gebräuchen, Werten und Traditionen, die von den Mitgliedern einer Organisation oder einer Gesellschaft geteilt werden" (Solomon 2004, S. 526).

- "Kultur umfasst gesellschaftlich übereinstimmende Muster im Denken, Fühlen und Handeln. Die kulturellen Verhaltensmuster umfassen vor allem grundlegende Werte und Normen, für eine Gesellschaft wichtiges Wissen und typische Handlungsmuster" (Kroeber-Riel / Weinberg 2003, S. 553).

- "Der Inhalt von Kultur umfasst die Auffassungen, Einstellungen, Ziele und Werte, die die meisten Menschen in einer Gesellschaft haben, ebenso wie die Bedeutung charakteristischer Verhaltensweisen, Regeln, Gebräuche und Normen, denen die meisten Leute folgen. Der Inhalt von Kultur umfasst auch die Bedeutung wesentlicher Aspekte der sozialen und physischen Umwelt, einschließlich der wichtigsten sozialen Institutionen in einer Gesellschaft (politische Parteien, Religionen, Handelskammern) und der typischen physischen Objekte (Produkte, Werkzeuge, Gebäude), die von den Angehörigen einer Gesellschaft benutzt werden" (Peter / Olson 1999, S. 269).

Im Hinblick auf die Kennzeichnung von **Werten**, die also ein zentraler Bestandteil einer Kultur sind, und Überlegungen zum Wertewandel im Zeitablauf sei auf Abschnitt 2.3 verwiesen. Gerade im internationalen Vergleich zeigen sich Unterschiedlichkeiten von Werten in verschiedenen Gesellschaften und deren Auswirkungen auf Konsum. So ist der Stellenwert individueller Freiheit in USA deutlich höher als in Europa und die Wertschätzung kulinarischen Genusses in Frankreich offenbar größer als in Großbritannien. Abbildung 4.9 enthält eine Übersicht, in der der Zusammenhang von Werten der US-Gesellschaft mit Aspekten des Konsumverhaltens an einigen Beispielen dargestellt ist. In Abschnitt 4.3.2 finden sich ausführlichere Erörterungen zur Relevanz kultureller Unterschiede für das internationale Marketing.

Wert	Allgemeine Kennzeichnung	Relevanz für das Konsumentenverhalten
Leistung und Erfolg, Aktivität	Harte Arbeit ist gut; Erfolg ergibt sich aus harter Arbeit Beschäftigt sein ist gesund und natürlich	Dient als Rechtfertigung beim Erwerb von Gütern ("Sie verdienen es") Stimuliert Interesse an Produkten, die Zeit sparen und Freizeit-Aktivitäten ausweiten
Materielle Bequemlichkeit	"Das gute Leben"	Begünstigt Akzeptanz nützlicher und luxuriöser Produkte, die das Leben angenehm machen
Individualismus	Man selbst sein (z.B. Selbstsicherheit, Eigeninteresse und Selbstachtung)	Stimuliert Akzeptanz "maßgeschneiderter" oder einzigartiger Produkte, die eine Person befähigen, die eigene Persönlichkeit darzustellen
Freiheit	Wahlfreiheit	Begünstigt Interesse an breitem Angebot und differenzierten Produkten
Jugendlichkeit	Geisteshaltung, die betont, im Wesen jung zu sein oder jung zu erscheinen	Stimuliert Akzeptanz von Produkten, die die Illusion der Erhaltung oder Begünstigung der Jugendlichkeit geben

Abbildung 4.9: Beispiele für Werte der US-Gesellschaft und deren Relevanz für Konsumverhalten

Quelle: Schiffman/Kanuk 1997, S. 433

Subkultur

Der Begriff Subkultur bezieht sich auf bestimmte **Teilgruppen** innerhalb einer Gesellschaft, nicht (wie der Begriff Kultur) auf die Gesellschaft insgesamt. Ansonsten geht es auch hier um geteilte Werte, Normen, übereinstimmende Verhaltensweisen etc. "Subkulturen sind unterscheidbare Gruppen von Leuten in einer Gesellschaft, die kulturell geprägte Gemeinsamkeiten bei affektiven oder kognitiven Reaktionsweisen (emotionale Reaktionen, Auffassungen, Werte und Ziele), Verhalten (Gebräuche, Abläufe und Rituale, Verhaltensnormen) und Umweltbedingungen ..... haben" (Peter / Olson 1999, S. 299 f.).

Typische **Beispiele für Subkulturen** in den USA sind die verschiedenen ethnischen Gruppen (z.B. Afro-Amerikaner, Hispanics), deren Normen, Werte und Verhaltensweisen sich in mancher Hinsicht von denen anderer Amerikaner unterscheiden. Hier gibt es sogar Gruppen, die nicht die sonst in den USA gebräuchliche Sprache Englisch beherrschen. Auch in der Bundesrepublik Deutschland spielen ethnische Subkulturen (z.B. Menschen türkischer oder asiatischer Herkunft) für das Marketing eine immer wichtigere Rolle. Weitere Beispiele beziehen sich auf religiös geprägte Gruppen (extremes Beispiel: Amish People in Pennsylvania), nicht-traditionelle Gruppen („Gay Community") oder regional verwurzelte Gruppen (z.B. traditionell geprägte Bayern vs. Hanseaten).

Als Merkmale, die für die Kennzeichnung von Subkulturen häufig von Belang sind, müssen vor allem

- **Region** und → region fasst andere Merkmale zusammen
- **Alter**

genannt werden. Dabei ist zu beachten, dass durch die Variable "Region" oftmals eine gewisse Menge religiöser Prägungen, Traditionen, Auswirkungen geografischer und ökonomischer Bedingungen (z.B. Anteil der Beschäftigten in der Landwirtschaft), klimatischer Einflüsse etc. zusammengefasst werden. In Deutschland findet man beispielsweise (immer noch) deutliche Unterschiede der Verbrauchsintensität verschiedener Produktarten in den unterschiedlichen Regionen. So ist der Verbrauch von Rum und klaren Spirituosen in Norddeutschland deutlich höher als in Süddeutschland. Dagegen sind im Süden z.B. der Weinkonsum und der Verbrauch von Frischteigwaren wesentlich größer. Das Alter allein hat relativ wenig Aussagekraft. Im Zusammenhang mit anderen Gesichtspunkten dient es aber oftmals zur Charakterisierung bestimmter Subkulturen.

Die **Stärke des Einflusses** der Zugehörigkeit zu einer Subkultur auf das Konsumentenverhalten hängt nach Assael (2004, S. 344) von drei Faktoren ab:

- **Besonderheit der Subkultur**
  Je stärker eine Subkultur ihre jeweilige Identität erhalten will, desto größer ist ihr potentieller Einfluss.
- **Homogenität der Subkultur**
  Je homogener die Werte in einer Subkultur sind, desto größer ist ihre Wirkung auf das Verhalten ihrer Mitglieder.

- **Abgeschlossenheit der Subkultur**
  Je stärker die Mitglieder einer Subkultur von andern Gruppen der Gesellschaft abgeschlossen sind, desto stärker ist der Einfluss der Subkultur.

Soziale Schicht

Das Merkmal "soziale Schicht" wird teilweise als eine Form von Subkulturen oder als eine weitere das Konsumentenverhalten beeinflussende Größe betrachtet. Eher gängig ist die Trennung von Subkultur und sozialer Schicht.

Die soziale Schicht kennzeichnet die Stellung eines Individuums bzw. einer Familie in einer Gesellschaft im Hinblick auf Status und Prestige. In den westlichen Industrieländern wird die Schichtzugehörigkeit maßgeblich bestimmt durch Beruf/ Ausbildung, Einkommen/ Vermögen, Abstammung (mit abnehmender Bedeutung) und Einfluss/Macht. Schichtzugehörigkeit hat wesentlichen Einfluss auf die soziale Anerkennung von Individuen. Schichten sagen also etwas über die **soziale Rangordnung** ihrer Mitglieder aus. Allerdings ist diese Rangordnung nicht starr festgelegt. Es existieren - von Gesellschaft zu Gesellschaft verschiedene - Möglichkeiten, den sozialen Status zu verändern (soziale Mobilität). Beispielsweise kann der erfolgreiche Abschluss eines Studiums zu einem sozialen Aufstieg führen, da sich dadurch Beruf, Ausbildungsstand und (hoffentlich) Einkommen ändern.

Die einfachste Art der **Einteilung von Schichten** ist die in Ober-, Mittel- und Unterschicht. Häufiger findet man etwas differenziertere Aufteilungen (z.B. obere Mittelschicht, untere Mittelschicht etc.). Allerdings erscheint es fraglich, inwieweit die Einordnung der Mitglieder einer Gesellschaft in als separierbar erscheinende Schichten überhaupt der Realität gerecht wird. Möglicherweise ist die Vorstellung, dass Schichten existieren, nur eine stark vergröbernde Annäherung an ein real existierendes Kontinuum einer sozialen Rangordnung.

Hoyer / McInnes (2004, S. 341 ff.) heben Bereiche des Konsums hervor, bei denen ein Einfluss der Schichtzugehörigkeit besonders deutlich ist:

- **Demonstrativer Konsum** / Statussymbole
  Dabei geht es darum, dass teure bis luxuriöse Produkte gekauft werden, um anderen Menschen den materiellen Erfolg des Käufers zu zeigen. Eine Voraussetzung dafür besteht darin, dass der Besitz des betreffenden Produkts von anderen wahrgenommen werden kann. Deswegen eigenen sich Luxus-Autos für demonstrativen Konsum wohl besser als kostbare Antiquitäten. Teilweise dient diese Form des Konsums auch dazu, einen angestrebten sozialen Status gewissermaßen vorwegzunehmen.

- **Kompensation durch Konsum**
  Hier steht die Möglichkeit im Mittelpunkt, Misserfolg und schlechte Chancen im Hinblick auf sozialen und materiellen Aufstieg durch den Konsum hochwertiger Produkte zu kompensieren. Diese sind gewissermaßen Symbole eines erstrebten aber nicht erreichten Status.

- **Bedeutung des Geldes**
  Mit höherem sozialem Status gewinnt Geld eine Bedeutung, die darüber hinausreicht, Mittel zur Befriedigung von Bedürfnissen zu sein. Seine Ansammlung steht stärker für Sicherheit, Freiheit und auch Macht.

Wenn Schichtzugehörigkeit Aussagekraft für das Konsumentenverhalten hat, dann existiert natürlich auch Interesse an entsprechenden **Messmethoden**. Die gängigsten Verfahren beruhen auf der Erhebung als relevant erscheinender Merkmale (z.B. Beruf, Einkommen, Ausbildung), die dann zu einem entsprechenden Indikator zusammengefügt werden.

4.3.2 Marketing-Anwendung: Kultur und internationales Marketing

Konsumenten kaufen Produkte häufig nicht aufgrund bestimmter Funktionen, die diese erfüllen, sondern aufgrund bestimmter Bedeutungen, die diese verkörpern. Daher können Kaufentscheidungen nicht erklärt werden, ohne den kulturellen Kontext zu berücksichtigen, innerhalb dessen sie getroffen werden. Kultur stellt eine Art „Brille" dar, durch die Konsumenten Produkte wahrnehmen. Somit spielen kulturelle Faktoren für Marketingentscheidungen eine wichtige Rolle - bereits auf der Ebene einzelner

Länder oder Regionen, aber insbesondere im **internationalen Marketing**. Der Begriff der Kultur wurde bereits in Kapitel 4.3.1 definiert und erläutert. Im Folgenden werden zunächst einige zentrale Begriffe eingeführt, die im Zusammenhang mit kulturellen Einflussfaktoren von Bedeutung sind. Sowohl Werte als auch Mythen und Rituale differieren je nach Kulturkreis, dies ist bei der Entwicklung internationaler Marketingstrategien zu berücksichtigen.

Wie bereits in Kapitel 4.3.1 erwähnt, zeichnen sich verschiedene Kulturen dadurch aus, dass sie über unterschiedliche **Werte** (siehe dazu Abschnitt 2.3) verfügen, was wiederum zu Unterschieden im Kaufverhalten in den einzelnen Ländern führt. Werte sind abstrakt und beinhalten keine spezifischen Verhaltensregeln, liefern jedoch die Basis für Normen, die wiederum definieren, welche Verhaltensweisen akzeptabel sind (vgl. Robertson / Zielinski / Ward 1984, S. 559). So spielt etwa in Deutschland der Wert der Pflichterfüllung eine wichtige Rolle. Für Marketing-Manager sind Werte aus zwei Gründen von besonderer Bedeutung: Zum einen gilt es, die Werte der jeweiligen Kultur zu respektieren und nicht zu verletzen. Dies hat z. B. zur Folge, dass in muslimischen Ländern keine Werbung für alkoholische Getränke betrieben wird. Zum anderen lässt sich durch Marketingmaßnahmen, insbesondere der Kommunikationspolitik, gezielt an bestimmte Werte einer Gesellschaft appellieren. So sprechen beispielsweise zahlreiche Werbekampagnen den in Deutschland und weiteren westlichen Ländern zentralen Wert der Selbstverwirklichung an (z. B. wirbt Unilever mit dem Slogan „Ich und mein Magnum" für Eiscreme).

Marketing-Manager orientieren ihre Strategien in manchen Fällen an der Struktur von Mythen. Daher ist ein grundsätzliches Verständnis kultureller Mythen aus Marketingsicht relevant. **Mythen** bezeichnen Geschichten mit symbolischem Gehalt, die die gemeinsamen Emotionen und Ideale einer Kultur ausdrücken, Sie ranken sich häufig um eine Art Konflikt zwischen zwei gegensätzlichen Kräften und ihr Ende beinhaltet eine moralische Aussage (vgl. Solomon 2004, S. 530). Angewendet auf Marketingzwecke lassen sich die Beispiele McDonald's und Adidas anführen. McDonald's weist hohe Ähnlichkeiten mit einem Mythos auf, da der Schriftzug mit dem charakteristischen M („Golden Arches") zu einem weltweit bekannten

Markenzeichen geworden ist - und damit praktisch zu einem Symbol für die U.S.-amerikanische Kultur. Dieses Zeichen steht weltweit für Hamburger und Fast Food. Das Logo der drei Streifen des Sportartikelproduzenten Adidas ist ebenfalls weltweit bekannt. Nachdem das Unternehmen in den 80er Jahren bei jüngeren Konsumenten Imageverluste gegenüber amerikanischen Konkurrenten wie Nike und Reebok zu verzeichnen hatte, gelang es Adidas seit den 1990er Jahren - da die Marke zunächst in der Technoszene zu Kultstatus gelangte - den Mythos der bekannten Marke mit den drei Streifen neu zu beleben und somit international das Image einer trendigen Marke aufzubauen.

Insbesondere bei der Analyse der Verwendungszwecke und -situationen bestimmter Produkte in verschiedenen Ländern ist die Betrachtung von Ritualen von Bedeutung. Unter **Ritualen** versteht man eine Kombination mehrerer Verhaltensweisen mit symbolischem Charakter, die in einer bestimmten Reihenfolge ablaufen und in der Regel in gewissen zeitlichen Abständen wiederholt werden. Rituale sind auf ganz unterschiedlichen Ebenen angesiedelt. Das Spektrum reicht von Ritualen, die kulturelle oder religiöse Werte zum Gegenstand haben, bis zu alltäglichen Ritualen wie dem gemeinsamen Kaffee im Büro (vgl. Solomon 2004, S. 536 ff.). Aus Marketingsicht ist es beispielsweise für einen Schokoladenhersteller relevant, ob - und wenn ja, welche - Rituale mit dem Konsum der Schokolade verbunden sind. So geniessen einige Konsumenten möglicherweise Schokolade, um sich selbst etwas zu gönnen und zu belohnen, während andere Konsumenten dieselbe Schokolade ausschliesslich kaufen, um diese als Geschenk an Freunde oder Verwandte zu überreichen. Beide Verwendungssituationen - „Selbst-Belohnung" und Geschenkübergabe - können als Rituale bezeichnet werden.

Auf bestimmte Bereiche des Kaufverhaltens und dementsprechend auch des Marketing-Mix üben kulturelle Einflussfaktoren einen besonderen Einfluss aus (vgl. zu den folgenden Ausführungen Robertson / Zielinski / Ward 1984, S. 569 ff.):

-   Die **Bedeutung, die einem Produkt beigemessen wird**, hängt häufig vom kulturellen Umfeld des Konsumenten ab. Dies hat zur Folge, dass

Produkte in unterschiedlichen Kulturkreisen unterschiedliche Bedeutungen haben können. So wurden beispielsweise Fahrräder in China als - häufig einziges verfügbares - Fortbewegungsmittel angesehen, während Fahrräder in den U.S.A. in erster Linie als Sportgerät zur Freizeitgestaltung wahrgenommen werden.

- Neben der Wirtschaftsordnung eines Landes und dem Ausmaß staatlicher Kontrolle beeinflussen Gebräuche sowohl die **Preispolitik** der Unternehmen als auch den Umgang der Konsumenten mit Preisen. In der Schweiz steuert der Staat die Festsetzung der Preise für inländische landwirtschaftliche Produkte, während z. B. in den U.S.A. die Preise frei festgelegt werden können. In manchen südlichen Ländern ist es im Gegensatz zu Nordeuropa oder den U.S.A. üblich, dass Kunden häufig nicht den Preis bezahlen, mit dem die Ware ausgezeichnet ist, sondern mit dem Ladeninhaber um den Preis feilschen.

- Die Kultur eines Landes wirkt sich zudem auf das **Einkaufsverhalten** der Konsumenten und auf die Strukturierung des Einzelhandels aus. Große Supermarktketten operieren inzwischen in nahezu sämtlichen europäischen Ländern, die Konzentration im Lebensmitteleinzelhandel nimmt tendenziell weiterhin zu. Trotz dieser Entwicklung sind beispielsweise in Spanien und Frankreich kleine, selbstständige Einzelhändler, die nur ein begrenztes Sortiment führen oder sich auf den Verkauf bestimmter Lebensmittel konzentrieren, weiterhin von Bedeutung.

Durch Maßnahmen im Rahmen des **internationalen Marketing** werden Konsumenten in mehreren Ländern angesprochen. Eine der zentralen Fragen in diesem Zusammenhang ist, ob die betreffenden Konsumenten durch die gleichen Produkte und mit Hilfe für alle Länder gleichen Marketing-Mix-Massnahmen erreicht werden sollen, oder ob für verschiedene Länder oder Regionen (z. B. Südeuropa, Naher Osten) differenzierte Produkte konzipiert werden und auch der Marketing-Mix entsprechend unterschiedlich ausgestaltet wird (**Standardisierung versus Differenzierung**). Unter Standardisierung wird dabei generell die „Vereinheitlichung von Marketinginhalten und -prozessen" (Meffert 2000, S. 1244) verstanden. Für die Strategie der **Standardisierung** sprechen folgende Faktoren:

- Es lassen sich **Kosteneinsparungen** erzielen, da bei einem weitgehend einheitlichen Produkt und Marketing-Mix für alle Länder keine Kosten für unterschiedliche Versionen eines Produkts, mehrere Werbekampagnen, Nutzung verschiedener Vertriebswege etc. anfallen. Das Produkt ist für alle Länder gleich und wird somit in größeren Mengen produziert, was zur Kostendegression führt.

- Hersteller von Markenartikeln entscheiden sich häufig für weitgehend standardisierte Marketing-Mix-Massnahmen, umso ein weltweit **einheitliches Markenimage** und eine eindeutige Positionierung ihrer Produkte zu sichern. So wird der Gefahr der Verwässerung der Marke, die durch unterschiedliche Gestaltung der Produkte und verschiedene kommunikative Auftritte entstehen kann, entgegengewirkt.

- Zwischen verschiedenen Kulturen lassen sich in einigen Produktkategorien (z.B. Softdrinks) lediglich **marginale Unterschiede** in Bezug auf den Geschmack und die Ansprüche der Käufer feststellen. Zudem besteht die Tendenz, dass sich die Präferenzen der Konsumenten, insbesondere in hochindustrialisierten Ländern, immer stärker angleichen. Diesen Entwicklungen der Kundenbedürfnisse kann mit weitgehend standardisierten Produkten entsprochen werden.

Demgegenüber lassen sich folgende Argumente für die Strategie der **Differenzierung** anführen:

- Entwickeln Unternehmen für jedes Land bzw. jede Region spezifische Produkte, so berücksichtigen diese besser die jeweiligen Besonderheiten (Werte, Konventionen, Geschmack etc.). Somit sind die Produkte **genauer auf die Bedürfnisse** der Konsumenten **zugeschnitten**, was in der Regel zu einer höheren Akzeptanz führt.

- Häufig wird mit dem Angebot differenzierter Leistungen den unterschiedlichen **gesetzlichen Regelungen** in den einzelnen Ländern Rechnung getragen. So sind beispielsweise bei der Produktion von Autos in den U.S.A. striktere Auflagen zu erfüllen als in einigen Ländern Asiens oder Südamerikas. Weitere Unterschiede ergeben sich international, z. B. bei den Vorschriften bezüglich Inhalten und Arten der Werbung.

Generell ist die Entscheidung zwischen Standardisierung und Differenzierung nicht als Festlegung auf eine von beiden Alternativen zu verstehen, sondern es geht in den meisten Fällen darum, **den Grad der Standardisierung bzw. Differenzierung** festzulegen. Hierbei gilt der Grundsatz „Soviel Standardisierung wie möglich, soviel Differenzierung wie nötig." Eine recht typische Art, solch einen Kompromiss zu finden, besteht darin, das Produkt selbst und die grundlegenden Maßnahmen zur Produktpositionierung international weitgehend zu standardisieren und bei Instrumenten, deren Einsatz stärker von den länderspezifischen Gegebenheiten abhängt (z. B. Distributionssystem, Werbemedien), eine Differenzierung vorzunehmen. Durch die Standardisierung des Produkts bleiben die Kostenvorteile eines grossen internationalen Anbieters bestehen; die einheitliche Positionierung verhindert, dass das Markenimage gefährdet wird." (Kuß / Tomczak 2004, S. 105).

Die folgende Grafik (vgl. Abb. 4.10) veranschaulicht überblicksartig, welche Unterschiede sich in Bezug auf den Grad der Standardisierung und Differenzierung in unterschiedlichen Branchen ergeben.

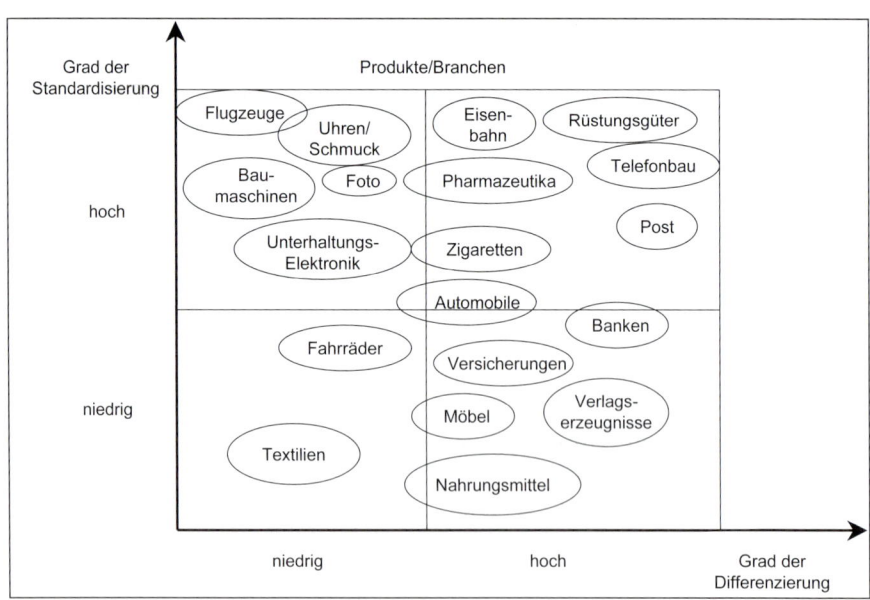

Abbildung 4.10: Internationalisierungsstrategien ausgewählter Branchen
Quelle: in Anlehnung an Becker 2002, S. 333

Bearbeitet ein Anbieter alle angesprochenen Ländermärkte mit weitgehend gleichen Produkten und Marketingmixmassnahmen, so spricht man von einer Strategie des **globalen Marketing**. Dieser Begriff geht auf Theodore Levitt zurück (vgl. zu den folgenden Ausführungen: Levitt 1986). Globales Marketing geht noch über die Strategie des internationalen Marketing hinaus, bei der Unternehmen mehrere Ländermärkte mit auf das jeweilige Land zugeschnittenen Marketingmassnahmen ansprechen. Levitt geht dagegen davon aus, dass die Bedürfnisse der Konsumenten in einigen Produktkategorien weltweit weitgehend identisch sind und sich tendenziell in Zukunft in immer mehr Bereichen angleichen werden. Somit sollten Unternehmen dazu übergehen, die Welt als einen einzigen Markt zu begreifen, der entsprechend länderübergreifend und einheitlich bearbeitet werden sollte.

Für diese These spricht zum einen, dass die Konsumenten durch **Reisen**, aber in immer stärkerem Maße auch durch moderne **Kommunikationsmittel** (Internet etc.) vermehrt mit anderen Kulturen in Berührung kommen und sich daher die Distanzen zwischen den Konsumenten unterschiedlicher Länder verringern. Diese Entwicklung geht in erster Linie - jedoch nicht ausschließlich - von den westlichen Ländern aus, d.h. Produkte wie Coca Cola oder Levis Jeans sind in nahezu allen Ländern der Welt erhältlich und verfügen über einen sehr hohen Bekanntheitsgrad. Zum anderen ist zu beachten, dass die **Medien** einen starken Einfluss auf Kaufentscheidungen der Konsumenten ausüben. Der Verbreitungsgrad von Medien wie Fernsehen hat sich in den letzten Jahren in einigen Schwellenländern stark erhöht, ebenso nimmt die Zahl der Personen, die Zugang zum Internet haben, stetig zu. Da sich sowohl die Art der ausgestrahlten Programme (z. B. die Verbreitung der Talkshows von den USA aus) als auch die Inhalte vieler Unterhaltungs- und Informationssendungen (z. B. Fernsehserien, die weltweit ausgestrahlt werden oder ähnliche Präsentation vieler Nachrichtensendungen) immer stärker ähneln, gleichen sich auch die kulturellen Unterschiede zwischen den Konsumenten verschiedener Länder zumindest teilweise an. Dies hat zur Folge, dass diese Konsumenten analog zur globalen Medienansprache durch globales Marketing erreicht und beeinflusst werden können.

Kritisch anzumerken ist in diesem Zusammenhang, dass trotz globaler Ausrichtung der Marketingstrategie nationale oder regionale Besonderheiten in der Regel zumindest **marginale Modifikationen** erforderlich machen (z. B. leichte geschmackliche Unterschiede bei Coca Cola). Zudem ist bei der Bearbeitung globaler Märkte von Bedeutung, dass einheitliche Bearbeitung mehrerer Ländermärkte im Rahmen des Global Marketing und differenziertes Vorgehen im Rahmen der Marktsegmentierung sich nicht gegenseitig ausschliessen. Globale Marketingstrategien zielen vielmehr auf **länderübergreifende Marktsegmente** ab, wie z. B. in den Bereichen Autos oder Mode.

4.3.3 Bezugsgruppen und Familie

In der näheren Umwelt des Konsumenten findet man verhaltenswirksame Einflüsse von Seiten so genannter Bezugsgruppen und der Familie des Konsumenten, wobei anzumerken ist, dass der Einfluss von Bezugsgruppen nicht immer über direkten Kontakt zu diesen Gruppen ausgeübt wird (siehe unten). Eine Definition dessen, was im Bereich der Konsumentenforschung unter **Bezugsgruppen** verstanden wird, findet sich bei Bearden / Etzel (1982, S. 184): "Eine Bezugsgruppe ist eine Person oder eine Gruppe von Leuten, die das Verhalten einer Person deutlich beeinflusst." Auf unterschiedliche Arten von Bezugsgruppen und entsprechende Beispiele wird im Verlauf der weiteren Diskussion in diesem Abschnitt eingegangen.

Über das Wesen einer **Familie** besteht weitgehend Übereinstimmung. An Hand einer Definition können aber einige Begrenzungen dieses Verständnisses angesprochen werden. Eine Familie ist "eine Menge von Personen, die zu den anderen durch Abstammung, Heirat oder Adoption in Verbindung stehen und ein soziales System bilden, dessen Struktur durch familiäre Rollen bestimmt ist und dessen grundlegende Funktion für die Gesellschaft in der Fortpflanzung besteht" (Winch 1971; zitiert nach Robertson / Zielinski / Ward 1984, S. 444). Daran lassen sich Fragen einerseits nach dem Umfang einer Familie - Kernfamilie (Ehepaar mit Kindern) oder Großfamilie (Kernfamilie, Großeltern etc.) - und andererseits nach der Eignung dieses Familienbegriffs für die Beschreibung sich entwickelnder anderer Formen des Zusammenlebens (z.B. unverheiratete Paare, Wohngemeinschaften) anschließen.

Dementsprechend haben Peter / Olson (1999, S. 515) die Definition einer Familie etwas erweitert und sprechen von einer "Gruppe von mindestens zwei Personen formiert auf der Basis von Heirat, Zusammenleben, Blutsverwandtschaft oder Adoption". Unabhängig von formalen Aspekten (z.B. standesamtliche Registrierung) sind für Familien **emotionale Bindungen**, längerfristig weitgehend **festgelegte Rollenstruktur** und relativ **große Stabilität** im Zeitablauf kennzeichnend.

Hinsichtlich des **Einflusses der Familie auf Konsumentenverhalten** sollen später drei Aspekte behandelt werden:

- Bedeutung der durch den so genannten Familienlebenszyklus bedingten grundlegenden Muster des Konsumentenverhaltens für das Marketing,
- Zustandekommen von Kaufentscheidungen in Familien unter Berücksichtigung mehrerer Personen und
- Konsumentensozialisation, also die Entwicklung von Fähigkeiten und Wissen des Konsumenten.

Bezugsgruppen

Eine Übersicht über **Arten von Bezugsgruppen** kann an Hand des in Abb. 4.11 dargestellten Schemas gegeben werden. Ein erstes Strukturierungsmerkmal besteht in der Unterscheidung zwischen Bezugsgruppen, in denen man **Mitglied bzw. nicht Mitglied** ist. Als zweite Dimension wird im ersten Schritt das Merkmal der **positiven oder negativen Haltung** zu einer Bezugsgruppe verwendet. Somit können vier Arten von Bezugsgruppen gekennzeichnet werden. Auf diejenigen, denen gegenüber positive Einstellungen existieren, wird weiter unten eingegangen.

Die Mitgliedschaft in einer Gruppe, zu der negative Einstellungen bestehen ("abgelehnte Mitgliedschaftsgruppe"), dürfte eher einen Ausnahmefall darstellen, der für das Konsumentenverhalten aus Sicht des Marketing eine geringe Rolle spielt, da positive Einstellungen zu Produkten und Kaufabsichten eher aus der Orientierung an positiv eingeschätzten Bezugsgruppen resultieren. Wenn keine Mitgliedschaft besteht und ausgeprägte negative Einstellungen existieren ("gemiedene Gruppe"), kann man sich immerhin in einzelnen Fällen Auswirkungen auf Konsumentenverhalten insofern vorstellen, als Leute sich von der gemiedenen Gruppe auch durch Konsumverhalten deutlich abheben wollen.

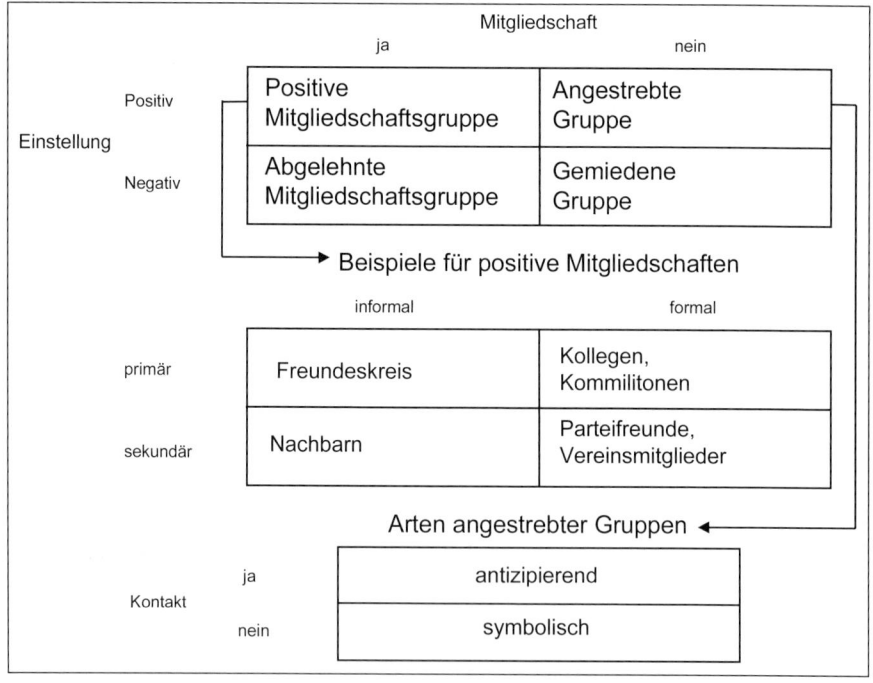

Abbildung 4.11: Arten von Bezugsgruppen
Quelle: nach Assael 2004, S. 402

Im Bereich des Konsumentenverhaltens spielen Gruppen, zu denen eine positive Einstellung besteht, eine wesentlich bedeutendere Rolle. Wenn eine Zugehörigkeit gegeben ist, kann man einerseits zwischen **formaler und informaler Mitgliedschaft** und andererseits zwischen **Primär- und Sekundärgruppen unterscheiden**. Formale Gruppen weisen eine explizit festgelegte organisatorische Struktur auf, die Mitgliedschaft ist klar (häufig auf juristische Weise) definiert. Informale Gruppen sind dagegen nicht so scharf abzugrenzen und haben eine weniger klar definierte Struktur sowie andere Aufgaben als formale. Die Unterscheidung zwischen Primär- und Sekundärgruppen orientiert sich an der Häufigkeit und Intensität des Kontakts der Mitglieder untereinander. Im mittleren Teil der Abb. 4.11 sind einige Beispiele für diese unterschiedlichen Arten von Bezugsgruppen eingetragen.

Bezugsgruppen, in denen man nicht Mitglied ist, zu denen aber eine ausgeprägt positive Einstellung besteht, werden hier als "**angestrebte Gruppen**" bezeichnet. Wesen und Art des Einflusses solcher Gruppen werden etwas deutlicher, wenn man deren in Abb. 4.11 unten dargestellte Typen betrachtet. Dort wird zwischen Gruppen unterschieden, **zu denen Kontakt besteht** und bei denen eine künftige (angestrebte) Mitgliedschaft durch entsprechendes Verhalten antizipiert wird, und Gruppen, mit denen man **nicht in direktem Kontakt steht** und die Identifizierung auf symbolische Weise erfolgt. Ein typisches Beispiel für die erstgenannte Art der Wirkung angestrebter Gruppen könnte die Anpassung an Verhaltensweisen (z.B. Kleidungsstil, Freizeitverhalten) von Angehörigen höherer sozialer Schichten oder höherer Hierarchiestufen am Arbeitsplatz sein, um von diesen akzeptiert zu werden und den angestrebten Aufstieg in diese Gruppe zu fördern. Die recht verbreitete so genannte Testimonial-Werbung stellt eine Form der Nutzung des Wunsches nach symbolischer Identifizierung mit bestimmten Gruppen oder Personen dar. Häufig treten in derartiger Werbung bekannte Sport-Stars oder Schauspieler auf, die sich als Verwender des beworbenen Produkts präsentieren. Da kein Kontakt zur Bezugsgruppe besteht oder entwickelt werden kann, soll eine symbolische Identifizierung durch die Verwendung der gleichen Produkte erfolgen.

Einige Anhaltspunkte hinsichtlich der Wirkung von Bezugsgruppen auf Kaufentscheidungen von Konsumenten, die für das Marketing relevant sein können, sind in Abb. 4.12 dargestellt. Darin sind Aussagen zur Stärke des

Einflusses von Bezugsgruppen bei unterschiedlichen Arten von Käufen (Produkten) zusammengefasst. Unterscheidungsmerkmal hinsichtlich der Art der Käufe ist einerseits der Gesichtspunkt, ob es sich um Güter für den alltäglichen Bedarf, also um Produkte, die praktisch jeder besitzt oder verwendet, oder um "Luxus-Güter" handelt, die nur für mehr oder weniger exklusive Gruppen von Konsumenten eine Rolle spielen. Die zweite Dimension bezieht sich auf die Sichtbarkeit des Konsums, insbesondere der Markenwahl, für andere Personen.

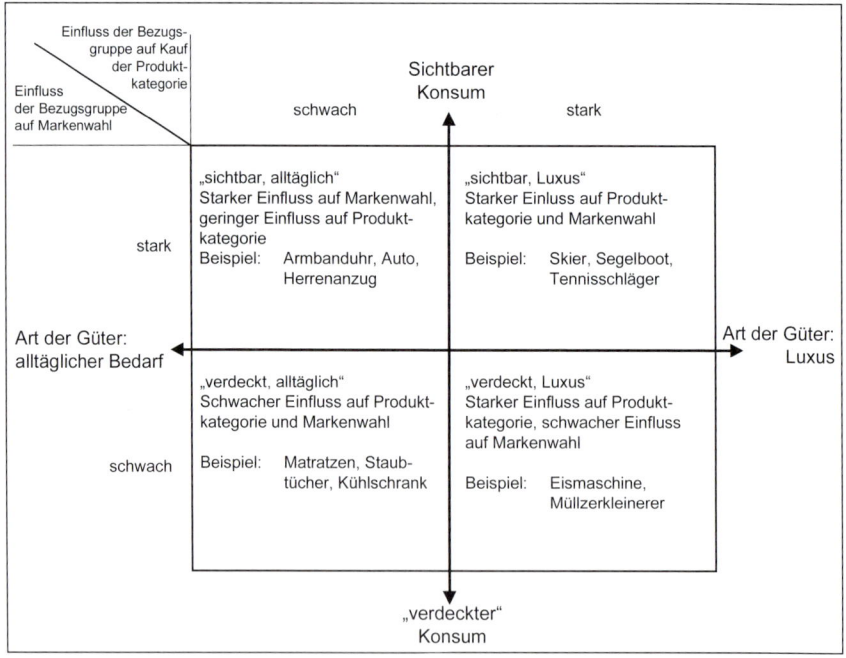

Abbildung 4.12: Einfluss von Bezugsgruppen auf Kaufentscheidungen
Quelle: Bearden / Etzel 1982, S. 185

Wenn man die sich auf diese Weise ergebenden Felder betrachtet, so kann man im Hinblick auf den Einfluss von Bezugsgruppen die folgenden Vermutungen ableiten, die von Bearden / Etzel (1982) weitgehend bestätigt wurden:

- Güter des **alltäglichen Bedarfs**, deren Konsum für andere **sichtbar** ist: Da fast jeder Konsument diese Produkte benutzt, ist die Wirkung der Bezugsgruppen hinsichtlich der Entscheidung für die Produktkategorie gering. Dagegen macht sich der Bezugsgruppeneinfluss bei der (sichtbaren) Markenwahl relativ stark bemerkbar.

- Güter des **alltäglichen Bedarfs**, deren Konsum für andere nicht sichtbar (**"verdeckt"**) stattfindet: Hier ist der Einfluss auf die Wahl der Produktkategorie ebenfalls gering (siehe oben). Da Außenstehende kaum feststellen können, welche Marken jemand verwendet, dürfte die Ausrichtung der Markenwahl an Bezugsgruppen relativ schwach bleiben.

- **"Luxus-Güter"**, deren Konsum für andere **erkennbar** ist: Da die Verwendung der Güter recht exklusiv und die Markenwahl nach außen sichtbar wird, haben Bezugsgruppen starken Einfluss auf Entscheidungen hinsichtlich der Produktkategorie und der Marke

- **"Luxus-Güter"**, deren Konsum für andere nicht sichtbar (**"verdeckt"**) ist: Hier kommt es darauf an, dass man ein Produkt hat (oder nicht), weniger auf die verwendete Marke (nicht sichtbar). Deswegen erwartet man einen starken Einfluss von Bezugsgruppen auf die Entscheidung über die Produktkategorie, einen relativ schwachen auf die Markenwahl.

Familie

- Familienlebenszyklus

Unter dem Familienlebenszyklus versteht man eine (natürlich vergröbernde) Darstellung bestimmter typischer **Lebensphasen von Familien**. Die Struktur dieses Zyklus, die reale Lebensabschnitte widerspiegeln soll, ändert sich in Abhängigkeit von der gesellschaftlichen Entwicklung von

Zeit zu Zeit. So hat beispielsweise die in den westlichen Industrieländern deutlich gewachsene Scheidungsrate in dem von Murphy / Staples (1979) entworfenen Schema eines Familienlebenszyklus, das derzeit wohl das gängigste ist, Berücksichtigung gefunden. Die Darstellung des Schemas findet sich in Abb. 4.13. Auf eine deutlich komplexere Darstellung des Familienlebenszyklus von Gilly / Enis (1982), bei der auf die durch die aktuelle Entwicklung begründete stärkere Differenzierung gängiger Abläufe noch mehr eingegangen wird, sei hier nur hingewiesen.

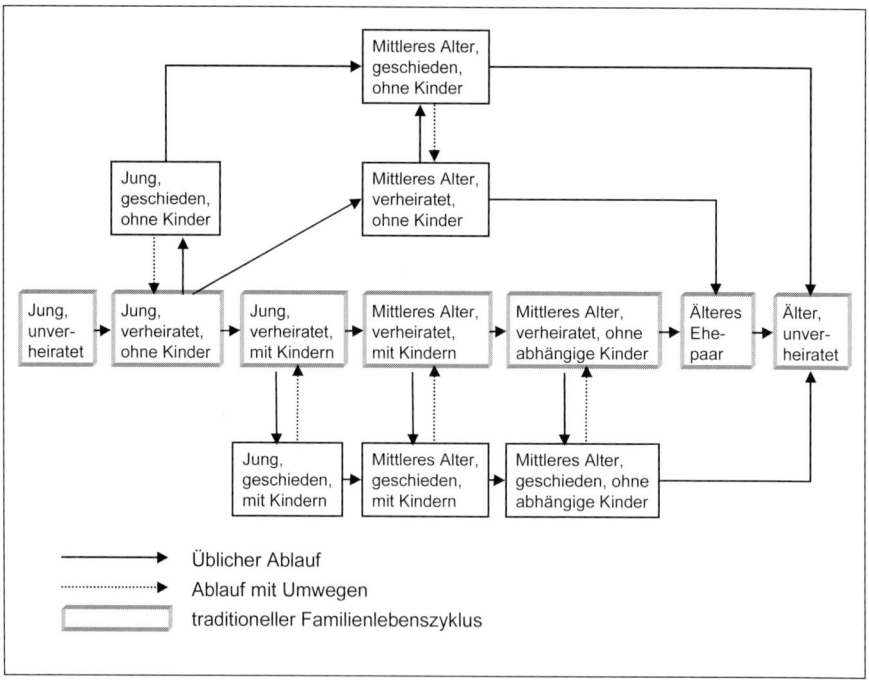

Abbildung 4.13: Abläufe des Familienlebenszyklus
Quelle: Murphy / Staples 1979

Der Familienlebenszyklus wird nicht zuletzt deswegen stark beachtet, weil damit recht konkrete Auswirkungen auf das Kaufverhalten verbunden sind.

Die meisten davon lassen sich durch Plausibilitätsüberlegungen und allgemeine Lebenserfahrung ableiten. Hier seien nur drei Beispiele für die wirtschaftliche Situation und das Kaufverhalten in bestimmten Lebensphasen skizziert (vgl. Kroeber-Riel / Weinberg 2003, S. 454 ff.):

- Junge Erwachsene, unverheiratet

- Relativ geringes Einkommen am Anfang der Karriere, aber auch geringe finanzielle Verpflichtungen (Familie, Hypotheken etc.)
- Hohe Ausgaben für HiFi/CDs, Reisen, Freizeit, Mode

- Verheiratete Paare mit Kinder ("volles Nest")

- Rückgang des Einkommens bei Verzicht auf Berufstätigkeit bei einem Ehepartner, Verteilung des Einkommens auf mehrere Personen
- Hohe Ausgaben für Haushaltsausstattung und Kinderbedarf, häufig Verschuldung beim Erwerb von Eigenheimen

- Ältere Erwachsene mit erwachsenen Kinder ("leeres Nest")

- Hohes Einkommen in späteren Karrierephasen bei geringerer Zahl von Personen im Haushalt, "Investitionsphase" (Ausstattung des Haushalts, Kauf von Eigenheim) weitgehend beendet
- Hohe Ausgaben für Reisen, Luxusgüter etc., Bereitschaft zu Spenden für verschiedene gemeinnützige Zwecke

In einer umfassenden Untersuchung auf Basis der amtlichen Statistik in den USA hat Wilkes (1995) die als generelles Muster hinsichtlich der Ausgabenentwicklung über verschiedene Phasen des Familienlebenszyklus ein umgedrehtes „U" identifiziert mit einem starken Anstieg der Ausgaben beim Übergang vom Single zum jungen verheirateten Paar und einem deutlichen Rückgang beim Übergang zu älteren Ehepaaren oder Alleinstehenden. Dazwischen bleiben die Ausgaben auf relativ hohem Niveau. Ein wesentlicher Einflussfaktor des Ausgabenniveaus ist - nicht überraschend - das Vorhandensein von Kindern in der Familie bzw. im Haushalt.

- **Gemeinsame Kaufentscheidungen in Familien**

An einem großen Teil familiärer Kaufentscheidungen, insbesondere an Entscheidungen, die größere Anschaffungen betreffen und deswegen für das Marketing besonders relevant sein können, sind mehrere Personen beteiligt. Nach theoretischen Überlegungen von Sheth (1974) hat man unter folgenden Bedingungen am ehesten mit gemeinsamen Entscheidungen zu rechnen:

- **Hohes wahrgenommenes Risiko** bei der Kaufentscheidung (z.B. Entscheidung für ein bisher unbekanntes Urlaubsziel),
- **Große Bedeutung** der Kaufentscheidung (z.B. Kauf eines Eigenheimes),

- **Geringer Zeitdruck** bei der Kaufentscheidung (z.B. in Familien, in denen nur eine Person berufstätig ist),
- **Junge Familien,** da sich dort bestimmte Präferenzen und "Zuständigkeiten" noch nicht so verfestigt haben wie in älteren Familien.

Aus der Sicht des Marketing ist es bedeutsam zu wissen, wer an bestimmten Entscheidungen und (tiefer gehend) wer an einzelnen Phasen des Entscheidungsprozesses (Problemerkennung, Informationssuche, Auswahlentscheidung) beteiligt ist. Hier muss auf eine inzwischen schon klassische Studie von Davis / Rigaux (1974) verwiesen werden, in der derartige Daten nicht nur erhoben, sondern auch besonders anschaulich dargestellt wurden. Einige dieser Ergebnisse sind in der Abb. 4.14 zusammengefasst wiedergegeben.

Auf der vertikalen Achse in Abb. 4.14 ist der **relative Einfluss** des Ehemannes bzw. der Ehefrau bei Kaufentscheidungen dargestellt. Entscheidungsprozessphasen, die links unten bzw. links oben eingetragen sind, werden also vom Ehemann bzw. von der Ehefrau dominierend beeinflusst. Die horizontale Achse stellt dar, inwieweit sich eine **Spezialisierung** der Eheleute vollzieht. Dementsprechend finden sich im rechten Bereich der Graphik Entscheidungen bzw. Entscheidungsprozessphasen mit geringer Spezialisierung, also einem hohen Grad an Gemeinsamkeit. Ein weiterer Teil der Entscheidungen ("autonom") wird hauptsächlich von einer Person bestimmt, es ist aber keine durchgehende Dominanz des weiblichen oder männlichen Partners erkennbar.

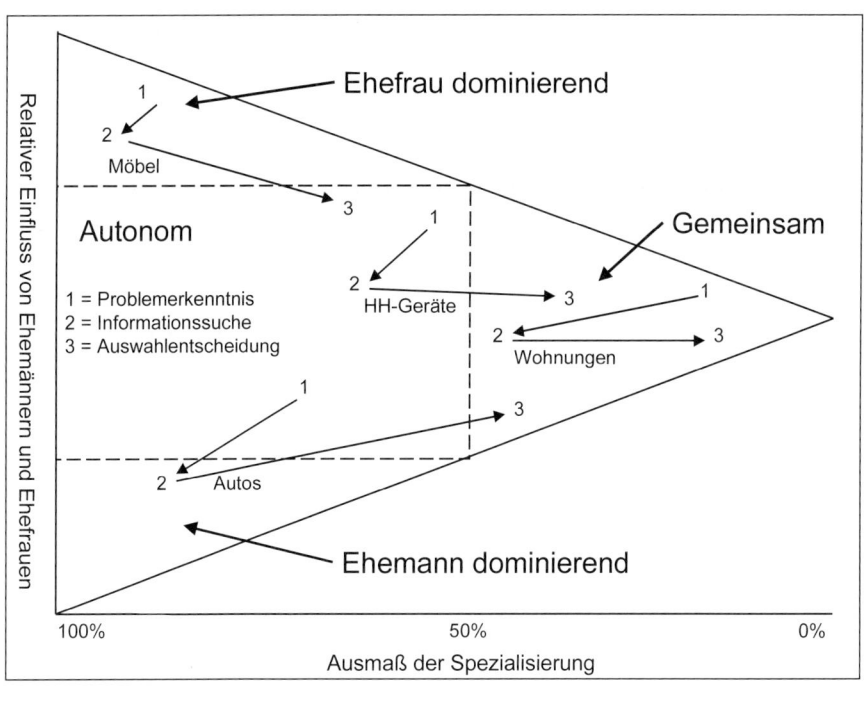

Abbildung 4.14: Wechsel der Rolle von Mann und Frau von der Problemerkenntnis bis zur Auswahlentscheidung

Quelle: Davis / Rigaux 1974

In diesem Raster sind **Kaufentscheidungsprozesse** für Automobile, Haushaltsgeräte und Wohnungen dargestellt. Zu jeder Entscheidung gehören die drei Prozessphasen (1) Problemerkennung, (2) Informationssuche und (3) Auswahlentscheidung. Beispielsweise erkennt man, dass beim Autokauf die Initiative von einem Partner ausgeht, die Aufgabe der Informationssuche hauptsächlich beim männlichen Partner liegt und die Entscheidung dann typischerweise gemeinsam getroffen wird. Die Verwertbarkeit derartiger Untersuchungsergebnisse für das Marketing dürfte offensichtlich sein. Ein Überblick über eine Vielzahl einschlägiger Untersuchungsergebnisse findet sich bei Voeth (2003, S. 16 ff.).

Wilkie (1994, S. 399 f.) hat das im Business-to-Business- Marketing gebräuchliche Konzept der Rollenverteilung im Buying Center (siehe Abschnitt 5.3) auf Kaufentscheidungen in Familien übertragen und kommt zu folgenden Kennzeichnungen der verschiedenen **Rollen**:

-   Anreger: Hat Initiative für Anschaffung

-   Beeinflusser: Seine/ ihre Meinung hat Einfluss auf Kaufentscheidung

-   Experte: Bringt Informationen in Entscheidungsprozess ein

-   Entscheider: Wählt allein oder gemeinsam das Produkt aus

-   Käufer: Führt den Einkaufsvorgang aus

-   Konsument: Tatsächlicher Verwender/ Verbraucher

-   Kümmerer: Zuständig für Lagerung, Vorbereitung für Verbrauch, Pflege, Wartung

Generell werden innerfamiliäre Entscheidungen unterschieden, bei denen Konsens über die zu kaufende Produktart besteht und lediglich eine bestimmte Alternative (nach gemeinsamen Kriterien) ausgewählt werden muss, und bei denen Konflikte über Kaufentscheidungen bestehen und Verhandlungsprozesse und Kompromisse stattfinden (vgl. Davis 1976; Menasco / Curry 1989).

Konsumentensozialisation

Beginnend in den siebziger Jahren ist in den USA im Zusammenhang mit einer kritischen Diskussion der Auswirkungen verschiedener Marketingaktivitäten, insbesondere der Fernsehwerbung, auf Kinder der Bereich der Konsumentensozialisation stark beachtet worden. Robertson / Zielinski / Ward (1984, S. 141) definieren Konsumentensozialisation "als die umfassende Menge von Prozessen, durch die Kinder und Jugendliche Fähigkeiten, Wissen und Einstellungen bezüglich ihres Konsumverhaltens erwerben".

Als die wichtigsten **Quellen**, aus denen der Prozess der Konsumentensozialisation gespeist wird, gelten:
* **Eltern,**
* **Gleichaltrige** (Freunde) und
* **Werbung** (insbesondere Fernsehwerbung).

Die **Bedeutung der Konsumentensozialisation** bei Kindern und Jugendlichen lässt sich durch einige Stichworte umreißen:
* Erhebliche Größe und Wachstum von Kinder- und Jugendmärkten (z.B. Süßwaren, Kinderkleidung), die ein Interesse an entsprechendem Kaufverhalten begründen
* Einfluss von Kindern und Jugendlichen auf Entscheidungen von Familien,
* Schutz von Kindern vor Einflüssen der Werbung
* Langfristige Prägung von Konsumverhalten, Markenpräferenzen etc. in der Kindheit bzw. Jugend

Auch Unterschiede im Verhalten von weiblichen und männlichen KonsumentInnen („**Gender Differences**") werden auf Sozialisationsprozesse zurückgeführt (vgl. Solomon 2004, S. 159 ff.). So kann man beobachten, dass Männer mehr Fleisch essen, Frauen deutlich mehr Obst. Solomon (2004, S. 159) kennzeichnet den Unterschied mit dem Spruch: „Boy food doesn´t grow. It is hunted or killed."
Einige Autoren sehen die Konsumentensozialisation auch als lebenslangen Prozess an, in dem Wissen, Fähigkeiten und Einstellungen erworben und aktualisiert werden. Man kann sich in diesem Zusammenhang beispielswei-

se leicht vorstellen, dass ein Konsument nach einem Umzug manche Lernprozesse hinsichtlich des Vorhandenseins oder der Vor- und Nachteile bestimmter Einkaufsquellen neu durchlaufen muss.

4.3.4 Exkurs: Communities als soziale Systeme

4.3.4.1 Grundlagen

Die soziale Dimension des Konsums hat in den letzten Jahren sowohl für Kunden als auch für Unternehmen an Bedeutung gewonnen sehen (vgl. hierzu und zum Folgenden Schögel / Tomczak / Wentzel 2005; Tomczak / Schögel / Wentzel 2006). Weltweit zählen die Harley-Davidson-Clubs über 650.000 Mitglieder. Desgleichen haben sich in 30 Ländern über 250 BMW-Clubs mit 120.000 Mitgliedern etablieren können. Das Online-Auktionshaus E-Bay kann über Millionen aktive Nutzer verzeichnen, welche in E-Bay nicht nur einen Dienstleister, sondern auch eine Art Lebensgefühl.

Diese sozialen Gruppen, die Menschen gründen oder denen sie beitreten, um ein Konsumerlebnis miteinander zu teilen, werden als Communities bezeichnet. In den letzten Jahren haben Communities sowohl in der Wissenschaft als auch in der Praxis eine immer stärkere Beachtung erfahren. Dieses Interesse erklärt sich vor allem daher, dass Communities aufgrund der Initiative von Konsumenten entstehen, die sich gewissermaßen „freiwillig" an ein Unternehmen oder einen Anbieter binden.

Communities sind als komplexe soziale Systeme zu begreifen, deren Strukturen, Regeln und Normen sich teilweise über Jahrzehnte entwickelt haben können. Ein Verständnis dieser sozialen Strukturen ist wichtig, da sie den konzeptionellen Rahmen für die Chancen und Gefahren von Communities sowie die Gestaltungsmöglichkeiten des Marketing bilden (vgl. Muniz / O'Guinn 2001, S. 418-426).

Identität der Community
Die kollektive Identität der Community entsteht aus dem Bewusstsein des Einzelnen aufgrund der gemeinsamen Nutzung eines Produktes, einer Dienstleistung oder einer Marke etwas Fundamentales mit dem Rest der

Gruppe gemeinsam zu haben (vgl. Brown / Kozinets / Sherry 2003, S. 23). Die Interaktion in einer Community ist zumeist auch mit bestimmten Verhaltensweisen und Erfahrungen verbunden, die von allen Mitgliedern als speziell und einzigartig angesehen werden, wodurch wiederum die Gemeinschaft als einzigartig empfunden wird. Das hieraus resultierende Gefühl der Verbundenheit bezeichnet man als Communitas (vgl. Arnould / Price 1993, S. 35). Ein gutes Beispiel für die Entstehung von Communitas sind Harley-Fans, die gemeinsam an einer Rallye teilnehmen und sich deswegen untereinander verbunden fühlen. Die Abgrenzung zu anderen Communities oder konkurrierenden Marken bildet einen weiteren Faktor der Gruppenidentität. Viele Mac-Gruppen definieren sich z.B. über ihre Opposition zu Microsoft. Diese Abgrenzung, die Muniz und O'Guinn als „oppositional brand loyalty" bezeichnen, unterstützt und verstärkt den Zusammenhalt einer Community (vgl. Muniz / O'Guinn 2001, S. 420).

Rituale und Traditionen
Gemeinsame Aktivitäten und Erlebnisse verleihen einer Community eine greifbare Bedeutung. Aufgrund ihrer Strukturiertheit können diese Aktivitäten den Charakter von Ritualen und Traditionen annehmen, bei welchen die Bindung an die Community regelmäßig erneuert wird (vgl. Cova 1997, S. 307). Beispielsweise unternehmen die Mitglieder eines BMW-Clubs im Saarland jeden Freitag gemeinsame Ausfahrten, wobei der Treffpunkt der Community der Parkplatz vor der lokalen BMW-Niederlassung ist. In manchen Fällen entwickeln Communities sogar eine eigene Gruppensemantik: Saab-Fahrer hupen und begrüßen einander, wenn sie sich auf der Straße begegnen; Star Trek-Fans benutzen teilweise erfundene Sprachen und Zeichen, um miteinander zu kommunizieren. Diese Rituale und Traditionen sind als eine Art „Kulturkapital" zu verstehen: Durch sie kann eine Community ihre eigene Bedeutung regelmäßig reproduzieren (vgl. Hills 2002, S. 64).

Moralische Verantwortung
Communities sind von einem Gefühl kollektiver moralischer Verantwortung geprägt. So müssen neue Mitglieder oftmals, wenn sie einen sinnvollen Teil der Community bilden sollen, von erfahrenen Nutzern „angelernt" werden, wobei dieser Sozialisationsprozess die Markenerfahrung der

gesamten Gruppe beeinträchtigen kann (wie z.B. bei Off Road-Touren von Jeep-Clubs). Trotzdem wird die Sozialisation neuer Mitglieder nicht als störend empfunden, sondern als notwendiger Bestandteil des Gemeinschaftslebens angesehen (vgl. McAlexander / Schouten / Koenig 2002, S. 42). Die gespürte Verantwortung erstreckt sich auch auf die Funktionalität der Gruppe. Die gemeinsamen Aktivitäten müssen von den Mitgliedern oft unter erheblichem Zeitaufwand geplant und durchgeführt werden. Der Grund für diese Uneigennützigkeit ist in dem Bewusstsein des Einzelnen zu suchen, dass die Gemeinschaft ohne den Einsatz ihrer Mitglieder nicht existieren kann (vgl. Rheingold 2000, S. 47).

4.3.4.2 Chancen und Risiken von Communities für das Marketing

Chance 1: Intensivierung des Kundenerlebnisses
Communities verstärken das Kundenerlebnis beträchtlich. So kann ein Star Trek-Fan sein Konsumerlebnis um ein Vielfaches intensivieren, wenn er, anstatt sich die Serie nur alleine anzusehen, einer Gruppe von gleichgesinnten Fans beitritt. Zusammen mit anderen Community-Mitgliedern kann er die symbolische Bedeutung von Star Trek durch Kostümabende oder fiktive Rollenspiele in eine greifbare Erfahrung verwandeln (vgl. Jenkins 1992, S. 280 f.). Communities können das Erlebnis eines Kunden auch dadurch verstärken, indem sie ihm neue Nutzungsmöglichkeiten vermitteln. Beispielsweise ist es das erklärte Ziel der Mac User-Groups, den kostenlosen Wissens- und Erfahrungsaustausch zwischen den Mitgliedern zu fördern. Dadurch kann ein Mitglied, falls es vorher nur limitierte Computerkenntnisse besass, von der Community lernen, wie man Videofilme digital bearbeitet oder Internetseiten programmiert. Dies zeigt, dass sich innerhalb einer Community eine Vielzahl von Ressourcen und Fähigkeiten sammeln können, von denen die einzelnen Mitglieder profitieren.

Chance 2: Intensivere Kundenbindung
Communities verstärken die Bindung ihrer Mitglieder an das jeweilige Unternehmen (vgl. McAlexander / Kim / Roberts 2002, S. 3-4). Die neuen

Nutzungsmöglichkeiten können dazu führen, dass das Produkt oder die Dienstleistung öfters genutzt werden und sich die positiven Erfahrungen vervielfältigen. Darüber hinaus lassen sich noch weitere bindungsverstärkende Faktoren identifizieren. So wirkt die gegenseitige Loyalität der Mitglieder (im Sinne der Communitas) bindungsverstärkend. Der Bestand der Gruppe - und dessen, was sie symbolisiert - stellt dann einen wichtigen Wert an sich dar, der nur durch das Commitment eines jeden einzelnen Mitglieds gesichert wird. In Communities entwickeln sich auch enge Freundschaften, deren Bedeutung weit über das ursprünglich vereinende Element hinausgeht. In diesen Fällen wird die Community von ihren Mitgliedern bewusst zur Befriedigung ihrer sozialen Bedürfnisse eingesetzt. Diese sozialen Erfahrungen können die Bindung der Community an ein Produkt, eine Dienstleistung oder eine Marke erhöhen, da sie erst durch diese ermöglicht werden (vgl. Gainer 1995, S. 256).

Chance 3: Communities als Botschafter des Unternehmens
Communities weisen eine hohe Kommunikationsintensität auf und versuchen oftmals, neue Personen für die Gemeinschaft zu begeistern. Diese aktive Rekrutierung gehorcht teilweise rein funktionalen Prinzipien. Wie alle sozialen Gruppierungen sind Communities für ihren Fortbestand auf die Bindung bestehender oder die Anwerbung neuer Mitglieder angewiesen. Grundvoraussetzung für eine erfolgreiche Rekrutierung ist selbstverständlich eine positive Aussendarstellung (vgl. Muniz / O'Guinn 2001, S. 425). Diese Art der Peer-Propaganda kann sehr effektiv sein. Im Gegensatz zu der Kommunikation eines Unternehmens kann sie eine höhere Glaubwürdigkeit und ein höheres Involvement erzielen, da ihr keine ökonomische Interessengebundenheit unterstellt wird (vgl. Meyer 2004, S. 226). Zudem kann davon ausgegangen werden, dass Communities von ihrem sozialen Umfeld als Meinungsführer und Experten in Bezug auf das jeweilige Produkt angesehen werden.

Chance 4: Zugang zu Lead Usern
Communities bieten einem Unternehmen einen bisher unmöglichen Zugang zu Informationen über Kundenverhalten und -bedürfnisse (vgl. Schögel / van Delden 2002, S. 515). Wie bereits erläutert sind Communities als Lead User und Meinungsführer anzusehen. Das Unternehmen kann sich dieses

Know-how zunutze machen und durch die Etablierung eines Dialogs die Communities in die Weiterentwicklung des Produktes, der Marke oder der Dienstleistung involvieren. Die hierfür notwendige Kommunikationsbereitschaft ist bei Communities i.d.R. sehr groß. Dieses Vorgehen hat zwei Vorteile: Zum einen kann das Feedback neue Ideen und reale Verbesserungsmöglichkeiten aufdecken und eine an den Wünschen und Bedürfnissen der Communities orientierte Leistungsgestaltung ermöglichen. Zum anderen kann ein Unternehmen durch die Integration der Communities signalisieren, dass es ein Interesse an der Entwicklung des Produktes oder der Dienstleistung im Sinne der Communities hat (vgl. Schouten / McAlexander 1995, S. 57).

Risiko 1: Geringer Einfluss auf Communities
Neben den erläuterten Chancen für das Marketing sind Communities aber auch mit Risiken verbunden. Hier gilt es zu bedenken, dass Communities autonome soziale Gruppen sind, die aufgrund der Initiative von Konsumenten entstehen und auch ohne die Unterstützung des Unternehmens existieren können. Communities sind nur in Ausnahmefällen vom Unternehmen direkt beeinflussbar. In einigen Fällen bestehen Communities sogar darauf, gar keinen Kontakt zum Anbieter zu pflegen. Im besten Fall begegnen sie dann den Kommunikationsversuchen des Unternehmens mit Indifferenz; im schlimmsten Fall kann es zu einer bewussten Abwendung vom Unternehmen kommen. So berichtet z.B. Kozinets, dass sich immer größere Teile der Star Trek-Community vom Rechteinhaber Paramount abwenden und dessen Produktpolitik boykottieren, weil sie der Ansicht sind, dass neue Episoden der Serie kommerzialisiert sind und nicht mehr der ursprünglichen Philosophie von Star Trek entsprechen (vgl. Kozinets 2001, S. 81 ff.).

Risiko 2: Multiplikation negativer viraler Effekte
In Communities entstehende gruppendynamische Effekte besitzen die Gefahr zu eskalieren und können sich im schlechtesten Fall gegen das Unternehmen wenden. Aufgrund ihres hohen Involvements beanspruchen Communities oftmals ein gewisses Mitspracherecht, wobei es vorkommen kann, dass ihre Vorstellungen von einer „richtigen" Produkt-, Dienstleistungs- oder Markenpolitik von den Vorstellungen des Unternehmens abweichen. Diese Dynamik kann in Communities eine besondere

Qualität erreichen, da in Gruppen oft eine stereotype Polarisierung von Meinungen stattfindet. Zudem scheuen sich Communities oftmals nicht davor, falls sie sich missverstanden oder falsch behandelt fühlen, offene Konflikte mit einem Unternehmen einzugehen. Aufgrund der teilweise sehr guten Kommunikation von Communities können sich negative Effekte - ganz im Sinne des viralen Marketing - mit rasender Geschwindigkeit verbreiten. Dadurch können sich Communities zu echten „Konsumentenlobbys" entwickeln. Als Beispiel lässt sich das Unternehmen Coca-Cola anführen, welches sich 1985 entschied, die klassische Rezeptur des Getränkes zu ändern, aber aufgrund massiver Konsumentenproteste diese Änderung schon nach wenigen Monaten wieder rückgängig machen musste.

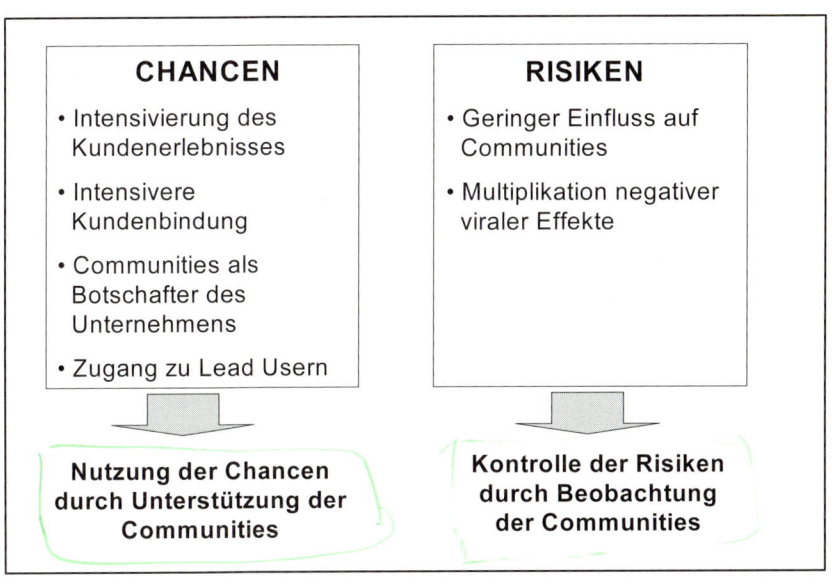

CHANCEN

• Intensivierung des Kundenerlebnisses

• Intensivere Kundenbindung

• Communities als Botschafter des Unternehmens

• Zugang zu Lead Usern

Nutzung der Chancen durch Unterstützung der Communities

RISIKEN

• Geringer Einfluss auf Communities

• Multiplikation negativer viraler Effekte

Kontrolle der Risiken durch Beobachtung der Communities

Abbildung 4.15: Chancen und Risiken von Communities

Vor dem Hintergrund der dargestellten Chancen und Risiken (siehe Abbildung 4.15) wird deutlich, dass Communities aufgrund der Initiative von Konsumenten entstehen und prinzipiell auch ohne die Unterstützung des Unternehmens existieren können sehen (vgl. Schögel / Tomczak / Wentzel 2005; Tomczak / Schögel / Wentzel 2006). Daher sind Unternehmen dazu aufgefordert, beim Umgang mit Communities eine erhöhte Sensibilität an den Tag legen. „The presence of the market is acceptable for the tribe [entspricht Communities] as long as the exploitative motive and manipulation ... can be said to be absent" (Cova / Cova 2002, S. 614). Ein allzu offensives Vorgehen kann durchaus das Gegenteil der gewünschten Wirkung auslösen: Die Communities wenden sich demonstrativ vom Unternehmen ab, bestehende Bindungen werden geschmälert.

Da Communities ihre positive Wirkung gerade aufgrund ihrer Autonomie entfalten, sollte diese weitestgehend bewahrt werden. Dies scheint von einigen Unternehmen bereits erkannt worden zu sein. Apple betont z.B.: „Apple promotes and supports user groups, but the company does not own, manage or direct them." Dies zeigt, dass Apple bei der Interaktion mit seinen Communities eher eine unterstützende als eine lenkende Funktion einnehmen will.

In diesem Zusammenhang erweist sich der Begriff des Enabling von zentraler Bedeutung. Es gilt, weniger aktiven Einfluss im Sinne eines Community-Managements auszuüben, als vielmehr die Gemeinschaften in ihrer individuellen und selbstgesteuerten Entwicklung gezielt zu unterstützen. Ein Unternehmen sollte seine Aufgabe darin sehen, die Entstehung von Communities zu ermöglichen und die autonome Kommunikation und Interaktion zwischen ihren Mitgliedern zu fördern. „Products, services, physical supports and employees are dedicated to supporting the tribal link, not substituting for it - an often unfeasible and counter-productive task" (Cova / Cova 2002, S. 614). Diese Sichtweise impliziert auch, dass das Selbstverständnis des Unternehmens das eines gleichberechtigten Mitglieds der Community sein muss, welches sich aktiv an deren Entwicklung beteiligt.

4.4 Situative Einflussfaktoren

4.4.1 Wesen und Arten situativer Faktoren

Der Begriff **Situation** erscheint auf den ersten (und vielleicht auch auf den zweiten) Blick als etwas schwammig. Damit werden hier zeit- und ortsspezifische Gegebenheiten gemeint, die beim Kauf oder Konsum eines Produkts eine Rolle spielen können.

Ein erster Eindruck von der **Relevanz situativer Faktoren** lässt sich vielleicht durch ein Zitat von John Meehan, dem Produktionsleiter einer Brotfabrik, vermitteln (frei übersetzt nach Wilkie 1994, S. 382): "Das Backwarengeschäft ist ein Tagesgeschäft, weil die Konsumenten frische Backwaren haben wollen. Beispielsweise geht der Brotverkauf sofort herunter, wenn es regnet oder schneit. Die jeweiligen Wochentage sind auch wichtig, je nachdem wann die Lebensmittel-Anzeigen erscheinen...... Dann gibt es saisonale Veränderungen:

Die Leute machen im Sommer Diät und der Brotverkauf ist im Allgemeinen gering. An sehr heißen Tagen geht der Brotverkauf ganz nach unten. Feiertage bringen sehr guten Verkauf, außer in Gegenden wo ethnische Gruppen leben, die zu dieser Zeit ihr spezielles Brot selbst backen. Besondere Brotsorten gehen nach oben wegen der Partys an diesen Feiertagen und Sandwich-Brot läuft gut nach Feiertagen, da es für den übrig gebliebenen Truthahn oder Schinken gebraucht wird. Letztlich ist der Zeitpunkt im jeweiligen Monat wichtig. In der ersten Woche eines Monats liegen üblicherweise die Verkäufe viel höher, weil die Sozialhilfe und die Gehälter ausgezahlt sind. Also, nach meiner Erfahrung würde ich sagen, dass situative Einflussfaktoren eine große Bedeutung für meine Marketingplanung haben."

Ein wesentlicher Grund, der zur Berücksichtigung situativer Faktoren in der Konsumentenforschung geführt hat, ist die bisher unbefriedigende Genauigkeit von Prognosen des Käuferverhaltens, die nur auf Charakteristika der betreffenden Person (z.B. demographische Merkmale) und des Objekts (Produkt, Werbung etc.) beruhen (vgl. Kakkar / Lutz 1981). "Gleiche Individuen hinsichtlich Geschlecht, sozialer Schicht oder bestimmter Persönlichkeitsmerkmale verhalten sich wahrscheinlich unterschiedlich im Hinblick auf gleiche Produktart oder Marke, wenn die Situationen, in denen man dieser Produktart oder Marke begegnet, sich wesentlich unterscheiden. Entsprechend können sich unähnliche Individuen - unabhängig von ihren Unterschieden - ähnlich verhalten, wenn sie ähnlichen Situationen gegenüberstehen. Die sich ergebende Bedeutung dieser Prämisse dreiseitiger Interaktion leuchtet ein: Ein umfassendes Verständnis und eine genaue Prognose von Verhalten auf Märkten benötigen eine situative Betrachtungsweise" (Kakkar / Lutz 1981, S. 204). Eine Übersicht über Studien, die den Einfluss situativer Variabler belegen, findet sich in derselben Quelle. Belk (1975) hat den gleichen Gedanken folgend das gängige S-O-R-Paradigma entsprechend erweitert und die Reaktion einer Person auf ein Objekt in einer bestimmten Situation gekennzeichnet (vgl. Abb. 4.16).

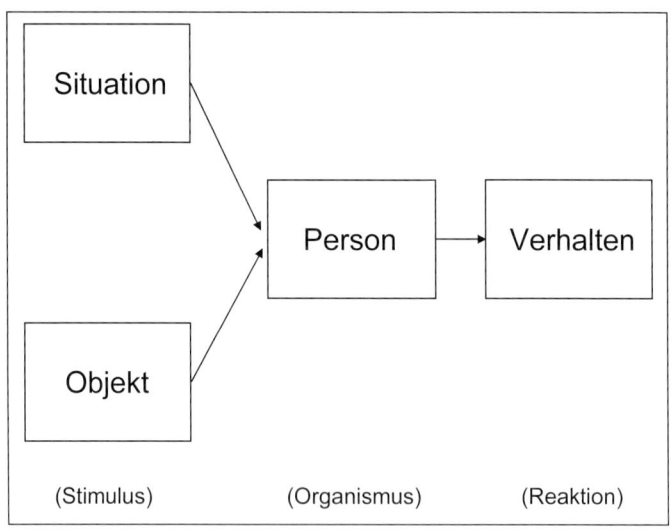

Abbildung 4.16: Ein erweitertes S-O-R-Paradigma

Quelle: Belk 1975, S. 157

Der Begriff "Situation kann ... definiert werden durch all diejenigen für die Zeit und den Ort der Beobachtung spezifischen Faktoren, die sich nicht aus dem Wissen um persönliche (intraindividuelle) und stimulusbezogene (Wahlalternativen) Eigenschaften ergeben und die eine feststellbare und systematische Wirkung auf gegenwärtiges Verhalten haben" (Belk 1974, S. 157). Gemeint ist also das jeweilige orts- und zeitbezogene Umfeld, in dem sich Konsumentenverhalten äußert. Nach Belk (1975) kann man fünf Arten von Merkmalen heranziehen, um Situationen zu charakterisieren, die für das Käuferverhalten relevant sind:

- **Physische Umgebung**
  Beispiele: Geräusche, Licht, Klima, räumliche Lage, Dekoration
- **Soziale Umgebung**
  Beispiele: Gegenwart anderer Personen (ihre Eigenschaften, Rollen etc.), Interaktionen mit anderen Personen

- **Zeitbezogene Merkmale**
  Beispiele: Tageszeit, Zeitdruck, Zeitabstand zu bestimmten Ereignissen (z.B. früheren entsprechenden Käufen, Mahlzeiten)
- **Art der Aufgabe**
  Beispiele: Zweck des Einkaufs (z.B. Geschenk oder Eigenbedarf), Einkauf einzelner oder vieler Produkte
- **Vorhergehender Zustand**
  Beispiele: Stimmung, Müdigkeit, Hunger, mitgeführter Geldbetrag

Der vorstehend genannte Begriff der Stimmung bedarf einer kurzen Erläuterung. Er bezieht sich auf die augenblickliche (im Zeitablauf sich verändernde) subjektive Befindlichkeit einer Person. Stimmungen sind nicht auf einen bestimmten Gegenstand oder eine andere Person gerichtet. Silberer / Jaekel (1996, S. 20) kennzeichnen **Stimmungen** dementsprechend als "relativ ungerichtete subjektiv erfahrene Befindlichkeit". Dabei spielen verschiedene Dimensionen eine Rolle (vgl. Silberer / Jaekel 1996, S. 21 ff.):
- die Richtung einer Stimmung (z.B. positiv - negativ)
- die Intensität einer Stimmung

- die inhaltliche Tönung einer Stimmung (z.B. melancholische Stimmung, Urlaubsstimmung)
- die Dynamik einer Stimmung (z.B. stabile oder schwankende Stimmungen)

Durch die vorstehenden Gesichtspunkte sind Arten und Ausprägungen von Stimmungen schon illustriert worden. Wie wirken sich diese nun aus? Dazu Silberer / Jaekel (1996, S. 3): "Zu den wichtigsten Kategorien möglicher Stimmungswirkungen zählen: das Denken eines Menschen, sein Fühlen, sein Wünschen bzw. Wollen und schließlich auch sein tatsächliches Verhalten."

Eine andere Perspektive bei der Unterscheidung von Arten von Situationen, nämlich eine eher an der Sichtweise der Marketingpraxis orientierte, findet man bei Assael (2004, S. 122 ff.). Danach werden unterschieden:

- **Verbrauchssituation**
  (Gebrauch des Produkts zu Hause oder am Arbeitsplatz? Im Alltagsleben oder im Zusammenhang mit aktiv gestalteter Freizeit? Allein oder mit Freunden?)
- **Kaufsituation**
  (Verfügbarkeit des Produkts am Einkaufsort, Wartezeit am Einkaufsort [in Fremdbedienungsabteilungen], Zeitdruck oder mangelndes Wohlbefinden beim Einkauf)
- **Kommunikationssituation**
  (Kontakt zur Rundfunkwerbung im Auto oder zu Hause? Ablenkung beim Kontakt zur Werbung).

Die in beiden Aufstellungen genannten Merkmale zur Charakterisierung von verhaltensrelevanten Aspekten von Situationen deuten schon auf ein Problem hin, das spätestens dann auftaucht, wenn man an die Umsetzung in entsprechenden empirischen Untersuchungen oder die Anwendung bei Marketingstrategien denkt: die außerordentlich **große Vielfalt** von Ausprägungen situativer Variablen (und ihrer Kombinationen!), die ihre Messung und Kategorisierung schwierig macht. Immerhin liegen zu einigen Aspekten Untersuchungsergebnisse vor, die zumindest einige der skizzierten Ideen illustrieren können.

Verbrauchssituation

Belk (1975) hat einige Ergebnisse zum Einfluss situativer Variabler, insbesondere zu deren Einfluss im **Zusammenwirken** mit anderen Variablen, auf Käuferverhalten zusammengestellt. In Tabelle 4.1 werden die Ergebnisse für den Konsum von Getränken, Fleisch, Snacks, Fast Food und Filmen wiedergegeben. In der Untersuchung wurden Daten über das Individuum (I), die Art des Produkts (P) und die Verbrauchssituation (S) erhoben. Mit Hilfe der Varianzanalyse wurde dann der Einfluss dieser Variablen und ihrer Interaktionen auf die ebenfalls erhobene Kaufwahrscheinlichkeit geschätzt.

Tabelle 4.1: Anteile der durch verschiedene Variablen bzw. Variablenkombinationen erklärten Varianz der Kaufwahrscheinlichkeiten bei verschiedenen Produkten (in %)

Variable	Produkt				
	Getränke	Fleisch	Snacks	Fast-Food	Filme
Individuum (I)	0,5	4,6	6,7	8,1	0,9
Situation (S)	2,7	5,2	0,4	2,2	0,5
Produkt (P)	14,6	15,0	6,7	13,4	16,6
Zusammen-wirken P-S	39,8	26,2	18,7	15,3	7,0
Zusammen-wirken I-S	2,7	2,9	6,1	2,2	1,9
Zusammen-wirken I-P	11,8	9,7	22,4	20,1	33,7
Nicht erklärt	27,8	36,4	35,6	38,7	39,4

Beachtlich ist dabei zunächst, dass der durch situative Variablen erklärte Anteil der Varianz der abhängigen Variablen Kaufwahrscheinlichkeit hoch bis sehr hoch liegt. Die oben angedeuteten theoretischen Überlegungen werden dadurch deutlich bestätigt. Es soll aber zum einen nicht außer acht gelassen werden, dass sich die Kauf- und Verbrauchssituation bei verschiedenen Produktkategorien offenbar unterschiedlich stark auswirkt und dass zum anderen der Anteil nicht erklärter Varianz bei allen Einzelergebnissen recht hoch (ca. 30-40 %) liegt. Auch die Einbeziehung von Situationsvariablen führt also noch nicht zur exakten Erklärung von Konsumentenverhalten, wenn man sich auch dadurch ein gutes Stück in diese Richtung bewegt.

Zeitdruck

Eine Erfahrung, die wohl jeder gelegentlich macht, ist die, dass Kaufentscheidungen unter Zeitdruck stattfinden. Gründe dafür können z.B. enge Grenzen des Zeitbudgets von Konsumenten, begrenzte Ladenöffnungszeiten oder befristete (Sonder-)Angebote sein. In der Literatur finden sich einige Anhaltspunkte zur Wirkung von Zeitdruck auf Kaufverhalten, die auf theoretischen und empirischen Untersuchungen basieren (vgl. dazu die Literaturübersicht von Gross 1987).

- Im Abschnitt 3.3.2.3 dieses Buches sind einige **Entscheidungsheuristiken** vorgestellt worden. Bei näherer Beschäftigung damit kann man erkennen, dass der Zeitaufwand, der mit der Anwendung verschiedener Heuristiken verbunden ist, durchaus sehr unterschiedlich sein kann. Beispielsweise setzt das linear kompensatorische Modell voraus, dass man sich Informationen über alle für relevant gehaltenen Eigenschaften aller Alternativen verschafft. Dagegen sind z.B. bei der sequenziellen Elimination dadurch, dass typischerweise schon in frühen Phasen des Entscheidungsprozesses eine große Zahl von Alternativen ausgeschieden wird, der Informationsbeschaffungs- und -verarbeitungsaufwand geringer. Dementsprechend dürfte sich Zeitdruck auf die Art angewandter Heuristiken auswirken.

- Hinsichtlich der **Markenwahl** wird angenommen, dass unter Zeitdruck die Wahrscheinlichkeit für Entscheidungen zugunsten neuer Marken sinkt, da die Konsumenten Informationen über diese Marken erst beschaffen müssten. Daneben spielt es eine Rolle, dass eine Wiederholung schon früher getroffener Entscheidungen (→ Habitualisierung) weniger zeitaufwendig ist als ein neuer Entscheidungsprozess.

- Bei der **Geschäftsstättenwahl** gibt es Anhaltspunkte dafür, dass Konsumenten unter Zeitdruck vertraute Geschäfte sowie Großformen des Einzelhandels bevorzugen.

Geschenke

Ein interessanter - durch eine spezielle Situation zu beschreibender - Fall ist der Kauf von Geschenken. Die wirtschaftliche Bedeutung derartiger Käufe wird schnell klar, wenn man an den Stellenwert des Weihnachtsgeschäfts für weite Bereiche des Einzelhandels denkt. Belk (1979) hat einige **Charakteristika von Schenk-Situationen** zusammengestellt:

- Geschenke sind eine Form symbolischer Kommunikation.
- Sie dienen zum Aufbau und zur Aufrechterhaltung sozialer Beziehungen.
- Durch Geschenke werden ökonomische Werte an andere Personen übertragen.
- Sie spielen bei der Sozialisation, insbesondere von Kindern, eine Rolle.

Wegen dieser Besonderheiten ist der Kauf von Produkten, die verschenkt werden sollen, eher mit extensiven Entscheidungsprozessen verbunden als andere Käufe. Auch der Preis hat eine besondere Bedeutung: Er kennzeichnet nicht nur das Ausmaß alternativer Verwendungsmöglichkeiten der zur Verfügung stehenden Mittel, das beim Kauf aufgegeben wird, sondern beeinflusst auch die Anerkennung bzw. soziale Akzeptanz, die man beim Beschenkten gewinnt, dergestalt, dass diese mit zunehmendem Preis eines Geschenks oftmals wachsen.

4.4.2 Marketing-Anwendung: Einkaufssituation und Handelsmarketing

Im Rahmen der Betrachtung situativer Einflussfaktoren auf das Kaufverhalten der Konsumenten kommt der Analyse der Einkaufssituation eine besondere Bedeutung zu. Vielen Kaufakten geht kein intensiver Entscheidungsprozess voraus, sondern der Einkauf findet unter Low-Involvement Bedingungen statt, d.h. der Konsument trifft erst im Laden die Wahl für einen bestimmten Einkauf bzw. für ein spezifisches Produkt. Andererseits verfügen Konsumenten heute über relativ viel Freizeit, die häufig auch zum Einkaufen genutzt wird: Shopping ist eine sehr beliebte Freizeitbeschäftigung, daher gewinnt die Funktion des Einkaufens als Erlebnis zunehmend an Bedeutung. Dementsprechend setzen Anbieter gezielt Strategien und

Instrumente des **Handelsmarketing** ein, um das Verhalten der Konsumenten in der konkreten Einkaufssituation zu beeinflussen. Der folgende Abschnitt stellt dar, welche Faktoren im einzelnen in der Einkaufssituation eine Rolle spielen und welche Maßnahmen sich für das Handelsmarketing daraus ableiten lassen.

Zunächst ist zu beachten, dass die Motive, warum Konsumenten einkaufen, ganz unterschiedlich sein können (vgl. dazu auch Abschnitt 3.4). Die Basisfunktion des Einkaufens besteht darin, dass der Konsument sich die Produkte und Dienstleistungen beschafft, die er benötigt. Häufig erfüllt Einkaufen oder Shopping aus Konsumentensicht jedoch weitere Funktionen, je nachdem um welche Einkaufssituation oder Produktkategorie es sich handelt. Abbildung 4.17 gibt einen Überblick über mögliche **Motive der Konsumenten für das Einkaufsverhalten**.

	individuell	sozial
instrumental	- Beschaffung von Produktinformationen - „Schnäppchenjagd"	- „Feilschen"
hedonistisch	- physische Aktivität - Vermeidung von Langeweile - Unterhaltung, Erholung - „Schnäppchenjagd" - Rollenspiel - sensorische Stimulierung - Selbst-Belohnung	- soziale Erfahrung - Kommunikation - Treffen Gleichgesinnter - Status und Autorität - „Feilschen"

Abbildung 4.17: Einkaufsverhalten - Motive der Konsumenten
Quelle: in Anlehnung an Antonides / van Raaij 1998, S. 420

Es lassen sich einerseits individuelle im Gegensatz zu sozialen oder gruppengeprägten Motiven, andererseits instrumentale im Gegensatz zu hedonistischen Motiven unterscheiden. **Individuelle Faktoren** geben an, aus welchen Gründen der einzelne Konsument einkauft, während **soziale Faktoren** das Einkaufsverhalten im Hinblick auf die Rolle des Konsumenten in bestimmten Gruppen beleuchtet. So ist beispielsweise bei dem Besuch eines Plattenladens die Motivation, Leute mit ähnlichem Musikgeschmack zu treffen, ein wichtiger Einflussfaktor für das Einkaufsverhalten.

Shopping kann einerseits bestimmte instrumentale Funktionen erfüllen wie z. B. die Beschaffung von Informationen über verschiedene Angebote in einer Produktkategorie.

Andererseits nimmt die Bedeutung der hedonistischen Motive zu, d.h. Shopping dient im hohen Masse auch der Unterhaltung und Erholung, weist also den Charakter einer Freizeitbeschäftigung auf. Insbesondere für ältere Leute ist Einkaufen eine der wenigen physischen Aktivitäten und eine angenehme Möglichkeit, um Langeweile zu vertreiben. Häufig möchten sich Konsumenten durch den Kauf bestimmter Produkte, z. B. Kleidung, selbst belohnen. Zusammenfassend lässt sich feststellen, dass sich hinter dem Einkaufsverhalten der Konsumenten ganz **unterschiedliche Motive** verbergen können. Diese sind zunächst zu identifizieren, um geeignete Maßnahmen zur Ansprache der einzelnen Käufergruppen im Rahmen des Handelsmarketing ableiten zu können. Hierzu lassen sich Typen von Konsumenten bilden, z. B. der preisbewusste Einkäufer oder der Erlebnis-Shopper (vgl. Antonides / van Raaij 1998, S. 423 f.; Solomon 2004, S. 338).

Bevor im Folgenden einzelne Aspekte der Ladengestaltung näher beschrieben werden, soll zunächst die **physische Umgebung** der Konsumenten insgesamt betrachtet werden. Darunter versteht man die konkreten physischen und räumlichen Aspekte der Umgebung, in der die Einkaufsaktivitäten der Konsumenten stattfinden. Untersuchungen haben ergeben, dass Einflussfaktoren wie z. B. Farben, Geräusche, Licht, Wetterverhältnisse und die räumliche Anordnung von Menschen oder Objekten starken Einfluss in der Einkaufssituation ausüben. So wurde beispielsweise in einer Studie in verschiedenen Supermärkten in den U.S.A. der Einfluss von Musik auf das Einkaufsverhalten untersucht. Hierbei zeigte sich, dass Konsumenten bei langsamerer Musik die Wege im Supermarkt ebenfalls in einem langsameren Tempo zurücklegen. Die längere Verweildauer hatte wiederum positive Auswirkungen auf den Umsatz. In diesem Zusammenhang ist anzumerken, dass sich dieses Ergebnis nicht verallgemeinern lässt: Die Schlussfolgerung, generell möglichst langsame Musik zu spielen, um den Umsatz zu erhöhen, ist sicherlich falsch. In Fast Food-Restaurants ist es beispielsweise eher förderlich, schnellere Musik zu spielen, da es hier darauf ankommt, dass möglichst viele Konsumenten in kurzer Zeit dort essen, eine längere Verweildauer würde sich somit eher negativ auf den Umsatz auswirken (vgl. Mowen 1987, S. 538 f.). Entscheidend ist, dass die einzelnen Elemente der physischen Umgebung des Konsumenten sein Einkaufsverhalten beeinflussen können und daher von den Handelsunternehmen gezielt gestaltet werden sollten.

Die Beurteilung und Selektion von **Einkaufsstätten** nach ihrer **geographischen Lage** ist eine der wichtigsten strategischen Entscheidungen für Manager von Handelsunternehmen. Die geographische Lage der Läden beeinflusst Konsumenten in mehrfacher Hinsicht. Zunächst spielt die Größe des Einzugsgebietes, d.h. wie viele Konsumenten in einem bestimmten Umkreis leben, insbesondere bei Einkaufszentren, eine große Rolle. Der Ort sollte so gewählt werden, dass er von möglichst vielen Konsumenten in akzeptabler Zeit erreicht werden kann. Zwar spielen bei der Entscheidung, beispielsweise ein bestimmtes Einkaufszentrum zu besuchen, auch die Faktoren Sortimentsbreite und -tiefe sowie das Preisniveau eine Rolle, von besonderer Relevanz ist jedoch die Distanz, die der Konsument zurücklegen muss, um zum Einkaufszentrum zu gelangen. In diesem Zusammenhang ist hervorzuheben, dass die tatsächlichen Entfernungen und die von den Konsumenten wahrgenommenen Distanzen nicht immer übereinstimmen. Konsumenten verfügen über so genannte kognitive Landkarten („cognitive maps") ihrer Stadt. Beispielsweise führen Faktoren wie die Verfügbarkeit von Parkplätzen oder der Zustand der Anfahrtswege (Staus, Baustellen etc.) dazu, dass Entfernungen als kürzer oder länger wahrgenommen werden als sie tatsächlich sind (vgl. Mowen 1987, S. 542).

Bei der Betrachtung der Einkaufsstätten ist neben der geographischen Lage auch die **Distributionsstruktur** in den jeweiligen Ländern von Bedeutung. So wurde z. B. in einer Studie das Einkaufsverhalten von Frauen in Frankreich und in den U.S.A verglichen. Hierbei zeigte sich, dass amerikanische Frauen überwiegend in großen Supermärkten und Einkaufszentren einkaufen, während französische Frauen zwar in den bekannten Hypermarchés, häufig jedoch auch in kleineren Spezialgeschäften und Boutiquen einkaufen. Dieses Beispiel zeigt, dass Unterschiede in der Distributionsstruktur auf unterschiedliche Einstellungen und Präferenzen, die wiederum das

Einkaufsverhalten prägen, zurückzuführen sind. Einerseits beeinflusst die physische Umgebung das Verhalten der Konsumenten, andererseits spiegelt diese auch die jeweilige Kultur wider.

Die Distributionsstruktur lässt sich nicht nur durch kulturelle Faktoren erklären, sondern auch auf historische Entwicklungen zurückführen. So ging z. B. die Einführung von Einkaufszentren von den U.S.A. aus und breitete sich dann nach Europa aus. Dies steht im Zusammenhang damit, dass auch Betriebstypen der Handelsunternehmen bestimmten Lebenszyklen unterliegen. So befindet sich beispielsweise das Warenhaus in der Phase des Rückgangs, während sich neuere Betriebstypen wie z. B. Hypermarchés oder Discounter (Lidl, Ikea, H & M etc.) in der Einführungs- bzw. Wachstumsphase befinden.

Bei der Planung der Distributionsstruktur eines Handelsunternehmens ist die Analyse des Einkaufsverhaltens und der Kaufkraft der Konsumenten von hoher Relevanz, z. B. wie häufig Konsumenten bestimmte Produkte kaufen (etwa Lebensmittel), ob sie lieber in kleineren Läden in der Nachbarschaft oder in einem großen Einkaufszentrum am Stadtrand einkaufen etc. (vgl. Antonides / van Raaij 1998, S. 410 ff.). In diesem Zusammenhang ist darauf hinzuweisen, dass den Konsumenten neben dem traditionellen Einkauf im Laden weitere Alternativen wie z. B. Kataloge, Hausbesuche und Einkaufen über das Internet zur Verfügung stehen, die zunehmend an Bedeutung gewinnen (vgl. Solomon 2004, S. 339 f.).

Im Rahmen des Handelsmarketing stellt die **Ladengestaltung** eine zentrale Aufgabe dar. Einkaufsstätten werden gezielt geplant und ausgestattet, um den Konsumenten den Durchgang zu erleichtern, um die Präsentation der Produkte wirksam zu unterstützen und um eine bestimmte Atmosphäre zu erzeugen. Die Ladengestaltung übt einen wesentlichen Einfluss auf das Einkaufsverhalten der Konsumenten aus (vgl. Mowen 1987, S. 542 f.). Die Platzierung der einzelnen Produkte in einem Supermarktregal lässt sich hierfür als Beispiel anführen: In der Regel werden in unmittelbarer Augen- bzw. Griffhöhe der Konsumenten die teureren Produkte platziert, aber auch Markenartikel, nach denen der Konsument möglicherweise sucht. Die unteren Plätze im Regal nehmen eher billigere Produkte und No-Name-

Artikel ein. So soll erreicht werden, dass die Konsumenten eher zu den teureren Artikeln greifen. Abbildung 4.18 gibt einen Überblick darüber, anhand welcher Dimensionen Konsumenten eine Einkaufsstätte beurteilen und welche Kriterien sie dabei möglicherweise heranziehen.

Dimension	Kriterien (Beispiele)
Ort	- Verfügbarkeit von Parkplätzen - Erreichbarkeit mit öffentlichen Verkehrs-mitteln - Lage (z. B. in der Innenstadt oder in einem Einkaufszentrum)
Erscheinung	- Architektur - Schaufenster - Eingangsbereich
Ladenlayout	- Größe und Grundriss des Ladens - Länge und Breite der Gänge - Sonderflächen (z. B. für Angebote)
wahrgenommenes Preisniveau	- Preisimage - Sonderangebote
Sortimentsbreite und -tiefe	- Anzahl der Artikel insgesamt - Anzahl der Artikel pro Produktkategorie
Kompetenz und Freund-lichkeit des Personals	- Qualität der Beratung - Reaktionen bei Beschwerden
Ladenatmosphäre	- Farben - Gerüche - Musik
andere Kunden	- Anzahl der Kunden im Laden - Grad der Identifikation (ähnliche Werte und Einstellungen etc.)
wahrgenommene Qualität der Produkte	- Markenartikel - Garantien
Wartezeiten	- Dauer der Wartezeit - Gestaltung der Wartezeit (z.B. Instore-TV)
Marketingkommunikation	- Wurfsendungen - Displays

Abbildung 4.18: Beurteilung der Ladengestaltung aus Konsumentensicht
Quelle: in Anlehnung an Antonides / van Raaij 1998, S. 416 f.

Ein Element der Ladengestaltung ist die Schaffung einer geeigneten **Atmosphäre.** Dieser Aspekt gewinnt insbesondere durch die zunehmende Tendenz zum Erlebniseinkauf an Bedeutung und wird daher im Folgenden näher betrachtet. Unter Atmosphäre versteht man allgemein die Komponente des Ladenimages, die aus den physischen Elementen des Ladens resultiert Es hat sich gezeigt, dass die Atmosphäre eines Ladens einen entscheidenden Einfluss darauf hat, wie viel Zeit Konsumenten im Laden verbringen und wie viel Geld sie über das ursprünglich geplante Maß hinaus ausgeben. Die Ladenatmosphäre wirkt sich auf den emotionalen Zustand des Konsumenten aus: Bei positiven Effekten gibt er möglicherweise mehr Geld aus als geplant, empfindet er die Atmosphäre des Ladens als wenig angenehm (z. B. veraltete Einrichtung, dunkle Farben), verbringt er in der Regel weniger Zeit im Laden und gibt auch weniger Geld aus (vgl. Mowen 1987, S. 543). Daher werden im Rahmen der Ladengestaltung häufig helle Farben und viel Licht eingesetzt, um eine warme und einladende Atmosphäre zu schaffen. Ein weiteres Beispiel ist der Einsatz von Gerüchen (z.b. nach frisch Gebackenem in der Backwarenabteilung), um die Konsumenten zum Kauf anzuregen. Die gezielte Schaffung einer einzigartigen Atmosphäre ist ein wichtiges Merkmal zur Differenzierung des eigenen Ladens gegenüber Wettbewerbern. Zudem spielt die Atmosphäre besonders dann eine entscheidende Rolle, wenn die Produkte in verschiedenen Läden von den Konsumenten als austauschbar empfunden werden..

Zahlreiche Kaufentscheidungen von Konsumenten werden unmittelbar im Laden gefällt. Beispielsweise haben Untersuchungen ergeben, dass zahlreiche Supermarktkäufe nicht vorab, sondern direkt vor dem Regal entschieden werden. In einigen Produktkategorien ist der Anteil von Spontankäufen besonders hoch: Man schätzt, dass ca. 85% der Einkäufe von Süßigkeiten, nahezu 70% der Einkäufe von Kosmetikartikeln und ca. 75% der Einkäufe von Mundhygieneprodukten ungeplant sind (vgl. Solomon 1999, S. 316). Somit setzen Anbieter zahlreiche **Maßnahmen** direkt **am Point of Sale** ein, um Konsumenten in der Einkaufssituation anzusprechen. Hierzu zählen beispielsweise besondere Displays, Deckenhänger, Bodenaufkleber, Produktdemonstrationen, Verkostungen und In-Store TV (z.B. im Kassenbereich, um die Konsumenten während der Wartezeit über Produktneuheiten zu informieren).

Nicht nur Maßnahmen der Anbieter, sondern auch die übrigen Konsumenten beeinflussen das Verhalten in der Einkaufssituation. Hierbei ist vor allem der **Grad der Überfüllung („Crowding")** von Bedeutung (vgl. zu den folgenden Ausführungen Mowen 1987, S. 539 f.; Antonides / van Raaij 1998, S. 426 f.). Darunter wird die physische Dichte von Personen in einem Laden bzw. in einer Einkaufsstraße oder in einem Einkaufszentrum verstanden. Es besteht die Gefahr, dass Konsumenten in einer überfüllten Umgebung Stress empfinden und daher möglicherweise weniger Zeit in dem betreffenden Laden oder Einkaufsgebiet verbringen und auch weniger ausgeben. Generell löst Überfüllung Ablenkung (von dem Gedanken an die Kaufentscheidung) und Zeitdruck aus. In einer derartigen Situation tendieren Konsumenten dazu, ihre Entscheidungsprozesse zu vereinfachen, weniger Läden bzw. Produktalternativen in Erwägung zu ziehen und schneller die Entscheidung für einen Laden bzw. ein Produkt zu fällen. Jedoch wird Überfüllung nicht immer als negativ empfunden. So sollte ein Restaurant oder in ein Einkaufszentrum stets bereits von einigen Personen frequentiert sein, da es sonst ausgestorben und ebenfalls wenig kaufanregend wirken würde. Je nach Einkaufssituation existieren unterschiedliche Grade an Überfüllung, die von den Konsumenten als optimal empfunden werden. Aus Handelssicht entscheidend ist es, diesen optimalen Grad zu erkennen bzw. durch bestimmte Maßnahmen sicherzustellen. Hierzu zählt beispielsweise die Planung der Wegführung und Gänge in einem Supermarkt (etwa Bereitstellung mehrerer Wege zu den Kassen, um Gedränge zu vermeiden) oder die Errichtung von Cafés und Grünzonen in Einkaufszentren, wo sich Konsumenten beim Einkaufen erholen können.

5 Organisationales Kaufverhalten

5.1 Einführung

In den letzten ca. 25 Jahren hat der Bereich des Business-to-Business-Marketing zunehmend Aufmerksamkeit in Wissenschaft und Praxis gefunden, obwohl man davon ausgehen muss, dass das Ausmaß der Beachtung der wirtschaftlichen Bedeutung dieses Bereichs immer noch nicht gerecht wird. Der Begriff des **Business-to-Business-Marketing** (B-to-B Marketing) wird hier in Anlehnung an Backhaus / Voeth (2007, S. 5) und Kleinaltenkamp (2000, S. 173) relativ weit gefasst.

> Das Business-to-Business-Marketing dient dem Absatz von Sachgütern, Dienstleistungen und Rechten, die von Organisationen (Unternehmen, Behörden etc.) beschafft werden, um andere Leistungen zu erbringen, die über den mittelbaren oder unmittelbaren Weiterverkauf an Endverbraucher hinausgehen.

Ward / Webster (1991, S. 421) definieren **organisationales Kaufverhalten** als den „Entscheidungsprozess, durch den formale Organisationen den Bedarf an zu kaufenden Gütern und Dienstleistungen feststellen, alternative Marken und Lieferanten identifizieren, bewerten und zwischen diesen auswählen". Dieses bezieht sich das auf die in der obigen Charakterisierung des B-to-B-Marketing angesprochenen Arten von Beschaffung. Typische Beispiele für organisationales Kaufverhalten bieten

- der industrielle Einkauf von Gütern, Dienstleistungen, Lizenzen etc.,
- die Beschaffungen, die seitens staatlicher Institutionen (z.B. Bundeswehr, Universitäten) erfolgen,
- der Einkauf von Vereinen, Verbänden etc. (z.B. Sportvereine, Kirchen, Gewerkschaften).

Der Einkauf des Groß- und Einzelhandels im Konsumgütersektor (mittelbarer oder unmittelbarer Weiterverkauf an Endverbraucher) wird **ausgeklammert**, obwohl hier natürlich auch ein organisationaler Beschaffungsprozess vorliegt. Allerdings sind die dort ablaufenden Entscheidungsprozesse so stark auf Konsumenten ausgerichtet und die vom Handel zu erbringenden Leistungen so deutlich auf die Distribution konzentriert, dass die Vergleichbarkeit mit den anderen hier zu diskutierenden organisationalen Beschaffungsprozessen stark eingeschränkt ist.

Business-to-Business-Märkten (im oben charakterisierten weiten Sinne) sind typischerweise folgende Merkmale gemein:

- **Abgeleiteter Bedarf**
  Die Nachfrage im jeweiligen Markt resultiert aus der Nachfrage in konsumnäheren Märkten.
- **Relativ kleine Zahl potenzieller Nachfrager**
  Da man mit nachfragenden Organisationen zu tun hat, die wiederum direkt oder indirekt Leistungen für Endverbraucher erbringen, ist deren Zahl geringer als die Zahl der für die jeweiligen Märkte relevanten Konsumenten.
- **Feste Geschäftsbeziehungen**
  In organisationalen Märkten findet man häufig längerfristig gewachsene und dauerhafte Geschäftsbeziehungen (siehe dazu Abschnitt 5.4) an Stelle einzelner, voneinander weitgehend unabhängiger Kaufentscheidungen, die eher für Konsumenten typisch sind.
- **Direkte Marktkontakte**
  Wegen der relativ geringen Zahl von Nachfragern und der großen Bedeutung einzelner Geschäftsbeziehungen spielen direkte Marktkontakte (z.B. über persönlichen Verkauf) bei organisationaler Beschaffung eine größere Rolle als beim Absatz an Endverbraucher. Im Rahmen diese direkten Kontakte findet oftmals eine wesentlich intensivere **Interaktion** zwischen Anbietern und Nachfragern als im Konsumgüterbereich statt.
- **Fundierte und formalisierte Kaufentscheidungen**
  Ein großer Teil organisationaler Kaufentscheidungen fällt unter Beteiligung einschlägig spezialisierter Fachleute. Häufig existieren auch festgelegte Regeln (Entscheidungskriterien, Beteiligte etc.) für den Ablauf dieser Prozesse. Ausschreibungsverfahren, schriftliche Angebote, detaillierte Verträge etc. sind Ausfluss solcher Formalisierung.

- **Mehr-Personen-Entscheidungen**

  Bei organisationaler Beschaffung spielen Mehr-Personen-Entscheidungen (Gremien-Entscheidungen) eine weitaus größere Rolle als im Konsumgüter-Bereich. Die an einer Kaufentscheidung beteiligten Personen (Buying-Center, siehe Abschnitt 5.3) können im Hinblick auf fachliche Ausrichtung (technisch, kaufmännisch), hierarchische Einordnung (vom Sachbearbeiter bis zum Top-Manager) und persönliche Merkmale (z.b. Alter, Ausbildung) sehr heterogen sein.

- **Lang dauernde Kaufentscheidungsprozesse**

  Vor allem wegen der Beteiligung mehrerer Personen, der mit Kaufentscheidungen oftmals verbundenen Lösung technischer Probleme und häufiger Interaktionen (Verhandlungen etc.) zwischen Anbietern und Nachfragern dauern organisationale Kaufentscheidungsprozesse oft länger als die von Konsumenten.

- **Verantwortung für Kaufentscheidungen**

  Bei organisationalen Beschaffungsprozessen müssen die Beteiligten - im Gegensatz zu Kaufentscheidungen von Konsumenten - in der Lage sein, ihre Vorgehensweise gegenüber Vorgesetzten und Kollegen zu begründen und zu rechtfertigen.

Die für das Marketing typische Ausrichtung der betrieblichen Leistungserstellung an Abnehmerbedürfnissen und die in der Regel damit verbundenen Bemühungen, das Abnehmerverhalten zu beeinflussen, machen es notwendig, organisationale Beschaffungsprozesse verstehen zu lernen. Im Vergleich zur Untersuchung der Kaufentscheidungsprozesse von Konsumenten trifft man hier auf **besondere Schwierigkeiten**, die sich u.a. durch folgende Gesichtspunkte charakterisieren lassen (vgl. Moriarty 1983):

- **Komplexität des Entscheidungsprozesses** (mehrere Personen, unterschiedliche Phasen),
- relativ **wenige potenzielle Auskunftspersonen**, deren Bereitschaft zur Teilnahme an entsprechenden Untersuchungen oftmals gering ist, und
- **begrenzte Eignung des gängigen Forschungsinstrumentariums** (z.B. Interviews) für die Untersuchung von Mehr-Personen-Entscheidungen.

Man muss also nach wie vor eine deutlich schwächer ausgeprägte empirische Überprüfung und Fundierung theoretischer Vorstellungen zum organisationalen Beschaffungsverhalten als bei Kaufentscheidungen von Konsumenten konstatieren. Die beiden folgenden Abschnitte werden deswegen den Schwerpunkt eher bei der Darstellung und Diskussion von Konzepten und Modellen zum Verständnis organisationaler Kaufprozesse als bei der zusammenfassenden Würdigung einschlägiger empirischer Untersuchungsergebnisse haben. Im Hinblick auf spezielle Ansätze zur Untersuchung von Mehr-Personen-Kaufentscheidungen sei auf Voeth / Brinkmann (2004) verwiesen.

5.2 Arten und Phasen von organisationalen Beschaffungsprozessen

Es lassen sich mehrere Ansätze zur Typisierung organisationaler Kaufentscheidungen finden. Die erste (und wohl am längsten etablierte) bezieht sich auf die **Neuartigkeit** und **Komplexität** des Kaufs. Dabei werden nach Robinson / Faris / Wind (1967) und Sheth / Mittal / Newman (1999, S. 615 f.) unterschieden:

- **Identischer Wiederkauf**
  Hier handelt es sich um Nachbestellungen bisher schon wiederholt verwendeter Produkte (z.B. Schrauben, Büromaterial) zu eher geringen Kosten. Dafür ist kaum Informationssuche notwendig. Der Lieferant stammt aus dem Kreis von Anbietern, mit denen bereits Geschäftsbeziehungen bestehen. Insgesamt handelt es sich eher um einen Routinevorgang.
- **Modifizierter Wiederkauf**
  Dabei geht es ebenfalls um die Bestellung bisher - zumindest in ähnlicher Form - verwendeter Erzeugnisse (z.B. neue PCs). Der Unterschied zum identischen Wiederkauf ergibt sich dadurch, dass die Anforderungen an das Produkt modifiziert werden oder ein neuer Lieferant ins Auge gefasst wird. Dementsprechend findet man dabei einen mittleren Informationsbeschaffungs- und Entscheidungsaufwand.

- **Neukauf**
  Anlass ist eine Kaufsituation, die vorher noch nicht aufgetreten war. Deshalb müssen die Anforderungen an das zu beschaffende Produkt erst festgelegt und mögliche Lieferanten gesucht werden. Es besteht deshalb erhebliche Unsicherheit. Derartige Situationen treten insbesondere auf, wenn neuartige Produkte angeboten werden oder wenn das nachfragende Unternehmen Innovationen (neue Produkte, neue Produktionsprozesse etc.) vorbereitet.

Die Analogie dieser drei Typen von Entscheidungen zu der aus dem dritten Kapitel 3.3.1.1 bekannten Unterscheidung von extensiven, limitierten und habitualisierten Kaufentscheidungen ist offensichtlich.

Art der Kauf-entscheidung	Merkmale		
	Neuigkeits-Grad des Problems	Informations-bedarf	Beachtung neuer Alternativen
Neukauf	Hoch	Maximal	Wichtig
Modifizierter Wiederkauf	Mittel	Mäßig	Begrenzt
Identischer Wiederkauf	Gering	Minimal	Erfolgt nicht

Abbildung 5.1: Arten organisationaler Kaufentscheidungen
Quelle: Robinson / Faris / Wind 1967

In Abbildung 5.1 sind wesentliche (idealtypische) Merkmale der drei unterschiedlichen Arten von organisationalen Kaufentscheidungen zusammenfassend dargestellt. Der Ansatz von Robinson / Faris / Wind (1967) ist wegen seiner Einfachheit und Plausibilität für Theorie und Praxis bis heute einflussreich geblieben. Die Versuche, dieses Konzept hinsichtlich der Erklärung des Ausmaßes der Beteiligung verschiedener Personengruppen an Entscheidungsprozessen und der Intensität der Kommunikation der beteiligten Personen untereinander empirisch zu bestätigen, haben allerdings zu etwas uneinheitlichen Ergebnissen geführt (vgl. McQuiston 1989). Anderson / Chu / Weitz (1987) haben in einer empirischen Untersuchung (Befragung bei 158 US-Unternehmen) festgestellt, dass mit zunehmendem Neuigkeitsgrad (vom identischen Wiederkauf bis zum Neukauf) einer Kaufentscheidung

- die Dauer des Entscheidungsprozesses steigt,
- der Anteil von Mehr-Personen-Entscheidungen steigt,
- die Bestimmtheit hinsichtlich der Produkt-Anforderungen sinkt,
- das Gewicht des Merkmals „Funktionserfüllung des Produkts" steigt,
- die Bedeutung des Preises sinkt und
- der Einfluss von Technikern bei der Kaufentscheidung zunimmt.

Diese Ergebnisse bestätigen insgesamt die Grundidee des Ansatzes von Robinson / Faris / Wind (1967).

Eine zweite Art der Unterscheidung mag auf den ersten Blick überraschen. Dabei geht es um die Frage, ob von der einkaufenden Organisation in erster Linie eine **Produkt oder** ein **Lieferant** ausgewählt wird. Vielfach ist beides eng miteinander verknüpft. Nahe liegt der Gedanke, dass von den Käufern das in Bezug auf Preis, Leistung, Lieferzeit etc. günstigste Produkt ausgewählt wird und der entsprechende Anbieter dann eben den Zuschlag erhält. Nicht selten findet man aber auch die umgekehrte Vorgehensweise: Zunächst werden potenzielle Anbieter ausgesucht, die im Hinblick auf Zuverlässigkeit, Erfahrung, Leistungsfähigkeit etc. in Frage kommen, die dann aufgefordert werden, für das gewünschte Produkt Angebote abzugeben.

Nach dieser vorstehend skizzierten älteren Typisierung von Kaufentscheidungen im Business-to-Business-Bereich sind inzwischen komplexere und realistischere Ansätze dafür entwickelt worden. Von diesen sei hier der **Geschäftstypenansatz** von Backhaus (vgl. Backhaus / Voeth 2007, S. 200 ff.) in etwas vereinfachter Form vorgestellt. Für die Typenbildung werden hier vier Kriterien herangezogen:

- Ist die **Ausrichtung des Anbieters** auf den Kunden (z.B. durch spezifische Investitionen) stark oder schwach?
- Hat man es eher mit einem **Kaufverbund** (mehrere Käufe im Zeitablauf) oder einer Einzeltransaktion zu tun?
- Ist die **Ausrichtung des Nachfragers** (z.B. bei seinen Produktionsprozessen) auf den jeweiligen Anbieter stark oder schwach?
- Produziert der Anbieter seine Leistungen für einen eher **anonymen Markt** oder richtet er sich auf den jeweiligen **Einzelkunden** aus?

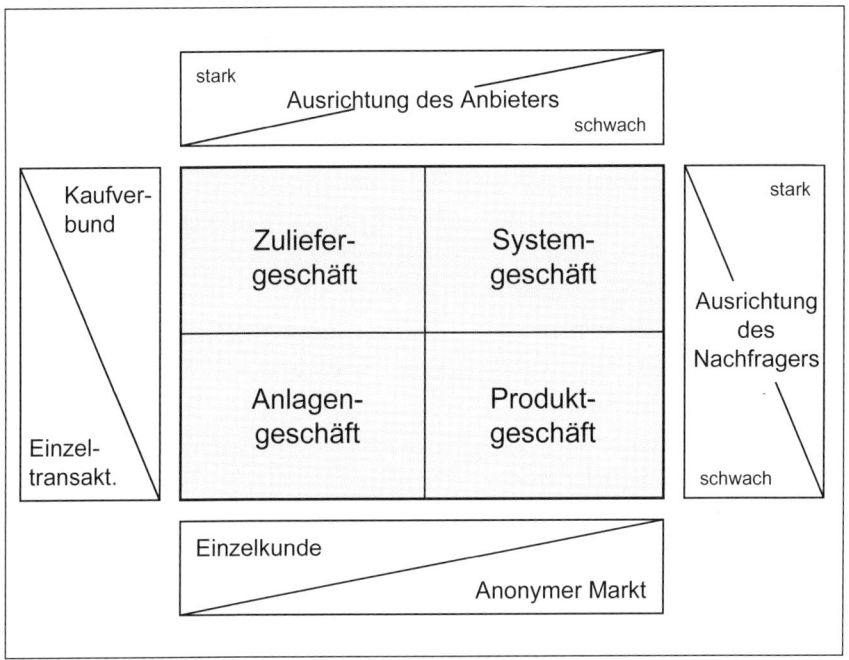

Abbildung 5.2: Schematische Darstellung des Geschäftstypenansatzes
Quelle: nach Backhaus / Voeth 2007, S. 202

Daraus ergeben sich die in Abbildung 5.2 wiedergegebenen Geschäftstypen Zuliefergeschäft, Systemgeschäft, Anlagengeschäft und Produktgeschäft. Für das **Zuliefergeschäft** ist die Ausrichtung auf bestimmte Einzelkunden und ein oftmals langfristig angelegter Kaufverbund typisch. Produktions- und Beschaffungsprozesse beim Anbieter bzw. Kunden sind eng aufeinander abgestimmt, z.B. in der Automobilindustrie mit Just-in-Time-Belieferung. Für den Anbieter ist bei seinem Marketing-Mix die Anpassung an den Kunden und das Management der Geschäftsbeziehung (vgl. Abschnitt 5.5) entscheidend.

Beim **Systemgeschäft** entsteht durch die Entscheidung des Kunden für einen bestimmten Anbieter eine starke Bindung. Ein gängiges Beispiel dafür ist die Entscheidung für ein bestimmtes Computersystem ("Architektur-Entscheidung"), die längerfristig weitere Entscheidungen (z.B. bei Erweiterung der Hardware, Aktualisierung der Software) determiniert. Es gibt also einen ausgeprägten zeitlichen Kaufverbund bei starker Ausrichtung des Kunden auf das betreffende System. Dagegen ist der Anbieter keineswegs auf die Spezifika des jeweiligen Einzelkunden ausgerichtet (Beispiel: SAP). Besonders wichtig für den Anbieter im Systemgeschäft ist es, Vertrauen aufzubauen, da sich der Kunde ja langfristig an ihn bindet, ohne dass alle Einzelheiten der zukünftigen Entwicklung schon absehbar sind.

Für das **Anlagengeschäft** gibt es eine Fülle leicht nachvollziehbarer Beispiele. Hier sei nur an den (Verkauf und) Bau von Kraftwerken oder Chemie-Anlagen gedacht. Typisch ist die Erbringung von individuellen Leistungen für den jeweiligen Einzelkunden. Ein zeitlicher Kaufverbund (über mehrere Anlagen) besteht normalerweise nicht. Beim Anlagengeschäft ist für das Anbieter-Marketing Know-how und Beratung in Abstimmung auf die jeweiligen Phasen eines Beschaffungsprozesses (s.u.) besonders wichtig.

Das **Produktgeschäft** ähnelt weitgehend den Verhältnissen in zahlreichen Konsumgüter-Märkten: Vorproduzierte, weitgehend standardisierte Produkte (hier z.B. Fotokopierer, Gabelstapler) werden auf einem anonymen Markt angeboten. Es existiert kein Kaufverbund und deswegen spielt die Informationspolitik vor dem jeweiligen Einzelkauf beim Marketing-Mix des Anbieters eine wesentliche Rolle.

Bei der Erörterung der Kaufentscheidungen von Konsumenten ist bereits auf bestimmte typische Phasen von extensiven Kaufentscheidungsprozessen eingegangen worden (vgl. Abschnitt 3.3.2). Ähnliche **Phasenschemata** sind auch für den Bereich organisationaler Beschaffungsprozesse entwickelt worden. Sie finden hier besonderes Interesse, weil sie den Ausgangspunkt für zwei im Business-to-Business-Marketing bedeutsame Analysen bilden:

- **Wer ist** an welchen Phasen des Kaufentscheidungsprozesses **beteiligt**?
- **Welche Informationen** werden in welchen Phasen des Kaufentscheidungsprozesses verwendet?

Mit der Beantwortung dieser Fragen gewinnt man wichtige Anhaltspunkte für die Entwicklung von adäquaten Marketingstrategien.

In einer der frühesten Konzeptualisierungen der **Phasen organisationaler Kaufprozesse** wurden von Webster (1965) vier Schritte unterschieden:

1. Problemwahrnehmung,
2. Zuordnung von Verantwortung und Kompetenz für die Kaufentscheidung innerhalb der Organisation
3. Suchprozesse zur Identifizierung von Angeboten und für die Festlegung von Entscheidungskriterien sowie
4. Auswahlverfahren für die Prüfung und Entscheidung hinsichtlich der Alternativen.

Eine neuere Darstellung von Phasen industrieller Beschaffungsprozesse geht auf Sheth / Mittal / Newman (1999, S. 621 f.) zurück und ist mit sechs Schritten erheblich differenzierter als der Ansatz von Webster. Dabei werden unterschieden:

1. Feststellung des Bedarfs und Bestimmung der Anforderungen an das zu beschaffende Produkt
2. Entwicklung von Entscheidungskriterien
3. Suche nach potenziellen Lieferanten und Einholung von Angeboten
4. Prüfung der Angebote und Verhandlungen
5. Auswahl des Lieferanten und Bestellung
6. Lieferung und Überprüfung

Zur Einschätzung dieser und vergleichbarer Phasenschemata sind einige Anmerkungen nötig. Die Darstellungen haben einen recht **hohen Allgemeinheitsgrad**, da firmen-, situations- und produktspezifische Gesichtspunkte kaum berücksichtigt werden. Wie so oft muss man den Allgemeinheitsgrad einer Aussage mit eingeschränkter Treffgenauigkeit bezüglich zu beschreibender Einzelfälle "erkaufen". Generell kann man vermuten, dass diese Schemata eher beim Neukauf den realen Abläufen entsprechen, da beim identischen Wiederkauf eben ein großer Teil der genannten Schritte entfällt.

Über die **Dauer von Kaufentscheidungsprozessen** sagen die Kaufphasen-konzepte natürlich nichts aus. Erfahrungen und vorliegende empirische Untersuchungen deuten darauf hin, dass diese Prozesse sehr unterschiedlich lang - von wenigen Wochen bis zu mehreren Jahren - sein können. Maß-gebliche Einflussfaktoren der Prozessdauer sind die Komplexität des zu beschaffenden Gutes und dessen Neuartigkeit für die nachfragende Organisation.

Die Interpretation dessen, was man in den skizzierten Ansätzen unter Phasen verstehen soll, ist nicht ganz unumstritten. Wenn man unterstellen würde, dass sich Entscheidungsprozesse tatsächlich in der angegebenen Folge getrennter Einzelschritte vollziehen, so läge man damit wohl falsch. Man kann aber zumindest annehmen, dass in den einzelnen Phasen be-stimmte, weitgehend gleichartige Einzeltätigkeiten zusammengefasst werden, obwohl sich diese oftmals überlappen und auch Rückkopplungen im Entscheidungsprozess auftreten.

5.3 Buying Center

Im Abschnitt 5.1 wurde schon die Bedeutung von Mehr-Personen-Entscheidungen für organisationales Beschaffungsverhalten herausgestellt. Trotzdem sollte es nicht irritieren, wenn hier auch die Unterscheidung zwischen **Einzel- und Gruppen-Entscheidungen** erwähnt wird. Gerade wenig bedeutende Entscheidungen oder identische Wiederkäufe werden oftmals von einem Einkäufer allein vorbereitet und abgewickelt. Je bedeu-tender, neuartiger oder komplexer ein Einkauf erscheint, desto größer ist die Wahrscheinlichkeit, dass mehrere (unterschiedlich spezialisierte) Fachleute daran beteiligt sind (s.o.). Die Menge der an einem Einkauf beteiligten Personen, die von Fall zu Fall sehr unterschiedlich groß und verschieden zusammengesetzt sein kann, bezeichnet man in der Literatur als **Buying Center.**

Das leitet über zu der Frage, welche Rollen die Mitglieder eines Buying Centers bei der Beschaffung spielen. Diese Frage ist nicht zuletzt für anbietende Unternehmen, die auf diese Personen ausgerichtete differenzierte Beeinflussungsstrategien entwickeln wollen, von großer Bedeutung. Die gängigste Klassifizierung stammt von Webster und Wind (1972a). Danach werden fünf Rollen unterschieden:

Als **Benutzer** bezeichnet man die Personen, die die zu beschaffenden Güter oder Dienstleistungen später im Rahmen ihres Aufgabenfeldes verwenden sollen. Beispielsweise hat ein Produktionsleiter bei der Beschaffung einer Maschine für seinen Bereich, der Marketingleiter eines Unternehmens bei der Beauftragung eines Marktforschungsinstitutes oder der Chirurg in seiner Klinik beim Kauf bestimmter medizinischer Geräte die Rolle des Benutzers. Häufig geht die Initiative zu einem Beschaffungsprozess vom künftigen Nutzer aus. Darüber hinaus hat er auch durch sein spezifisches Wissen und seine Schlüsselstellung hinsichtlich der Akzeptanz der einzukaufenden Anlagen, Dienstleistungen, Materialien etc. oftmals maßgeblichen Einfluss auf die Beschaffungsentscheidung.

Einkäufer sind die Mitglieder des Buying Centers, denen es obliegt, Kaufverträge vorzubereiten und abzuschließen. Hiermit meint man in erster Linie - aber nicht nur - Angehörige von Einkaufsabteilungen.

Beeinflusser wirken dadurch auf Beschaffungsprozesse ein, dass sie relevante Informationen einbringen oder bei der Festlegung von Mindestanforderungen (und damit bei der Vorauswahl in Frage kommender Angebote bzw. Anbieter) mitwirken. Die Rolle des Beeinflussers wird von sehr verschiedenen Angehörigen der Organisation wahrgenommen (z.B. Entwicklungsingenieure, Produktionsleiter, Finanzierungsfachleute). Organisationale Kaufentscheidungsprozesse können auch durch Personen beeinflusst werden, die nicht dem beschaffenden Unternehmen angehören, insbesondere durch externe Berater.

Entscheider können auf Grund ihrer (formalen oder informalen) Machtposition über die Auswahl aus vorliegenden (und im Beschaffungsprozess geprüften) Angeboten entscheiden. Diese Kompetenz liegt eher bei Nutzern, wenn Spezifikationen eines Gutes im Mittelpunkt des Interesses stehen. In anderen Fällen, wenn hauptsächlich Preise und Vertragskonditionen beachtet werden, wird oftmals der Einkäufer die Entscheidung bestimmen. Bei besonders bedeutsamen Anschaffungen (Großinvestitionen, langfristige Lieferverträge großen Volumens etc.) nimmt häufig ein Mitglied der Geschäftsleitung die Aufgabe des Entscheiders wahr.

Informationsselektierer beeinflussen den Informationsstrom in das Buying Center und den Informationsaustausch innerhalb des Buying Centers. Hier ist beispielsweise an Mitarbeiter (Assistenten) von Entscheidungsträgern zu denken, die ihren Vorgesetzten Unterlagen für eine Sitzung zusammenstellen. In manchen Unternehmen wird das "Zugangsrecht" von Außendienstmitarbeitern anbietender Unternehmen zu Angehörigen des eigenen Unternehmens durch die Einkaufsabteilung geregelt, die also hier auch die Funktion des Informationsselektierers hat.

Später ist von Bonoma (1982) ein sechster Typ von Mitgliedern eines Buying Centers hinzugefügt worden, der **Initiator**. Wie der Begriff schon erahnen lässt, handelt es sich hierbei um eine Person, die "einen gegebenen oder zu erwartenden Zustand erkennt, der durch eine Investition verbessert werden kann, und sich für die Durchführung dieser Investition einsetzt" (Fließ 2000, S. 315).

Bei der Anwendung der vorstehend skizzierten Klassifizierung von Rollen der Mitglieder des Buying Centers auf die Analyse realer Beschaffungsprozesse sind zumindest zwei wichtige Gesichtspunkte zu beachten:

- **Mehrere Personen** können die **gleiche Rolle** wahrnehmen. Beispielsweise ist es ohne weiteres denkbar, dass mehrere Nutzer (Produktionsleiter, Entwicklungsingenieure, Werkmeister) als Beeinflusser auftreten.

- **Eine Person** kann in einem Beschaffungsprozess auch **mehrere Rollen** haben. Oftmals fällt z.b. die Rolle des Benutzers mit der des Beeinflussers zusammen.

Auf einen im deutschen Sprachraum entwickelten Ansatz zur Charakterisierung von Mitgliedern des Buying Centers soll hier noch kurz eingegangen werden. Es handelt sich dabei um die auf Witte zurückgehende Unterscheidung von **Fach- und Machtpromotoren.** Witte (1973) hat sein Promotorenmodell auf Innovationsprozesse in Unternehmen bezogen. In der Literatur zum Business-to-Business-Marketing besteht aber Übereinstimmung darüber, dass dieser Ansatz auf eine Vielzahl komplexerer Beschaffungsprozesse anwendbar ist. Als **Promotoren** werden Personen bezeichnet, die einen (bei Witte: Innovations-, hier: Beschaffungs-) Prozess initiieren und bis zum Schluss (Innovations- bzw. Kaufentscheidung) aktiv und intensiv fördern. Der Promotor ist also eher jemand, der nicht nur mit Umsicht und Gelassenheit seine Pflicht erfüllt und Vorschriften beachtet.

Als **Machtpromotoren** bezeichnet man an einem Beschaffungsprozess beteiligte Personen, die aus ihrer relativ hohen hierarchischen (Macht-) Stellung die Möglichkeit herleiten, diesen Prozess maßgeblich zu beeinflussen und voranzutreiben. Sie bestimmen durch Anordnungen, Sanktionen gegenüber "Bremsern" und Unterstützung der treibenden (Fach-)Kräfte des Beschaffungsvorganges gewissermaßen dessen Richtung und Tempo. Typischerweise hat ein Machtpromotor weniger die technisch-organisatorischen Details einer Beschaffung als die Auswirkungen des Projekts auf das Unternehmen insgesamt im Auge.

Das Gegenstück zum Machtpromotor bildet der **Fachpromotor.** Unabhängig von seiner hierarchischen Einordnung fördert der Fachpromotor den Beschaffungsprozess durch seine auf das jeweilige Problem bezogenen Fachkenntnisse. Er übt Einfluss durch überlegenes Spezialwissen aus. Trotz der erwähnten Unabhängigkeit von der Unternehmenshierarchie dürfte man den Typ des Fachpromotors seltener auf der obersten bzw. den untersten Hierarchieebenen finden, da bei der eher übergreifend tätigen Geschäftsleitung meist das Detailwissen und auf den untersten Ebenen oft die notwendigen Qualifikationen fehlen.

Natürlich können der Macht- und der Fachpromotor auch in Personalunion auftreten. Bedeutsamer ist aber das so genannte **Promotoren-Gespann** (Witte 1973), womit das Zusammenwirken von Macht- und Fachpromotoren in Beschaffungs- (bei Witte: Innovations-) Prozessen bezeichnet wird. Man geht davon aus, dass ein Prozess, der von einem Promotoren-Gespann beeinflusst wird, besonders effizient (schneller Ablauf, hohe Entscheidungsqualität) ist, da fachliche Kompetenz und Durchsetzungskraft (wie im Falle der Personalunion) zusammenkommen und wechselseitiger Gedankenaustausch sowie das bei mehreren Personen größere Potenzial an Energie diesen zusätzlich fördern.

5.4 Interaktionsansätze und Geschäftsbeziehungen

5.4.1 Interaktion beim organisationalen Kaufverhalten

Im Gegensatz zu eher anonymen Konsumgütermärkten, auf denen Kunden und Herstellerunternehmen eher in Ausnahmefällen in unmittelbaren Kontakt zueinander treten, werden Leistung und Gegenleistung auf Business-to-Business-Märkten oftmals durch Verhandlungen der beteiligten Unternehmensvertreter festgelegt. Die **direkte Interaktion** zwischen den Vertragsparteien beeinflusst Verhandlungsverlauf und -ergebnis wesentlich. Sie eröffnet die Möglichkeit, aufeinander einzugehen bzw. den anderen zu überzeugen. Wegen ihrer besonderen Bedeutung für das organisationale Kaufverhalten ist ihr der vorliegende Abschnitt gewidmet. Dabei sollen hier die Betrachtungen auf so genannte „dyadische Interaktionen" beschränkt werden. Darunter versteht man Interaktionen zwischen zwei Beteiligten (Personen oder Organisation).

Bonoma / Zaltman / Johnston (1977, S. 25) kennzeichnen Wesen und Bedeutung der Betrachtung dyadischer Interaktionen für das Verständnis organisationalen Beschaffungsverhaltens: „Die .... dyadische Betrachtungsweise industriellen Kaufverhaltens dient der Entdeckung, Hervorhebung und Verdeutlichung von Beziehungen und Interaktionen zwischen einem „Stimulus-Geber" (Verkäufer, Marketer etc.) und dem „Empfänger" (Kunde) und betont, dass diese beziehungs- und interaktionsbezogenen Merkmale ihres gemeinsamen Verhaltens eine viel leistungsfähigere und konsistentere Sicht auf Charakter und Ergebnis des Kaufverhaltens als die einseitige Betrachtung von Beeinflussungsversuchen ermöglicht."

Bei dyadischen Interaktionen wird zwischen **personalen** und **organisationalen Ansätzen** unterschieden. Während personale Ansätze den Einfluss persönlicher Eigenschaften auf die Ergebnisse oder den Verlauf von Transaktionen zum Inhalt haben, berücksichtigen organisationale Ansätze darüber hinaus die Abstimmungsprobleme innerhalb und zwischen Organisationen. Für eine Analyse wird die **Struktur** oder der **Prozess** der Interaktion betrachtet. Die Untersuchung der Struktur erfasst und prüft den Einfluss bestimmter Determinanten auf die Interaktion zu einem gegebenen Zeitpunkt. Prozessansätze hingegen stellen auf die einzelnen Teilphasen einer Transaktion oder auf die Abfolgen in sich abgeschlossener Interaktionsprozesse einer Geschäftsbeziehung ab.

Dyadisch-personale Interaktionsansätze bilden Transaktionen von zwei Personen ab, wie es für den persönlichen Verkauf ganz typisch ist. Viele entsprechende Untersuchungen sind so genannte „Matching-Studien". Bei dieser Sichtweise hängt der Ausgang des Interaktionsprozesses zwischen Käufer und Verkäufer vor allem davon ab, wie sehr sich diese in Bezug auf ihre demographischen und kognitiven Merkmale sowie ihre Persönlichkeitseigenschaften gleichen (vgl. Backhaus / Voeth 2007, S. 106 f.). Hierbei spielt die subjektive Wahrnehmung der Personen eine wichtigere Rolle als eine (scheinbar) „objektive" Ähnlichkeit. Je größer die wahrgenommenen Gemeinsamkeiten sind, umso einfacher verläuft die Kommunikation und umso schneller kann eine Einigung erzielt werden. Die Ähnlichkeit ist danach eine Determinante des Verkaufserfolges. Den idealen Verkäufer gibt es in dieser Sichtweise nicht, vielmehr muss er zu seiner jeweiligen Zielkundengruppe passen und sich entsprechend verhalten. Zu Einzelheiten dieses Ansatzes sei hier auf Schuchert-Güler (2002, S. 36 ff.) verwiesen.

Prozessorientierte Interaktionsansätze untersuchen vor allem den Zusammenhang zwischen dem Engagement der Verhandlungspartner und dem Ausgang des Interaktionsprozesses. Ein Kaufabschluss ist dabei umso wahrscheinlicher, je engagierter und intensiver Käufer und Verkäufer miteinander verhandeln.

Die personalen Interaktionsansätze verlieren mit zunehmender Komplexität des Interaktionsprozesses an Erklärungsgehalt, denn die an der Verhandlung beteiligten Personen agieren bei Vertragsabschlüssen in der Regel nicht frei, sondern sind eingebunden in ihr Unternehmen und müssen bestimmte Spielregeln befolgen (z.b. bezüglich Preisnachlässen), da sonst Sanktionen in Kraft treten. Darüber hinaus besitzen Unternehmen auch die Macht, unabhängig vom jeweiligen Käufer- bzw. Verkäuferteam direkt auf den Markt einzuwirken. Diese Faktoren werden in den personalen Ansätzen nicht erfasst.

Organisationale Interaktionsansätze hingegen erfassen die Abhängigkeit des Einzelnen von seiner Organisation und betrachten die Personen und ihre Handlungen nicht isoliert, sondern eingebunden in die Beziehungen der jeweiligen Unternehmen. Neben den **Interaktionen zwischen anbietender und nachfragender Organisation** werden deshalb auch **intraorganisationale Beziehungen**, die Auskunft über die unternehmensinterne Entscheidungsprozesse geben, betrachtet (vgl. Backhaus / Voeth 2007, S. 109). So können Interaktionsansätze, die Zwei-Organisationen-Gruppen analysieren, als eine Weiterentwicklung der personalen Ansätze durch Einbeziehung organisationaler Faktoren gesehen werden.

5.4.2 Geschäftsbeziehungen

Geschäftsbeziehungen haben also eine herausragende Bedeutung für den Interaktionsprozess im Business-to-Business Marketing. Fassnacht / Möller (2004, S. 387) sprechen in diesem Zusammenhang von einem Übergang „von der Transaktions- zur Relationship-Perspektive der Zuliefer-Beschaffer-Beziehung". Diller und Kusterer (1988, S. 211) verstehen unter einer **Geschäftsbeziehung** jeden „von ökonomischen Zielen zweier Organisationen geleiteten Interaktionsprozess zwischen zwei oder mehr Personen ab dem ersten Geschäftsabschluss". Erst vom erstmaligen Kauf an kann letztlich die Zuverlässigkeit des jeweiligen Partners bei der Geschäftsabwicklung beurteilt werden und sich in bestimmten Erwartungen für Folgeinteraktionen niederschlagen.

Eine eher phasenorientierte Sichtweise findet sich bei Plinke (1989, S. 307), der die Geschäftsbeziehung als eine **Folge von Markttransaktionen** betrachtet, die nicht zufällig ist. Typische Erscheinungsformen für das Marketing sind das Kundenbindungs-Management und das Key Account Management (vgl. Abbildung 5.3).

| | | **Anbieterfokus** | |
		Markt(segment)	Einzelkunde
Verhaltens- programm des Anbieters	Transaction Marketing	Markt(segment)- Management	Projekt- Management
	Relationship Marketing	Kundenbindungs- Management	Key Account Management

Abbildung 5.3: Praktische Erscheinungsformen des Business-to-Business-Marketing

Quelle: Plinke 1997, S. 19

Diller / Kusterer (1988) heben zur Konkretisierung noch einige typische **Merkmale von Geschäftsbeziehungen** hervor:

- Zwischen Anbietern und Nachfragern finden Interaktionen statt.

- Eine Beziehung unterliegt im Zeitablauf einem Entwicklungsprozess (z.B. Anbahnung, Ausweitung, Beendigung, s.u.).

- Bei der Beziehung spielen sowohl organisations- als auch personenbezogene Einflussfaktoren eine Rolle (siehe Abschnitt 5.4.1).

- Insbesondere von Seiten des Anbieters werden "Investitionen" zur weiteren Festigung und Entwicklung der Geschäftsbeziehung getätigt (z.B. Entwicklung von Produkten speziell für einen Kunden).

Gute Geschäftsbeziehungen führen sowohl für Anbieter als auch für den Kunden unter anderem zu folgenden Vorteilen (vgl. Belz u.a. 1998, S. 24):

Mögliche Vorteile für den Anbieter
- Kundennähe und Informationsvorteile
- Aufnahme im „evoked set" von Entscheidungspersonen und Beeinflussern
- Beeinflussung von Machtkonstellationen außerhalb von formalisierten Entscheidungsprozessen

Mögliche Vorteile für den Kunden
- höhere Entscheidungssicherheit durch „Bekanntes"
- Leistungs- (Zeit/Qualität/Individualisierung, Innovation)
- Konditionenvorteile

Zur Illustration von Inhalt und Entwicklung einer Geschäftsbeziehung soll eine Darstellung von Dwyer / Schurr / Oh (1987) dienen. Die Autoren unterscheiden dabei die folgenden Phasen:

1. **Aufmerksamkeit** Entdeckung möglicher Partner, eher einseitig vom Anbieter oder Nachfrager ausgehend.

2. **Erkundung** Entwicklung von Erwartungen gegenüber dem Partner, Umwerben des Partners, Kommunikations- und Verhandlungsprozesse.

3. **Ausweitung** Nach zufrieden stellenden ersten Geschäftsabschlüssen Verfestigung und Ausweitung der Beziehung, Bevorzugung der gegenwärtigen Partner gegenüber anderen Kunden bzw. Anbietern.

4. **Bindung** Verstärkte wechselseitige Abhängigkeit, gemeinsame Interessen, vertragliche Bindung.

5. **Auflösung** Unzufriedenheit bei einem der Partner; wenn Interaktionen zwischen Anbieter und Nachfrager nicht zu einer Lösung der Probleme führen, erfolgt die Beendigung der Geschäftsbeziehung.

In Abbildung 5.4 ist der typische bzw. theoretisch unterstellte Ablauf der ersten vier Phasen einer Geschäftsbeziehung nach an Dwyer / Schurr / Oh (1987) dargestellt. Darin ist auch zu erkennen, wie sich idealtypisch die wechselseitige Abhängigkeit zwischen Anbieter und Nachfragern entwickelt. In der Phase der "Aufmerksamkeit" kann es natürlich noch keine Abhängigkeit geben. Auch bei Beginn der Kontakte ("Erkundung") ist noch keine Abhängigkeit erkennbar. Diese beginnt erst bei der Ausweitung der Geschäftsbeziehung und erreicht ihr stärkstes Ausmaß, wenn sich Anbieter und Nachfrage weitgehend aufeinander verlassen und ihre Zusammenarbeit auch vertraglich fixieren.

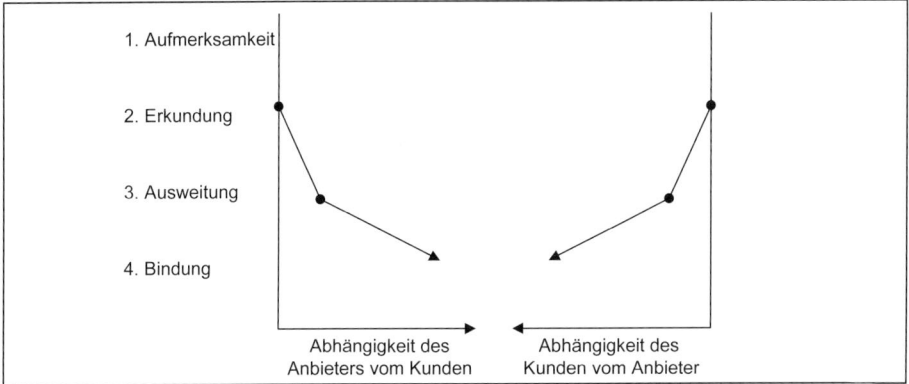

Abbildung 5.4: Phasen einer Geschäftsbeziehung und Entwicklung der wechselseitigen Abhängigkeit
Quelle: nach Dwyer / Schurr / Oh 1987, S. 21

Die Qualität einer Geschäftsbeziehung hängt nach Diller / Kusterer (1988) von verschiedenen Faktoren ab. In ihrem so genannten „**Molekularmodell**" haben diese Autoren wesentliche Kräfte, die eine Geschäftsbeziehung beeinflussen, und entsprechende Wirkungsmechanismen dargestellt. Insgesamt werden fünf **Bestimmungsfaktoren von Geschäftsbeziehungen** unterschieden:

- Das **subjektive Leitbild** bezieht sich auf Strategien, Werthaltungen und Einstellungen der Beteiligten bezüglich der Geschäftsbeziehung (z.B. Egoismus, Partnerschaft). Unterschiedlichkeit der Leitbilder führt tendenziell zu Konflikten und Disharmonie.
- Je längerfristig der **Zeithorizont** ist, desto größere Erwartungen entstehen hinsichtlich der Beziehung.
- Die **innere Verpflichtung**, zu einer Geschäftsbeziehung zu stehen, steigert Toleranz und die Treue gegenüber dem Geschäftspartner.

- Der **ökonomische Anreiz** und die damit verbundenen Entwicklungs-
  möglichkeiten begründen und festigen das Interesse an eine Geschäftsbeziehung und die Investitionsbereitschaft bezüglich dieser Beziehung.
- Eine der wichtigsten Einflussgrößen auf das interpersonelle Verhalten
  ist das **Vertrauen**. Vertrauen entsteht insbesondere dann, wenn Anbieter und Kunde das Leitbild der Partnerschaft verfolgen, ein ausreichen-
  der Zeithorizont besteht, die innere Verpflichtung zur Treue führt und
  der ökonomische Anreiz durch die Partnerschaft so bedeutend ist, dass
  ein Vertrauensbruch schwerwiegende Folgen hätte.

5.5 Marketing-Anwendung: Management von Geschäftsbeziehungen

5.5.1 Grundlagen

Angesichts schwieriger gewordener Marktverhältnisse hat seit den 1990er
Jahren das **Geschäftsbeziehungsmanagement** starke Beachtung gefunden.
Im Mittelpunkt des Interesses steht dabei der Aufbau und die Entwicklung
stabiler Beziehungen zu Kunden. Im Vergleich zu Einzeltransaktionen und
der immer wieder neuen (kostenintensiven) Gewinnung von Kunden bietet
dieser Ansatz mehr Stabilität und die Möglichkeit zum Wachstum durch
Ausweitung des bisherigen Geschäfts mit den jeweiligen Kunden („**Kun-
dendurchdringung**") oder die Ausweitung der Beziehung auf zusätzliche
Geschäftsbereiche („**Cross Selling**"). Die aktuell gewachsene Bedeutung
des Geschäftsbeziehungsmanagements (**Customer Relationship Management, CRM**) wird auch in der Marketing-Definition der American
Marketing Association von 2004 deutlich:

„Marketing bezeichnet die Funktion von Organisationen und die Prozesse,
die dazu da sind, Werte für Kunden zu schaffen, zu kommunizieren und zu
liefern sowie *Kundenbeziehungen in einer Weise zu gestalten*, die der
Organisation und ihren Beteiligten nutzt." (Hervorhebung durch die
Verfasser)

Hinsichtlich der Entwicklung des Geschäftsbeziehungsmanagements identifizieren Homburg / Sieben (2004) mehrere Phasen. Am Anfang (seit ca. 1985) stand die Ausrichtung auf die Sicherung der **Kundenzufriedenheit**, worunter in der Regel die Übereinstimmung von Erfahrungen und Erwartungen der Kunden (siehe auch Abschnitt 3.5.2) verstanden wird. Kundenzufriedenheit gilt als wesentliche Voraussetzung für eine stabile Geschäftsbeziehung, was wohl leicht nachvollziehbar ist. In den 90er Jahren kam stärkere Beachtung von **Kundenbindungen** hinzu. Hier geht es um verschiedene Aktivitäten (z.B. Kundenkarten, Kundenclubs), durch die es für Kunden attraktiver wird, Wiederholungskäufe beim selben Anbieter zu tätigen, bzw. durch die der Wechsel zu anderen Anbietern erschwert wird. Erst seit etwa 2000 zählt man zum Geschäftsbeziehungsmanagement ein umfassendes Instrumentarium der wirtschaftlichen, individualisierten und systematischen Entwicklung und Pflege von Kundenbeziehungen, meist mit entsprechenden IT-Anwendungen.

Eine effektivere und effizientere Gestaltung der Geschäftsbeziehungen ermöglicht es, drei **Hauptziele** gleichzeitig zu verfolgen: nämlich die **Ergiebigkeit** einer Beziehung, die **Wirtschaftlichkeit** und die **Beziehungssicherheit** zu steigern. So können durch eine Optimierung der Geschäftsbeziehung zwischen Anbieter und Nachfrager Geschäftspotenziale besser ausgeschöpft, Größen- und Erfahrungskurveneffekte genutzt und Fluktuationsraten sowie die damit verbundenen Kosten gesenkt werden.

Beziehungsmanagement kann inhaltlich als eine „aufeinander abgestimmte Gesamtheit der Grundsätze, Leitbilder und Einzelmaßnahmen zur langfristig zielgerichteten Selektion, Anbahnung, Steuerung und Kontrolle von Geschäftsbeziehungen" definiert werden (Diller 1994a). Geschäftsbeziehungen sind als Investitionsfelder zu sehen, die aufgebaut, gepflegt und gegenüber der Konkurrenz verteidigt werden müssen (vgl. Plinke 1989; Plinke 1997, S. 32). Für eine erfolgreiche Beziehung ist die Gestaltung der Interaktion zwischen Anbieter und Nachfrager entscheidend. Dabei geht es nicht unbedingt darum, den Partner im Sinne der eigenen Ziele zu beeinflussen, sondern sich auch selbst bei Bedarf entsprechend zu integrieren. Belz et al. (1998) weisen darauf hin, dass auch die persönlichen Beziehun-

gen vor einem Kauf einbezogen werden sollten, da diese für neue Geschäfte äußerst bedeutsam sein können.
Die Hauptaufgabenfelder des Beziehungsmanagements veranschaulicht Abbildung 5.5.

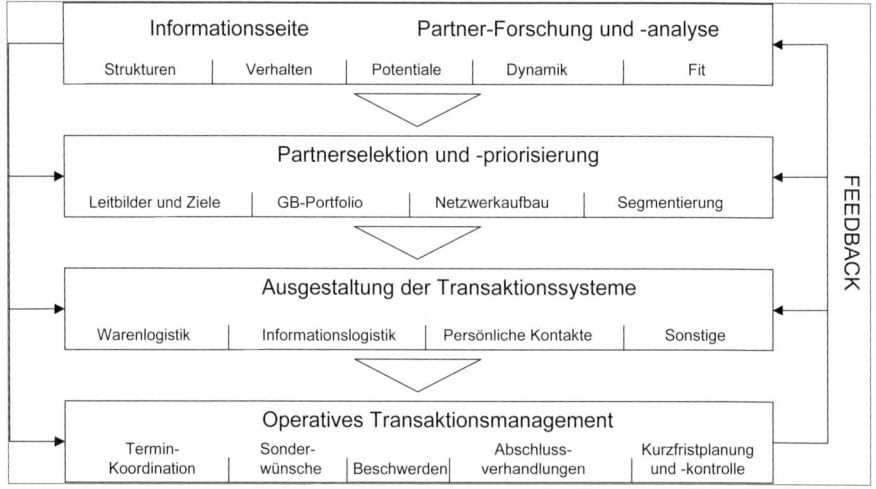

Abbildung 5.5: Aufgabenfelder des Beziehungsmanagements
Quelle: Diller 1994a, S. 5

Zunächst geht es darum, eine **informatorische Grundlage** zu schaffen, um potenzielle Partner zu identifizieren. Hierzu werden potenzielle Geschäftspartner anhand verschiedener Dimensionen charakterisiert. Als zweites Aufgabenfeld ist die strategische Entscheidung zu sehen, mit bestimmten Geschäftspartnern eine engere Zusammenarbeit zu verfolgen. Eine **Bewertung, Auswahl** und **Priorisierung** der Kunden erfolgt anhand der Dimensionen "Attraktivität des Kunden" und "Unternehmensposition bei dem Kunden." Kunden- oder Geschäftsbereichsportfolios bieten hier eine wertvolle Unterstützung (vgl. Belz et al. 1998, S. 49 ff.). Weiterhin beginnt bereits ein Aufbau von Netzwerken, wobei Modul-Lieferanten im Zuliefergeschäft häufig als Systemköpfe für umfassende Sublieferantennetzwerke dienen (Diller 1994a, S. 6). Zur prioritären und gezielten Zusammenarbeit mit einzelnen Nachfragergruppen ist eine Segmentierung Voraussetzung.

Schließlich ist die **strategische Ausgestaltung der Transaktionssysteme** und Interaktionsprozesse zu planen. Es gilt also, inhaltliche Richtlinien für die Geschäftsbeziehungen zu entwerfen. Es werden Entscheidungen getroffen, wie die allgemeine Zusammenarbeit aussehen soll. Derartige Entscheidungsbereiche betreffen beispielsweise die Waren-, Informations- und Zahlungslogistik sowie die Grundregeln für die persönliche Interaktion. Wesentliche strategische Entscheidungsfelder haben

- die Zielgruppen der Beziehungspflege (Kunden versus sämtliche Anspruchsgruppen),
- die Breite und Systematik der Ausgestaltung (Offenheit versus Regulierung),
- die Individualität (Anzahl der Personen, mit denen Beziehungen gepflegt werden),
- die Kontinuität und den zeitlichen Horizont (Regelmäßigkeit und Langfristigkeit der Beziehungspflege)
- sowie die Abstimmung mit anderen Marketinginstrumenten (Abstimmung mit Massenmedien) zum Gegenstand (vgl. Belz et al. 1998, S. 63 ff.).

Das **operative Transaktionsmanagement** konkretisiert die strategischen Vorgaben, indem es Aufgaben wie beispielsweise die Erstellung einer periodischen Kurzfristplanung und den Umgang mit Sonderwünschen oder Beschwerden behandelt (vgl. Diller 1994a, S. 5 ff.).

Einen Zugang, um Geschäftsbeziehungen zu strukturieren und die entsprechenden Maßnahmen abzuleiten, eröffnen **Beziehungsschichten-Modelle** (vgl. Diller / Kusterer 1988; Diller 1994b; Götz 1994). In Anlehnung an das allgemeine Schichtenmodell von Homans (1964) identifizieren sie verschiedene Ebenen, auf denen Anbieter und Kunde interagieren und es zu einer Beziehung kommt. Zwar wirken diese Beziehungsebenen stets ganzheitlich, die isolierte Betrachtung der einzelnen Ebenen erschließt jedoch Anhaltspunkte für eine optimale Ausgestaltung einer Geschäftsbeziehung.

Ein entsprechendes Modell, welches das Beziehungsgeschehen in drei **Beziehungsebenen** (Sach-, Organisations- und Emotionsebene) zerlegt und hierbei jeweils drei prinzipielle Gestaltungsmedien berücksichtigt, nämlich Macht, Recht und Vertrauen, findet sich bei Diller (1996, S. 90 f.) (vgl. Abbildung 5.6). Die neun Schnittpunkte zwischen Ebenen und Gestaltungsmedien zeigen Ansätze, wie sich die untersuchte Geschäftsbeziehung verbessern lässt, um - so ist die Aufgabenstellung in dem vorliegenden Fall - eine höhere Kundenbindung zu erzielen.

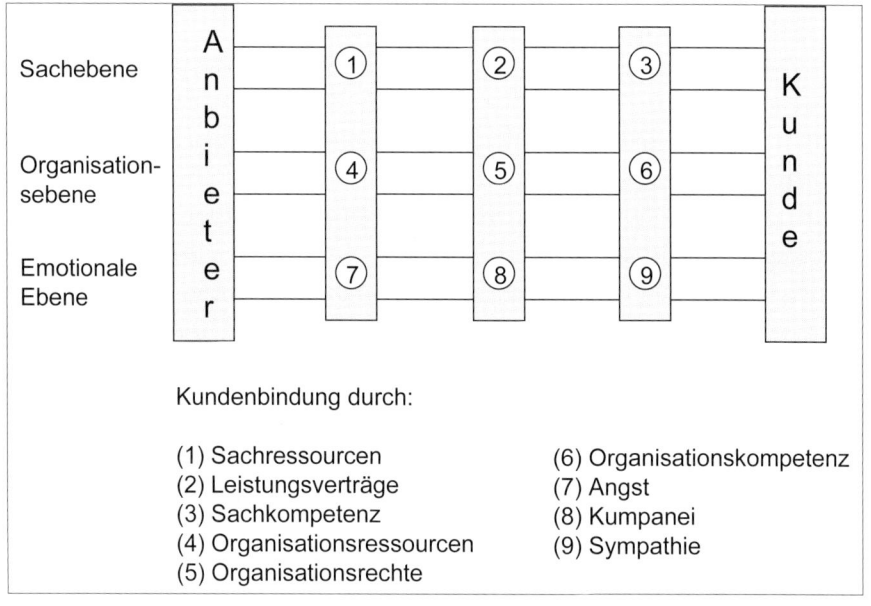

Abbildung 5.6: Gestaltung der Geschäftsbeziehung zur Erhöhung der Kundenbindung
Quelle: Diller 1996, S. 91

Für die Erstellung eines konkreten **Konzepts für das Management von Geschäftsbeziehungen** liefern Belz et al. (1998) einen konzentrierten Analyse- und Entscheidungskatalog. Dieser hilft Unternehmen situationsspezifisch attraktive Geschäftsbeziehungen auszuwählen, Strategien für die Ausgestaltung der Beziehung festzusetzen, entsprechende Maßnahmen abzuleiten und diese umzusetzen und zu kontrollieren.

5.5.2 Geschäftstypenansatz und Geschäftsbeziehungsmanagement

Eine differenzierte Sichtweise auf das Management von Geschäftsbeziehungen ermöglicht der Geschäftstypenansatz, welcher für Industriegüter entwickelt wurde (Backhaus / Aufderheide / Späth 1994; Backhaus / Baumeister 1999; Backhaus / Voeth 2007, S. 200 ff.). Dieser Ansatz ist im Abschnitt 3.2 schon kurz umrissen worden. Daran kann hier angeknüpft werden.

Anbieterseitige Bindungen entstehen danach vor allem, wenn Unternehmen spezifische Investitionen in eine Geschäftsbeziehung mit Einzelkunden tätigen, zum Beispiel eine kundenindividuelle Auftragsfertigung im Anlagen- und Zuliefergeschäft.

Kundenseitige Bindungen entstehen insbesondere dann, wenn der Erstkauf unmittelbar zu Folgekäufen führt, das heißt, ein zeitlicher Kaufverbund entsteht, beispielsweise die Entscheidung eines Kunden für eine spezielle Systemtechnologie (Systemgeschäft) oder für eine einmal entwickelte und vertraglich abgesicherte Lösung eines bestimmten Zulieferers im Automobilbereich (Zuliefer- bzw. auch OEM-Geschäft).

Produktgeschäft
Das Angebot im Produktgeschäft ist auf den anonymen Markt ausgerichtet. Es kann vom Kunden isoliert nachgefragt werden, das heißt, es existiert - wie auch beim Anlagengeschäft - kein zeitlicher Kaufverbund (Backhaus / Voeth 2007, S. 205 ff.). Zum Produktgeschäft gehören auch klassische Konsumgüter und konsumtive Dienstleistungen. Im Gegensatz zum System- und Zuliefergeschäft bestehen Geschäftsbeziehungen im Produktgeschäft nicht per se, sondern sind insbesondere durch aktive, anbieterseitige Maßnahmen zu erzeugen. Die Entwicklungen gehen soweit, dass klassische Produktanbieter zu „Systemanbietern" werden (beispielsweise Hotels, Restaurants, Händler, Banken, Versicherungen, Autowerkstätten oder Fluggesellschaften durch Bonus- und Rabattsysteme oder modulare Gesamtangebote, Produzenten von Rasierapparaten mittels nichtkompatibler Rasierklingen, Porzellanhersteller mittels des Geschirrdesigns). Zum Teil

streben sie auch eine „One to One-Beziehung" im Massenmarkt an (Mass Customization), zum Beispiel durch individuelle CDs oder Glückwunschkarten (Pine 1994). Andere Anbieter nutzen bestimmte Kaufverhaltensphänomene, beispielsweise den Sammeltrieb (Swatch, Briefmarken, Barbie-Puppen in Sondereditionen) oder binden Kunden über Verträge (Fitnessstudio).

Eine besondere Bedeutung beim Aufbau von Geschäftsbeziehungen kommt dem Markenmanagement zu, wie zahlreiche im Konsumgüterbereich durchgeführte Studien belegen (Weinberg 1977; Kroeber-Riel / Weinberg 2003 und die dort zitierte Literatur). Auch Dienstleister erkennen zunehmend deren Bedeutung (z.b. Stauss 1995, S. 3 ff.; Tomczak / Schögel / Ludwig 1998), nicht zuletzt aufgrund des hohen Anteils an Vertrauenseigenschaften bei Dienstleistungen.

Mit all diesen Aktionen werden vor allem die von Klemperer (1987, S. 376) benannten „künstlichen" Wechselkosten erzeugt. Inwieweit diese Wechselbarrieren langfristigen Erfolg gegenüber Konkurrenzangeboten haben, ist sehr unterschiedlich zu bewerten. Mit anderen Worten: Nicht allen Anbietern gelingt es, im wettbewerbsintensiven Produktgeschäft zusätzlich zu den „Will"-Bindungen *auch* echte „Muss"-Bindungen zu schaffen. Die Kundenzufriedenheit als psychologische Wechselbarriere ist deshalb oft das einzige und entscheidende Kriterium, ob der Kunde bleibt oder geht (Reichheld / Sasser 1990; Reichheld 1996).

Anlagengeschäft
In diesem Geschäftstyp werden Kraft- und Walzwerke sowie andere großindustrielle Anlagen, aber auch kleine Projekte für Einzelkunden in der Handwerks- und Baubranche vermarktet. Der Anbieter entwickelt und produziert nach der Auftragsvergabe meist eine sehr kundenindividuelle Leistung, die er nicht mehr an andere Kunden weiterverkaufen kann, und bindet sich dementsprechend stark. Kunden können ihren nächsten Auftrag auch an andere Unternehmen vergeben und sind - bezüglich Folgekäufen - nicht an den gleichen Anbieter gebunden (Backhaus / Voeth 2007, S. 305 ff.).

Die große Unsicherheit hinsichtlich der technischen Funktionsfähigkeit einer Anlage und das finanzielle Engagement führen zu einem hohen Abstimmungsbedarf zwischen den Beteiligten, der oft über Jahre geht und vertraglich sehr ausführlich festgelegt wird. Persönliche Bindungen spielen eine bedeutende Rolle. Zudem entscheidet sich der Kunde mit der Vergabe des „Letter of Intent" für einen Anbieter bzw. eine Anbietergemeinschaft und wird im Laufe des Gesamtprojektes immer stärker auch von deren Entscheidungen abhängig.

Hauptansatzpunkt der Kundenbindung ist der Ersatz von Komponenten oder Subsystemen von Anlagen. Da zudem jedes Projekt für mögliche Folgeaufträge als Referenzanlage anzusehen ist, bestimmt insbesondere die Kundenzufriedenheit mit der Projektabwicklung und Gewährleistung die Erfolgschancen neuer Aufträge beim gleichen Kunden sowie die Bereitschaft zur Weiterempfehlung (z.B. Trawick / Swan 1981, S. 28). Referenzen sind aufzubauen und ständig zu aktualisieren.

Viele Anbieter im Anlagengeschäft streben ferner danach, dieses zu einem Zuliefergeschäft zu entwickeln. Insbesondere in industriellen Märkten erfolgt die Wertschöpfung zunehmend im Dienstleistungsbereich. Daher bieten Anlagenbauer zunehmend Betreiber- und umfassende Outsourcingkonzepte an (Belz et al. 1997); aus Transaktionsgeschäften werden dadurch Beziehungsgeschäfte.

Systemgeschäft
Entscheidet sich ein Käufer für die sukzessive Beschaffung einzelner Teilkomponenten (-technologien) einer Systemarchitektur (z.B. im Tele- oder Bürokommunikationsbereich), so liegt ein Systemgeschäft vor (Weiber / Beinlich 1994, S. 120; Backhaus / Voeth 2007, S. 401 ff.). Beispielsweise entscheidet ein Kunde, sich sukzessive mit neuen Büromöbeln des gleichen Modells auszustatten.

Der Kauf einer geschlossenen, das heißt mit Konkurrenzleistungen inkompatiblen Systemarchitektur, sowie organisatorische Anpassungen in der Organisation des Kunden führen zu seiner Bindung an den Systemlieferanten. Allerdings bedarf es in der Regel für den Initialkauf eines gewissen

Ausmaßes an Vertrauen. Ferner ist für die weiteren Folgekäufe ein zusätzlicher Ausbau der psychologischen Bindungen erforderlich, insbesondere der Kundenzufriedenheit.

Um zu verhindern, dass der Kunde frühzeitig bzw. nach Ablauf des Systemlebenszyklus den Anbieter wechselt, werden beispielsweise eine wirksame Preannouncement-Politik (Heß 1991) betrieben oder alte Systemkomponenten beim Kauf eines neuen herstellerbezogenen Systems in Zahlung genommen.

Interessant ist hier der Funktionswechsel der psychologischen Bindungen im Bindungs-Mix: Während im Produktgeschäft die Kundenzufriedenheit im Regelfall das ausschlaggebende Kriterium für Folgekäufe ist, dienen sie und andere Sicherheitsinstrumente (z.B. Garantien, Verträge, glaubhafte Zusicherung, „Exit-Optionen") weniger der tatsächlichen Bindung, sondern insbesondere der Reduzierung von Abhängigkeiten und somit der langfristigen Stabilität von Geschäftsbeziehungen (Weiber / Beinlich 1994, S. 123 f.; Backhaus / Voeth 2007, S. 412-413). So strebte beispielsweise IBM in den durch proprietäre Informationssysteme gekennzeichneten siebziger und achtziger Jahren mit Hilfe der eindeutigen Strategie „Customer Satisfaction is Number 1" danach, die Geschäftsbeziehungen langfristig abzusichern.

Zuliefergeschäft
Für das Zuliefer- oder OEM-Geschäft ist typisch, dass sowohl auf Anbieter- als auch auf Kundenseite zumeist hohe Bindungen existieren. Hier wird in besonderem Maße das Management von Geschäftsbeziehungen, deren Aufbau und Absicherung sowie gegebenenfalls ihre Beendigung relevant. Der Kunde, meist ein so genannter Original Equipment Manufacturer (OEM), entscheidet sich in einer relativ frühen Phase für einen bestimmten Zulieferer. Er wird diesem alle für die Lösung seines Problems notwendigen Konstruktionsunterlagen zukommen lassen (Know-how Transfer). Der Zulieferer richtet sein Leistungsprogramm nach diesen Anforderungen aus (beispielsweise spezifische Forschungsanstrengungen, Kauf von Spezialmaschinen oder Verlagerung von Produktionsstandorten in die Nähe des Kunden). Mitarbeiter beider Partner beteiligen sich am Entwicklungsprozess der kundenspezifischen Leistung, die dann für die Dauer des Produkt-

lebenszyklus produziert und geliefert wird (Backhaus / Voeth 2007, S. 473 ff.).

Im Gegensatz zum System- und Produktgeschäft steht für den Anbieter nicht das einseitige Management der Kundenbindung im Mittelpunkt, sondern das Management von Abhängigkeiten. Je ungleicher die spezifischen Investitionen, beispielsweise in Mitarbeiter, Maschinen und Werkzeuge, von beiden Seiten getätigt werden, desto asymmetrischer sind die Bindungen (Söllner 1993, S. 488; Kleinaltenkamp / Plinke / Söllner 1996).

Ein typisches Beispiel ist hierfür die Automobilindustrie: Kundenbindung muss dann vom Zulieferer forciert werden, wenn das ungleiche Bindungs- bzw. Machtverhältnis zugunsten des OEM zu einer instabilen Beziehung führt. Mit Hilfe gewisser Anreize sind die Bindungswiderstände beim Abnehmer abzubauen und gegenseitige Abhängigkeiten zu schaffen (Freiling 1995, S. 181 ff.).

Zum Aufbau von Bindungen führen beispielsweise:

- vertragliche Regelungen,
- Insourcing: Mitarbeiter des Zulieferers arbeiten beim Abnehmer direkt vor Ort (Wildemann 1994, S. 28 ff.),
- organisatorische Kopplungen wie beispielsweise Just in Time, Simultaneous Engineering (Pfohl 1996, S. 12; Weiber / Jacob 1995, S. 570 ff. und die dort zitierte Literatur),
- informationstechnische Vernetzung, zum Beispiel die Unterstützung der informationellen Kommunikation durch elektronischen Datenaustausch (Neuburger 1994; Monse / Reimers 1994) und
- so genannte Selbstbindungsmaßnahmen (z.B. Garantien, Akzeptanz von Konventionalstrafen) (Rössl 1996, S. 311 ff.).

Literaturverzeichnis

Abell, D. (1978): Strategic Windows. In: Journal of Marketing, Vol. 42, 21-26.

Adler, J. (1998): Eine informationsökonomische Perspektive des Kaufverhaltens. In: Wirtschaftswissenschaftliches Studium, Juli 1998, 341-347.

Albers, S. / Peters, K. (1997): Die Wertschöpfungskette des Handels im Zeitalter des Electronic Commerce. In: Marketing ZFP, Heft 2/97, 69-80.

Anderson, E. / Chu, W. / Weitz, B. (1987): Industrial Purchasing: An Empirical Exploration of the Buyclass Framework. In: Journal of Marketing, Vol. 51, 71-86.

Anderson, E. / Fornell, C. / Mazvancheryl, S. (2004): Customer Satisfaction and Shareholder Value. In: Journal of Marketing, Vol. 68 (4), 172-185.

Andrews, J. / Shimp, T. (1990): Effects of Involvement, Argument Strength, and Source Characteristics on Central and Peripheral Processing of Advertising. In: Psychology & Marketing, Vol. 7 (3), 195-214.

Antonides, G. / van Raaij, W. F. (1998): Consumer Behaviour - A European Perspective. Chichester et al.

Arnould, E. / Price, L. (1993): River Magic: Extraordinary Experience and the Extended Service Encounter. In: Journal of Consumer Research, Vol. 20 (1), 24-45.

Arnould, E. / Price, L. / Zinkhan, G. (2004): Consumers, 2. Aufl. Boston u.a.O.

Assael, H. (1987): Consumer Behavior and Marketing Action, 3. Aufl., Cincinnati (Ohio).

Assael, H. (1995): Consumer Behavior and Marketing Action, 5. Aufl., Cincinnati (Ohio).

Assael, H. (2004): Consumer Behavior - A Strategic Approach, Boston / New York.

Backhaus, K. (1992): Investitionsgüter-Marketing - Theorieloses Konzept mit Allgemeinheitsanspruch? In: Zeitschrift für betriebswirtschaftliche Forschung, 771-791.

Backhaus, K. / Aufderheide, D. / Späth, G.-M. (1994): Marketing für Systemtechnologien. Entwicklung eines theoretisch-ökonomisch begründeten Geschäftstypenansatzes, Stuttgart.

Backhaus, K. / Baumeister, C. (1999): Kundenbindung im Industriegütermarketing, in: Bruhn, M. / Homburg, C. (Hrsg.): Handbuch Kundenbindungsmanagement, 2. Aufl., Wiesbaden, S. 301-325.

Backhaus, K. / Büschken, J. (1995): Organisationales Kaufverhalten, in: Tietz, B. / Köhler, R. / Zentes, J. (Hrsg.), Handwörterbuch des Marketing, 2. Aufl., Stuttgart 1995, Sp. 1954-1966.

Backhaus, K. / Voeth, M. (2007): Industriegütermarketing, 8. Aufl., München.

Bagozzi, R. (1986): Principles of Marketing Management. Chicago u.a.O.

Bagozzi, R. (1991): The Role of Psychophysiology in Consumer Research. In: Robertson, T. / Kasserjian, H. (1991), 124-161.

Balderjahn, I. (1995): Bedürfnisse, Bedarf, Nutzen. In: Tietz, B. / Köhler, R. / Zentes, J. 1995), Sp. 179-190.

Balderjahn, I. (2004): Nachhaltiges Marketing-Management. Stuttgart.

Balderjahn, I. / Mennicken, C. / Vernette, E. (Hrsg.) (1998): New Developments and Approaches in Consumer Behavior Research. Stuttgart / Handmills / London.

Balderjahn, I. / Will, S. (1998): Laddering: Messung und Analyse von means-End Chains. In: Marktforschung und Management, 42. Jahrg., Heft 2, 140-145.

Barwise, P. / Elberse, A. / Hammond, K. (2002): Marketing and the Internet. In: Weitz, B. / Wensley, R. (Hrsg.): Handbook of Marketing, London u.a.O., 527-557.

Beales, H. / Mazis, M. / Salon, S. / Staelin, R. (1981): Consumer Search and Public Policy. In: Journal of Consumer Research, Vol. 8, 11-22.

Bearden, W. / Etzel, M. (1982): Reference Group Influence on Product and Brand Purchase Decisions. In: Journal of Consumer Research, Vol. 9, 183-194.

Beatty, S. / Smith, S. (1987: External Search Effort: An Investigation Across Several Product Categories. In: Journal of Consumer Research, Vol. 14, 83-95.

Becker, J. (2002): Marketing-Konzeption. 7. Aufl., München.

Behrens, G. (1991): Konsumentenverhalten. 2. Aufl., Heidelberg.

Belk, R. (1974): An Exploratory Assessment of Situational Effects in Buyer Behavior. In: Journal of Marketing Research, Vol. 9. 156-163.

Belk, R. (1975): Situational Variables and Consumer Behavior. In: Journal of Consumer Research Vol. 2, 157-164.

Belk, R. (1979): Gift-Giving Behavior. In: Sheth (1979), 95-126.

Belk, R. (1988): Possessions and the extended Self. In: Journal of Consumer Research, Vol. 15, 139-168.

Belk, R.(Hrsg.) (1991): Highways and Buyways - Naturalistic Research from the Consumer Behavior Odyssey. Provo (Utah).

Belz, C. et al. (Hrsg.) (1998): Management von Geschäftsbeziehungen: Konzepte - Integrierte Ansätze -Anwendungen in der Praxis. St. Gallen/Wien.

Belz, C. unter Mitarbeit von H.-P- Künzler, H. Haedrich u.a. (1997): Strategisches Direct Marketing. Vom sporadischen Direct Mail zum professionellen Database Management, Wien.

Bernhard, U. (1983): Das Verfahren der Blickaufzeichnung. In: Forschungsgruppe Konsum und Verhalten, 105-122.

Bettman, J. (1979): An Information Processing Theory of Consumer Choice. Reading (Mass.) u.a.O.

Bettman, J. / Johnson, E. / Payne, J. (1991): Consumer Decision Making. In: Robertson, T./Kasserjian, H. (1991), 50-84.

Biervert, B. / Fischer-Winkelmann, W. / Rock, R. (1977): Grundlagen der Verbraucherpolitik. Reinbek.

Blackwell, R. / Miniard, P. / Engel, J. (2001): Consumer Behavior, 9. Aufl. Fort Worth u.a.O.

Bleicker, U. (1983): Produktbeurteilung der Konsumenten. Würzburg/Wien.

Bloch, P. / Sherrell, D. / Ridgway, N. (1986): Consumer Search: An Extended Framework. In: Journal of Consumer Research, Vol. 13, 119-126.

Bonoma, T. (1982): Major Sales - Who Really Does the Buying? In: Harvard Business Review, Vol. 60, May/June, 111-119.

Bonoma, T. / Zaltman, G. / Johnston, W. (1977): Industrial Buying Behavior. Working Paper, Marketing Science Institute, Cambridge (Mass.).

Botschen, G. / Thelen, E. (1998): Hard versus Soft Laddering: Implications for Appropriate Use. In: Balderjahn, I./Mennicken, C./Vernette, E. (1998), 321-339.

Brand, H. (1978): Die Legende von den „geheimen Verführern". Weinheim u.a.O.

Brown, S. / Kozinets, R. / Sherry, J. (2003): Teaching Old Brands New Tricks: Retro Branding and the Revival of Brand Meaning. In: Journal of Marketing, Vol. 67, July 2003, 19-33.

Bruhn, M. (1995): Qualitätssicherung im Dienstleistungsmarketing - Eine Einführung in die theoretischen und praktischen Probleme. In: Bruhn, M. / Stauss, B. (Hrsg.): Dienstleistungsqualität - Konzepte, Methoden, Erfahrungen, 2. Aufl., Wiesbaden, 19-46.

Bruhn, M. / Homburg, Ch. (1998): Handbuch Kundenbindungsmanagement. Wiesbaden.

Cadotte, E.R. / Woodruff, R. B. / Jenkins, R. L. (1987): Expectations and Norms in Models of Consumer Satisfaction. In: Journal of Marketing Research, Vol. 24, 305-314.

Capon, N. / Davis, R. (1984): Basic Cognitive Ability Measures as Predictors of Consumer Information Processing Strategies. In: Journal of Consumer Research, Vol. 11, 551-563.

Carpenter, G. / Glazer, R. / Nakamoto, K. (Hrsg.) (1997): Readings on Market-Driving Strategies: Towards a New Theory of Competitive Advantage. Reading (Mass.).

Chaffee, S. /McLeod, J. (1973): Consumer Decisions and Information Use. In: Ward/Robertson (1973), 385-415.

Clark, L. (1955): Consumer Behavior - The Dynamics of Consumer Reaction. New York.

Clarke, P. (1973): New Models for Mass Communication Research. Beverly Hills/London.

Claxton, J. / Fry, J. / Portis, B. (1974): A Taxonomy of Prepurchase Information Gathering Patterns. In: Journal of Consumer Research, Vol. 1, 35-42.

Cova, B. (1997): Community and Consumption: Towards a Definition of the "Linking Value" of Products and Services. In: European Journal of Marketing, Vol. 31 (3/4), 297-316.

Cova, B. / Cova, V. (2002): Tribal Marketing: The tribalization of Society and its Impact on the Conduct of Marketing. In: European Journal of Marketing, Vol. 36 (5/6), 595-620.

Darby, M. / Karni, E. (1973): Free Competition and the Optimal Amount of Fraud. In: Journal of Law and Economics, Vol. 16, 67-86.

Davis, H. (1976): Decision Making Within the Household. In: Journal of Consumer Research, Vol. 2, 241-260.

Davis, H. / Rigaux, B. (1974): Perception of Matrital Roles in Decision Processes. In: Journal of Consumer Research, Vol. 1, 51-63.

Day, G. (1969): A Two-Dimensional Concept of Brand Loyalty. In: Journal of Advertising Research, Vol. 9, 29-35.

Diller, H. (1994a): State of the Art, Beziehungsmanagement. Arbeitspapier Nr.31 des Lehrstuhls für Marketing an der Universität Erlangen-Nürnberg, Nürnberg.

Diller, H. (1994b): State of the Art: Beziehungsmanagement und Konsumenten-forschung. Arbeitspapier Nr.32 des Lehrstuhls für Marketing an der Universität Erlangen-Nürnberg, Nürnberg.

Diller, H. (1996): Kundenbindung als Marketingziel. In: Marketing ZFP, Heft 2.

Diller, H. (1997): Veränderungen im Marketing durch Online-Medien. In: Bruhn, M. / Steffenhagen, H. (Hrsg.): Marktorientierte Unternehmensführung: Reflektionen, Denkanstösse, Perspektiven, Wiesbaden, 513-537.

Diller, H. (Hrsg.) (2001): Vahlens Grosses Marketinglexikon, 2. Aufl., München.

Diller, H. (2003): Preiswahrnehmung und Preisoptik. In: Diller, H. / Herrmann, A. (Hrsg.): Handbuch Preispolitik, Wiesbaden, 259-283.

Diller, H. / Brielmaier, A. (1996): Die Wirkungen gebrochener und runder Preise, Ergebnisse eines Feldexperimentes im Drogeriewarensektor. In: Zeitschrift für betriebswirtschaftliche Forschung, 695-710

Diller, H. / Kusterer, M. (1988): Beziehungsmanagement - Theoretische Grundlagen und explorative Befunde. In: Marketing ZFP, 211-220.

Dwyer, F. / Schurr, P. / Oh, S. (1987): Developing Buyer-Seller Relationships. In: Journal of Marketing, Vol. 51(2), 11-27.

Eisend, M. (2003): Glaubwürdigkeit in der Marketingkommunikation. Konzeption, Einflussfaktoren und Wirkungspotenzial, Wiesbaden

Engel, J. / Blackwell, R. / Miniard, P. (1995): Consumer Behavior, 8. Aufl. Fort Worth u.a.O.

Engelhardt, W. / Backhaus, K. / Günther, B. (1977): Investitionsgütermarketing - Eine kritische Analyse und Ansatzpunkte der Weitentwicklung. In: Zeitschrift für Betriebswirtschaft, 47, 153-166.

Esch, F. (2005): Strategie und Technik der Markenführung, 3. Aufl. München.

Fassnacht, M. / Möller, S. (2004): Neuere Entwicklungen im organisationalen Beschaffungsverhalten. In: Backhaus, K. / Voeth, M. (Hrsg.): Handbuch Industriegütermarketing, Wiesbaden, 375-398.

Festinger, L. (1957): A Theory of Cognitive Dissonance. Stanford.

Fishbein, M. / Ajzen, I. (1975): Belief, Attitude, Intention, and Behavior. Reading (Mass.) u.a.O.

Fließ, S. (2000): Industrielles Kaufverhalten. In: Kleinaltenkamp/Plinke (2000), 251-369.

Formisano, R. / Olshavsky, R. / Tapp, S. (1982): Choice Strategy in a Difficult Task Environment. In: Journal of Consumer Research, Vol. 8, 474-479.

Forschungsgruppe Konsum und Verhalten (1983): Innovative Marktforschung. Würzburg / Wien.

Gainer, B. (1995): Ritual and Relationships: Interpersonal Influences on Shared Consumption. In: Journal of Business Research, Vol. 32 (3), 253-260.

Gemünden, H. (1985): Perceived Risk and Information Search - A Systematic Meta-Analysis of the Empirical Evidence. In: International Journal of Research in Marketing, Vol. 2, 79-100.

Gilly, M. / Enis, B. (1982): Recycling The Family Life Cycle. In: Mitchell (1982), 271-276.

Götz, P. (1994): Key-Account-Management im Zulieferergeschäft - eine theoretische und empirische Untersuchung.

Gröppel, A. (1991): Erlebnisstrategien im Einzelhandel. Heidelberg.

Gröppel-Klein, A. (2004): Aktivierungsforschung und Konsumentenverhalten. In: Gröppel-Klein, A. (Hrsg.): Konsumentenverhaltensforschung im 21. Jahrhundert, Wiesbaden, 29-66.

Gröppel-Klein, A. / Baun, D. (2001): The Role of Customers´ Arousal for Retail Stores - Results from an Experimental Pilot Study Using Electrodermal Activity as Indicator. In: Advances Consumer Research, Vol. 28, Ann Arbor (Mich.), 412-419.

Gross, B. (1987): Time Scarcity - Interdiciplinary Perspectives and Implications for Consumer Behavior. In: Sheth/Hirschmann (1987), 1-54.

Gutman, J. (1982): A Means-End-Chains Model Based on Consumer Categorization. In: Journal of Marketing, Vol. 46, 60-72.

Gutman, J. / Reynolds, T. (1986): Coordinating Assessment to Strategy Development - An Advertising Assessment Paradigm Based on the MECCAS Model. In: Olson, J./Sentis, K. (1986), 242-258.

Haedrich, G. / Berger, R. (1982): Angebotspolitik, Berlin/New York.

Haedrich, G. / Tomczak, T. (1996): Produktpolitik, Stuttgart u.a.O.

Hansen, U. / Bode, M. (1999): Marketing und Konsum. München.

Häuser, H. (2004): Brain Script - warum Kunden kaufen. Freiburg u.a.O.

Havlena, W. / Holbrook, M. (1986): The Varieties of Consumption Experience: Comparing Two Typologies of Emotion in Consumer Behavior. In: Journal of Consumer Research Vol. 13, 394-404.

Hentschel, B. (1992): Dienstleistungsqualität aus Kundensicht. Vom merkmals- zum ereignisgestützten Ansatz, Wiesbaden

Herrmann, A. (1998): Produktmanagement. München.

Heß, G. (1991): Marktsignale und Wettbewerbsstrategien. Theoretische Fundierung und Fälle aus der Unternehmenspraxis, Erlangen/Nürnberg.

Hills, M. (1992): Fan Cultures. London.

Hock, E. / Bader, B. (2001): Kauf- und Konsumverhalten der 55plus-Generation. St. Gallen. Thexis-Fachbericht für Marketing 2001/3

Hoffmann, D. / Novak, T. P. (1995): Marketing in Hypermedia Computer-Mediated Environments - Conceptual Foundations. In: Journal of Marketing, Heft 7/95, 50-68.

Homans, G.C. (1964): A Theory of Social Interaction. In: Transactions of the 5th world congress 4/1964.

Homburg, C. (Hrsg.) (2006): Kundenzufriedenheit - Konzepte, Methoden, Erfahrungen, 6. Aufl. Wiesbaden.

Homburg, C. / Sieben, F. (2004): Customer Relationship Management: Strategische Ausrichtung statt IT-getriebenem Aktionismus. In: Homburg, C. (Hrsg.): Perspektiven der marktorientierten Unternehmensführung, Wiesbaden, 289-309.

Howard, J. (1994): Buyer Behavior in Marketing Strategy. Englewood Cliffs (New Jersey).

Howard, J. / Sheth, J. (1969): The Theory of Buyer Behavior, New York u.a.O.

Hoyer, W. (1984): An Examination of Consumer Decision Making for a Common Repeat Purchase Product. In: Journal of Consumer Research, Vol. 11, 822-829.

Hoyer, W. / MacInnis, D. (2004): Consumer Behavior, 3. Aufl. Boston/New York.

Jacoby, J.(1984): Perspectives on Information Overload. In: Journal of Consumer Research, Vol. 10, 432-435.

Jacoby, J. / Chestnut, R. (1978): Brand Loyalty - Measurement and Management. New York u.a.O.

Jacoby, J. / Jaccard, J. / Kuß, A. / Troutman, T. / Mazursky, D. (1987): New Directions in Behavioral Process Research - Implications for Social Psychology. Journal of Experimental Social Psychology, Vol. 23, 146-175.

Jacoby, J. / Morrin, M. / Jaccard, J. / Gurhan, Z. / Kuß, A. / Maheswaran, D. (2002): Mapping Attitude Formation as a Function of Information Input: Online Processing Models of Attitude Formation. In: Journal of Consumer Psychology, Vol. 12, 21-34.

Jacoby, J. / Speller, D. / Kohn, C.(1974): Brand Choice Behavior as a Function of Information Load. In: Journal of Marketing Research, Vol. 11, 63-69.

Jenkins, H. (1992): Textual Poachers - Television Fans & Participatory Culture. New York.

Jenkins, M. / Knox, S. (1994): Advances in Consumer Marketing. London.

Johnson, E. / Russo, J. (1984): Product Familiarity and Learning New Information. In: Journal of Consumer Research, Vol. 11, 542-550.

Johnston, W. / Bonoma, T. (1977): Reconceptualizing Industrial Buying Behavior: Toward Improved Research Approaches. In: Greenberg, B. A./Bellinger, B. (Hrsg.), Educators Proceeding of the AMA, Chicago, 247-251.

Jones, T. / Sasser, W. (1995): Why Satisfied Consumers Defect. In: Harvard Business Review, Nov.-Dec., 88-99.

Kaas, K. (2000): Alternative Konzepte der Theorieverankerung. In: Backhaus, K. (Hrsg.): Deutschsprachige Marketingforschung - Bestandsaufnahme und Perspektiven, Stuttgart, 55-78.

Kakkar, P. / Lutz, R. (1981): Situational Influence on Consumer Behavior - A Review. In: Kassarjian/Robertson (1981), 204-215.

Kardes, F. (2002): Consumer Behavior and Managerial Decision Making, 2. Aufl. Upper Saddle River (N.J.).

Kassarjian, H./Robertson, T. (Hrsg.) (1981): Perspectives in Consumer Behavior, 3. Aufl., Glenview (Ill.).

Katona, G. (1960): Das Verhalten der Verbraucher und Unternehmer. Tübingen (Originalausgabe: Psychological Analysis of Economic Behavior, New York 1951).

Katona, G. (1974): Psychology and Consumer Economics. In: Journal of Consumer Research, Vol. 1, 1-8.

Katona, G. (1975): Psychological Economics. New York / Oxford / Amsterdam.

Katona, G. / Mueller, E (1955): A Study of Purchase Decisions. In: Clark (1955), 30-87.

Keller, K. (2003): Strategic Brand Management, 2. Aufl., Upper Saddle River (N.J.).

Kenning, P. / Plassmann, H. / Ahlert, D. (2007): Consumer Neuroscience. In: Marketing ZFP, 29. Jahrg. (1), 55-67.

Kinnear, T. (Hrsg.) (1984): Advances in Consumer Research Vol. XI. Provo (Utah).

Kleinaltenkamp, M. (2000): Einführung in das Business-to-Business-Marketing. In: Kleinaltenkamp / Plinke (2000), 171-247.

Kleinaltenkamp, M. / Plinke, W. (Hrsg.) (2000): Technischer Vertrieb - Grundlagen, 2. Aufl. Berlin u.a.O.

Kleinaltenkamp, M. / Plinke, W. / Söllner, A. (1996): Drum prüfe, wer sich ewig bindet, in: Absatzwirtschaft, Sondernr. Okt., S. 152-157.

Klemperer, P. (1987): Markets with Consumer Switching Costs, in: Quarterly Journal of Economics, Vol. 102, No. 2, S. 375-394.

Kotler, Ph. (1999): Kotler on Marketing. New York.

Kotler, Ph. / Bliemel, F. (2006): Marketing Management. 10. Aufl., München u.a.O.

Kozinets, R. (2001): Utopian Enterprise: Articulating the Meanings of Star Trek´s Culture of Consumption. In: Journal of Consumer Research, Vol. 28 (1), 67-88.

Kroeber-Riel, W. / Esch, F. (2004): Strategie und Technik der Werbung, 6. Aufl. Stuttgart.

Kroeber-Riel, W. / Weinberg, P. (2003): Konsumentenverhalten, 8. Aufl. München.

Krugman, H. (1965): The Impact of Television Advertising: Learning without Involvement. In: Public Opinion Quaterly, Vol. 29, 349-356.

Kuhlmann, E. (1990): Verbraucherpolitik - Grundzüge ihrer Theorie und Praxis. München.

Kühn, R. (1995): Marketing und Strategie, Zürich

Kuß, A. (1987): Information und Kaufentscheidung. Berlin/New York.

Kuß, A. (2006): Marketing-Einführung, 3. Aufl. Wiesbaden.

Kuß, A. / Tomczak, T. (2004): Marketingplanung, 4. Aufl. Wiesbaden.

Lachmann, U. (2002): Wahrnehmung und Gestaltung von Werbung. Hamburg.

Laß, D. (2002): Kundenwünsche analysieren und verstehen, Band A -C, Berlin.

Lehmann, D. / Moore, W. (1980): Validity of Information Display Boards: An Assessment Using Longitudinal Data. In: Journal of Marketing Research, Vol. 17, 296-307.

Leigh, T. / McGraw, P. (1989): Mapping the Procedural Knowledge of Industrial Sales Personnel: A Script-Theoretic Investigation. In: Journal of Marketing, Vol. 53, Jan. 1989, 16-34.

Levitt, T. (1986): The Marketing Imagination. New York/London.

Lindsay, P. / Norman, D. (1981): Einführung in die Psychologie. Berlin/Heidelberg/New York.

Maslow, A. (1943): A Theory of Human Motivation. In: Psychological Review 1943, 370-396.

McAlexander, J. / Kim, S. / Roberts, S. (2002): Loyalty: The Influences of satisfaction and Brand Community Integration. In. Journal of Marketing Theory and Practice, Vol. 11 (4), 1-11.

McAlexander / Schouten, J. / Koenig, H. (2002): Building Brand Community. In: Journal of Marketing, Vol. 66, Jan. 2002, 38-54.

McNeil, J. (1974): Federal Programs to Measure Consumer Purchase Expectations 1946-1973 - A Post Mortem. In: Journal of Consumer Research, Vol. 1, 1-10.

McQuiston, D. (1989): Novelty, Complexity, and Importance as Causal Determinants of Industrial Buyer Behavior. In: Journal of Marketing, Vol. 52, No. 2, 66-79.

Meffert, H. (2000): Marketing. 9. Aufl. Wiesbaden.

Meffert, H. / Bruhn, M. (2006): Dienstleistungsmarketing - Grundlagen, Konzepte, Methoden und Fallbeispiele 6. Aufl., Wiesbaden.

Meffert, H. / Burmann, C. / Koers, M. (2005): Markenmanagement, 2. Aufl., Wiesbaden.

Meffert, H. / Steffenhagen, H. / Freter, H. (Hrsg.) (1979): Konsumentenverhalten und Information. Wiesbaden.

Menasco, M. / Curry, D. (1989): Ulitity and Choice: An Empirical Study of Wife/Husband Decision Making. In: Journal of Consumer Research, Vol. 16, 87-97.

Meyer, J. (2004): Mundpropaganda im Internet: Bezugsrahmen und empirische Fundierung des Einsatzes von Virtual communities im Marketing. Hamburg.

Mitchell, A. (Hrsg.) (1982): Advances in Consumer Research, Vol. 9, Ann Arbor (Michigan).

Mitchell, V. / Walsh, G. / Yamin, M. (2005): Towards a Conceptual Model of Consumer Confusion. In: Advances in Consumer Research, Vol. 32, Ann Arbor (Mich.), 143-150.

Monse, K. / Reimers. K. (1994): Interorganisationale Informationssysteme des elektronischen Geschäftsverkehrs (EDI) - Konstellationen und institutionelle Strukturen, in: Sydow, J./Windeler, A. (Hrsg.), Management interorganisationaler Beziehungen, Opladen, S. 71-92.

Moriarty, R. (1983): Industrial Buying Behavior. Lexington (Mass.) / Toronto.

Mowen, J. C. (1987): Consumer Behavior, 2. Aufl. New York.

Mueller, E. (1963): Ten Years of Consumer Attitude Surveys - Their Forecasting Record. In: Journal of the American Statistical Association, Vol. 58, 899-917.

Muniz, A. / O´Guinn, T. (2001): Brand Community. In: Journal of Consumer Research, Vol. 27, 412-432.

Murphy, P. / Staples. W. (1979): A Modernized Family Life Cycle. In: Journal of Consumer Research, Vol. 6, 12-22.

Nelson, P. (1970): Information and Consumer Behavior. In: Journal of Political Economy, Vol. 78, 311-329.

Neuburger, R. (1994): Auswirkungen von EDI auf die zwischenbetriebliche Arbeitsteilung und Koordination - Eine transaktionskostentheoretische Analyse, in: Sydow, J./Windeler, A. (Hrsg.), Management interorganisationaler Beziehungen, Opladen, S. 49-70.

Newman, J. (1977): Consumer External Search: Amount and Determinants. In: Woodside/Sheth/Bennett (1977), 79-94.

Newman, J. / Staelin, R. (1972): Purchase Information Seeking for New Cars and Major Household Applicances. In: Journal of Marketing Research, Vol. 9, 249-257.

Nieschlag, R. / Dichtl, E. / Hörschgen, H. (2002): Marketing, 19. Aufl., Berlin.

Ölander, F. (2005): Die verbraucherpolitisch orientierte Forschung - allerorts ein Stiefkind. In: Verbraucherzentrale Bundesverband (Hrsg.): Verbraucherforschung in Deutschland, Berlin, 21-29.

Oliver, R. (1980): A Cognitive Model of the Antecedents and Consequences of Satisfaction Decisions. In: Journal of Marketing Research, Vol. 17, 460-469.

Oliver, R. (1996): Satisfaction - A Behavioral Perspective on the Consumer. Boston u.a.O.

Olshavsky, R. (1979): Task Complexity and Contingent Processing in Decision Making - A Replication and Extension. In: Organizational Behavior and Human Performance, Vol. 24, 300-316.

Olshavsky, R. (1983): Perceived Quality in Consumer Decision Making: An Integrated Theoretical Perspective. Paper präsentiert auf der Konferenz "Consumer Perception of Merchandise and Store Quality", New York, 29./30.9.83.

Olshavsky, R. / Granbois, D. (1979): Consumer Decision Making - Fact or Fiction? In: Jornal of Consumer Research, Vol. 6, 93-100.

Olson, J. / Reynolds, T. (1983): Unterstanding Consumers' Cognitive Structures - Implications for Advertising Strategy. In: Percy/Woodside (1983), 77-90.

Olson, J. / Reynolds, T. (2001): The Means-End Approach to Understanding Consumer Decision Making. In: Reynolds, T./Olson, J. (2000), 3-20.

Olson, J. / Sentis, K. (Hrsg.) (1986): Advertising and Consumer Psychology. New York u.a.O.

Payne, J. (1976): Task Complexity and Contingent Processing in Decision Making. An Information Search and Protocol Analysis. In: Organizational Behavior and Human Performance, Vol. 16, 366-387.

Payne, J. / Bettman, J. / Johnson, E.(1993): The Adaptive Decision Maker. Cambridge.

Percy, L. / Woodside, A. (Hrsg.) (1983): Advertising and Consumer Psychology. Lexington (Mass.)/Toronto.

Peter, J. / Olson, J. (1987): Consumer Behavior and Marketing Strategy, 1. Aufl. Chicago u.a.O.

Peter, J. / Olson, J. (1999): Consumer Behavior and Marketing Strategy, 5. Aufl. Chicago u.a.O.

Petty, R. / Cacioppo, J. / Schumann, D. (1983): Central and Peripheral Routes to Advertising Effectiveness: The Moderating Role of Involvement. In: Journal of Consumer Research, Vol. 10, 135-146.

Plinke, W. (1989): Die Geschäftsbeziehung als Investition. In: Specht, G. / Silberer, G. / Engelhardt, W. H. (Hrsg.): Marketing-Schnittstellen. Stuttgart 1989, 305-326.

Plinke, W. (1997): Grundlagen des Geschäftsbeziehungsmanagements. In: Plinke, W. / Kleinaltenkamp, M. (Hrsg.), Geschäftsbeziehungsmanagement Berlin u.a.O., 1-62.

Punj, G. / Staelin, R. (1983): A Model of Consumer Information Search Behavior for New Automobiles. In: Journal of Consumer Research, Vol. 9, 366-380.

Quelch, J. A. / Klein, L. R. (1996): The Internet and International Marketing. In: Sloan Management Review, 60-75.

Raffée, H. / Silberer, G. (Hrsg.) (1981): Informationsverhalten des Konsumenten. Wiesbaden.

Ray, M. (1973): Marketing Communication and the Hierarchy of Effects. In: Clarke (1973), 147-176.

Reichheld, F. F. (1993): Treue Kunden müssen auch rentabel sein. In: Harvard Business Manager, 15. Jg., Nr. 3, 106-114.

Reichheld, F. F. (1996): Learning from Customer Defections. In: Harvard Business Review, 74. Jg., Nr. 2, 56-69.

Reichheld, F. F. (1996): Learning from Customer Defections, in: Harvard Business Review, March-April, S. 56-69.

Reichheld, F. F. / Sasser, W. E. Jr. (1990): Zero Defections: Quality Comes to Services, in: Harvard Business Review, Vol. 68, No. 5, S. 105-111.

Reichheld, F.F. / Sasser, W.E. (1990): Zero Defections: When Quality comes to Services. In: Harvard Business Review, 68. Jg., Nr. 5, 105-111.

Reichheld, F.F. / Sasser, W.E. (1991): Zero Migration: Dienstleister im Sog der Qualitätsrevolution. In: Harvard Business Manager, 13. Jg., Nr. 4, 108-116.

Reisch, L. (2005): Verbraucherforschung in Deutschland: Eine Einschätzung. In: Verbraucherzentrale Bundesverband (Hrsg.): Verbraucherforschung in Deutschland, Berlin, 15-20.

Reynolds, T. / Olson, J. (Hrsg.) (2001): Understanding Consumer Decision Making. Mahwah (N.J.) / London.

Rheingold, H. (2000): The Virtual Community: Homesteading on the Electronic Frontier. Cambridge / London.

Robertson, T. / Kasserjian, H. (Hrsg.) (1991): Handbook of Consumer Behavior. Englewood Cliffs (New Jersey).

Robertson, T. / Zielinsky, J. / Ward, S. (1984): Consumer Behavior. Glenview (III).

Robinson, P. / Faris, C. / Wind, Y. (1967): Industrial Buying and Creative Marketing. Boston (Mass.).

Rokeach, M. (1973): The Nature of Human Values. New York.

Rook, D. (1987): The Buying Impulse. In: Journal of Consumer Research, Vol. 14, 189-199.

Rossiter, J. / Percy, L. (1997): Advertising Communication and Promotion Management, 2. Aufl. New York u.a.O.

Rössl, D. (1996): Selbstverpflichtung als alternative Koordinationsform von komplexen Austauschbeziehungen, in: Zeitschrift für betriebswirtschaftliche Forschung, 48. Jg., Nr. 4, S. 311-334.

Russo, J. (1977): The Value of Unit Price Information. In: Journal of Marketing Research, Vol. 14, 193-201.

Schiffman, L. G. / Kanuk, L. L. (1991): Consumer Behavior, 4. Aufl. Englewood Cliffs (New Jersey).

Schiffman, L. / Kanuk, L. (1997): Consumer Behavior, 6. Aufl. Upper Saddle River (New Jersey)

Schögel, M. / Tomczak, T. / Wentzel, D. (2005): Communities - Chancen und Gefahren für die marktorientierte Unternehmensführung. In: Thexis, 372005, 2-5.

Schögel, M. / van Delden, C. (2002): Peer-to-Peer-Konzepte als Herausforderungen für die Distribution der Musikindustrie. In: Schögel / Tomczak / Belz (Hrsg.): Roadm@p to E-Business, st. gallen, 502-537.

Schouten, A. / McAlexander, J. (1995): Subcultures of Consumption: An ethnography of New Bikers. In: Journal of Consumer research, Vol. 22, 43-61.

Schuchert-Güler, P. (2001): Kundenwünsche im persönlichen Verkauf. Wiesbaden.

Sheth, J. (1974): A Theory of Family Buying Decisions. In: Sheth, J. (Hrsg.): Models of Buyer Behavior, New York, 17-33.

Sheth, J. (1979): Research in Marketing, Vol. 2. Greenwich (Conn.).

Sheth, J. / Hirschman, E. (Hrsg.) (1987): Research in Consumer Behavior, Vol. 2, Greenwich (Conn.)/London.

Sheth, J. / Mittal, B. / Newman, B. (1999): Customer Behavior. Fort Worth u.a.O.

Silberer, G. (1979): Die Verwendung von Gütertestinformationen im Konsumgüterbereich. In: Meffert/Steffenhagen/Freter (1979), 85-111.

Silberer, G. (1981): Zur Kenntnis, Beurteilung und Nutzung neutraler Informationsquellen im Konsumentenbereich (unter besonderer Berücksichtigung der Verbraucherberatung) - Ergebnisse einer Telefonumfrage. In: Raffée/Silberer (1981), 261-281.

Silberer, G. (1995): Wertedynamik und Wertemarketing. In: Tietz, B. / Köhler, R. / Zentes, J. (1995), Sp. 2703-2708.

Literaturverzeichnis ▪ 291

Silberer, G. / Jaekel, M. (1996): Marketingfaktor Stimmungen - Grundlagen, Aktionsinstrumente, Fallbeispiele. Stuttgart.

Söllner, A. (1993): Commitment in Geschäftsbeziehungen. Das Beispiel Lean Production, Wiesbaden.

Solomon, M. (2004): Consumer Behavior, 6. Aufl. Upper Saddle River (N. J.).

Solomon, M. / Bamossy, G. / Askegaard, S. (2001): Konsumentenverhalten - Der europäische Markt. München.

Staehle, W.(1999): Management, 8. Aufl. München.

Stauss, B. (1995): Dienstleistungsmarken, in: Markenartikel, H. 1, S. 2-7.

Stauss, B. (1997): Führt Kundenzufriedenheit zu Kundenbindung? In: Belz, C. (Hrsg.): Marketingtransfer, Bd. 5, Kompetenz für Marketinginnovationen. St. Gallen, 76-86.

Stauss, B. (1999): Kundenzufriedenheit, In: Marketing ZFP, 21. Jg., Nr. 1, 5-24.

Stauss, B. / Seidel, W. (1998): Beschwerdemanagement, 2. Aufl., München/Wien.

Stauss, B. / Neuhaus, P. (1996): Das Unzufriedenheitspotential zufriedener Kunden. In: M & M, 40. Jg., Nr. 4, 129-133.

Tauber, E. (1972): Why Do People Shop? In: Journal of Marketing, Vol. 36, Oct. 1972, 46-59.

Tietz, B. / Köhler, R. / Zentes, J. (Hrsg.) (1995): Handwörterbuch des Marketing, 2. Aufl. Stuttgart.

Tomczak, T. / Dittrich, S. (1997): Erfolgreich Kunden binden. GfM Manual Band 1, St. Gallen.

Tomczak, T. / Dittrich, S. (1999): Kundenbindung - Kundenpotentiale langfristig ausschöpfen. In: Albers, S. / Hassmann, V. / Somm, F. / Tomczak, T. (Hrsg.): Verkauf - Kundenmanagement, Vertriebssteuerung, E-Commerce. Wiesbaden

Tomczak, T. / Forster, A. / Jennewein, W. / Forster, C. (2006): Auch im zweiten Leben trägt man Reebok. In: persönlich - Die Zeitschrift für Marketing und Unternehmensführung, Dez. 2006, 16-20.

Tomczak, T. / Reinecke S. (1996): Der aufgabenorientierte Ansatz. Fachbericht für Marketing Nr. 96/5. St. Gallen.

Tomczak, T. / Reinecke S. (Hrsg.) (1998): Best Practice in Marketing. St. Gallen/Wien.

Tomczak, T. / Schögel, M. / Wentzel, D. (2006): Communities als Herausforderung für das Direktmarketing. In: Wirtz, B. / Burmann, C. (Hrsg.): Ganzheitliches Direktmarketing, Wiesbaden, 523-546.

Tomczak, T. / Schögel, M. / Ludwig, E. (1998): Markenmanagement für Dienstleistungen, Fachbuch für Marketing, St. Gallen.

Trawick, I. F. / Swan, J. E. (1981): A Model of Industrial Satisfaction Complaining Behavior, in: Industrial Marketing Management, 10. Jg., S. 23-30.

Trommsdorff, V. (1975): Die Messung von Produktimages für das Marketing. Köln u.a.O.

Trommsdorff, V. (2004), Konsumentenverhalten, 6. Aufl. Stuttgart / Berlin / Köln.

Tversky, A. (1972): Elimination by Aspects: A Theory of Choice. In: Psychological Review, Vol. 79, 281-299.

Voeth, M. (2003): Gruppengütermarketing. München.

Voeth, M. / Brinkmann, J. (2004): Abbildung multipersonaler Kaufentscheidungen. In: Backhaus, K. / Voeth, M. (Hrsg.): Handbuch Industriegütermarketing, Wiesbaden, 349-373.

Walsh, G. / Wiedmann, K.-P. / Hennig-Thurau, T. (2004): Konsumentenverwirrtheit: Ansatzpunkte zur Operationalisierung und zur Berücksichtigung im Marketing-Management. In: Wiedmann, K.-P. (Hrsg.): Fundierung des Marketing, Wiesbaden, 87-112.

Ward, S. / Webster, F. (1991): Organizational Buying Behavior. In: Kassarjian, H. /Robertson, T. (Hrsg.) (1991), 419-458.

Webster, F. (1965): Modeling the Industrial Buying Process. In: Journal of Marketing Research, Vol. 2, 370-376.

Webster, F. / Wind, Y. (1972a): A General Model for Understanding Organizational Buying Behavior. In: Journal of Marketing, Vol. 36, April 1972, 12-19.

Webster, F. / Wind, Y. (1972b): Organizational Buying Behavior. Englewood Cliffs (N.J.).

Weiber, R. / Adler, J. (1995 a): Informationsökonomisch begründete Typologisierung von Kaufprozessen. In: Zeitschrift für betriebswirtschaftliche Forschung, 43-65.

Weiber, R. / Adler, J. (1995 b): Positionierung von Kaufprozessen im informationsökonomischen Dreieck: Operationalisierung und verhaltenswissenschaftliche Prüfung. In: Zeitschrift für betriebswirtschaftliche Forschung, 99-123.

Weiber, R. / Beinlich, G. (1994): Die Bedeutung der Geschäftsbeziehung im Systemgeschäft, in: Marktforschung & Management, 38. Jg., H. 3, S. 120-127.

Weiber, R. / Jacob, F. (1995): Kundenbezogene Informationsgewinnung, in: Kleinaltenkamp, M. / Plinke, W. (Hrsg.), Technischer Vertrieb. Grundlagen, Berlin u. a. O., S. 509-595.

Weinberg, P. (1977): Die Produkttreue der Konsumenten, Wiesbaden.

Weinberg, P. (1981): Das Entscheidungsverhalten der Konsumenten. Paderborn u.a.O.

Weinberg, P. (1992): Erlebnismarketing. München.

Weitz, B. (1978): The Relationship Between Salesperson Performance and Understanding of Consumer Decision Making. In: Journal of Marketing Research, Vol. 15, 501-516.

Wildemann, H. (1994): Prozesskosten senken ist gemeint und nicht Preisdrückerei, in: Beschaffung aktuell, H. 4, S. 26-33.

Wilkes, R. (1995): Household Life-Cycle Stages, Transitions and Product Expenditure. In: Journal of Consumer Research, Vol. 22 81), 27-42.

Wilkie, W. (1994): Consumer Behavior, 3. Aufl., New York u.a.O.

Winch, R. (1971): The Modern Family. 3. Aufl., New York.

Wind, Y (1970): Industrial Source Loyality. In: Journal of Marketing Research, Vol. 7, 450-457.

Wind, Y. / Robertson, T.S. (1982): The Linking Pin Role in Organizational Buying Centers. In: Journal of Business Research, Vol. 10, 169-184.

Witte, E. (1973): Organisation für Innovationsentscheidungen - Das Promotorenmodell. Göttingen.

Woodside, A. / Sheth, J. / Bennett, P.(1977): Consumer and Industrial Buying Behavior. New York/Amsterdam/Oxford.

Wright, P. (1975): Consumer Choice Strategies: Simplifying vs. Optimizing. In: Journal of Marketing Research, Vol. 12, 60-67.

Xia, L. / Monroe, K. (2005): Consumer Information Acquisition. In: Malhotra, N. (Hrsg.): Review of Marketing Research, Vol. 1, Armonk (N.Y.) / London, 101-152.

Yamamoto, L. / Lambert, D. (1994): The Impact of Product Aesthetics on the Evaluation of Industrial Products. In: Journal of Product Innovation Management, Vol. 11, 309-324.

Zaichkowsky, J. (1985): Measuring the Involvement Construct. In: Journal of Consumer Research, Vol. 12, 341-352.

Zajonc, R. (1968): Attitudinal Effect of Mere Exposure. In: Journal of Personality and Social Psychology, Vol. 8, 1-29.

Zaltman, G. / Wallendorf, M. (1979): Consumer Behavior - Basic Findings and Management Implications. New York u.a.O.

Zimbardo, P. / Gerrig, R. (1999): Psychologie, 7. Aufl., bearbeitet u. herausgegeben v. S. Hoppe-Graff u. I. Engel, Berlin u.a.O.

Stichwortindex

LUCIUS
tt LUCIUS   *Stuttgart*

Grundwissen der Ökonomik BWL

Herausgegeben von Franz X. Bea und Marcell Schweitzer

Hansen/Neumann
Wirtschaftsinformatik 2
Informationstechnik
9. A. 2005. € 21,90
(UTB 2670)

Heinhold
Kosten- und Erfolgsrechnung
4. Aufl. 2007. € 22,90
(UTB 1974)

Helm/Gierl
Marketing Arbeitsbuch
4. A. 2005. € 15,90
(UTB 1801)

Heyd
Internationale Rechnungslegung
2003. € 39,90
(UTB 2451)

Klimecki/Gmür
Personalmanagement
3. A. 2005. € 24,90
(UTB 2025)

Kuhnle
Bilanzen
2004. € 22,90
(UTB 2119)

Pechtl
Preispolitik
2005. € 24,90
(UTB 2643)

Perlitz
Internationales Management
5. A. 2004. € 29,90
(UTB 1560)

Schünemann
Wirtschaftsprivatrecht
5. A. 2006. € 29,90
(UTB 1584)

Schwarz/Gebicke
Wörterbuch Wirtschaft
für Studium und Praxis
Deutsch-Russisch/Russisch-Deutsch
2004. € 24,90
(UTB 2624)

Schweiger/Schrattenecker
Werbung
6. A. 2005. € 19,90
(UTB 1370)

Spremann/Gantenbein
Kapitalmärkte
2005. € 18,90
(UTB 2517)

Troßmann
Investition
1998. € 25,90
(UTB 2013)

Troßmann/Werkmeister
Arbeitsbuch Investition
2001. € 16,90
(UTB 2205)

Zahn/Schmid
Produktionswirtschaft I
Grundlagen und operatives
Produktionsmanagement
1996. € 31,90
(UTB 8126)

LUCIUS
a LUCIUS

Stuttgart